LOIS
ET
PROGRAMMES
DE
L'ENSEIGNEMENT PRIMAIRE
ET
MATERNEL

LOIS, DÉCRETS, ARRÊTÉS, CIRCULAIRES, PROGRAMMES
en vigueur depuis 1850.

TABLEAUX DE L'EMPLOI DU TEMPS DANS LES ÉCOLES
PRIMAIRES ET MATERNELLES.

2e Édition révisée et augmentée
DE TOUS LES DOCUMENTS OFFICIELS JUSQU'AU 30 JUIN 1883.

Prix : 3 fr.

PARIS
SOCIÉTÉ D'IMPRIMERIE ET LIBRAIRIE ADMINISTRATIVES ET CLASSIQUES
PAUL DUPONT,
41, rue Jean-Jacques-Rousseau (Hôtel des Fermes)

1883

LIBRAIRIE ADMINISTRATIVE ET CLASSIQUE
PAUL DUPONT, 41, rue J.-J.-Rousseau, Paris.

JOURNAL DES INSTITUTEURS, — 21e année. — Prix : **6 fr.** par an. — Un n° de 16 pages par semaine, contenant : actes officiels, faits scolaires, chronique de la semaine ; correspondance articles de doctrine, etc., etc.; partie pédagogique : leçons, devoirs, exercices conformes au programme.

REGISTRES D'APPEL et extraits, conformes au modèle prescrit par la circulaire du 7 juillet 1882.

LIVRET DE CORRESPONDANCE et de notes scolaires, en rapport avec le nouveau registre d'appel et les programmes de juillet 1882. — Couverture parcheminée. — Prix : **20** centimes.

PROGRAMMES DES EXAMENS POUR LES CERTIFICATS D'APTITUDE à l'inspection primaire, à la direction et au professorat des Écoles normales d'instituteurs et d'institutrices. — Concours de 1879 et de 1880, suivis des lois, arrêtés et instructions ministérielles, qui régissent la matière. — Une brochure grand in-8°. — Prix : **1 fr. 25**.

GUIDE DE L'INSTITUTEUR ET DE L'INSTITUTRICE ou conseils pratiques pour la direction d'une école, par A. MARIE-CARDINE, inspecteur de l'enseignement primaire. — 1 vol. in-18 jésus. — Prix : **1 fr.**

LEÇONS ÉLÉMENTAIRES DE PÉDAGOGIE PRATIQUE, par un inspecteur d'académie honoraire. — 4e édition. — Ouvrage admis par les bibliothèques pédagogiques. — Prix : **2 fr.**

GÉOGRAPHIE ÉLÉMENTAIRE DE LA FRANCE, méthode nouvelle par le dessin, par M. P. LEHUGEUR, professeur au lycée Charlemagne. — Petit atlas avec croquis, cartes, questionnaires, illustrations. — Prix : **2 fr. 25**.

PREMIÈRES LEÇONS DE LECTURE, D'ÉCRITURE ET D'ORTHOGRAPHE USUELLE, à l'usage des écoles enfantines et maternelles, par M. C. GEORGIN, inspecteur primaire à Paris. — 1 vol. avec gravures dans le texte.

PREMIERS PRINCIPES D'ÉDUCATION MORALE, par M. E. GEORGIN, inspecteur primaire de la Seine. — 1 vol. (sous presse).

ÉDUCATION MATERNELLE ; — 1er degré : dessin, écriture, lecture ; — 2e degré : lecture, écriture, langage. — Deux petits volumes ornés de gravures, par Mlle MATRAT, inspectrice générale des Écoles maternelles. (Ouvrage adopté pour la ville de Paris.)

Paris. - Société d'imprimerie PAUL DUPONT. (Cl.) 121 bis.5.83

LOIS
ET
PROGRAMMES
DE
L'ENSEIGNEMENT PRIMAIRE
ET
MATERNEL

LOIS
ET
PROGRAMMES
DE
L'ENSEIGNEMENT PRIMAIRE
ET
MATERNEL

LOIS, DÉCRETS, ARRÊTÉS, CIRCULAIRES, PROGRAMMES
en vigueur depuis 1850.

TABLEAU DE L'EMPLOI DU TEMPS DANS LES ÉCOLES
PRIMAIRES ET MATERNELLES.

2ᵉ Édition révisée et augmentée
DE TOUS LES DOCUMENTS OFFICIELS JUSQU'AU 1ᵉʳ JUILLET 1883.

Prix : 3 fr.

PARIS
SOCIÉTÉ D'IMPRIMERIE ET LIBRAIRIE ADMINISTRATIVES ET CLASSIQUES
PAUL DUPONT,
41, rue Jean-Jacques-Rousseau (Hôtel des Fermes)

1883

PRÉFACE

Les trois années 1880, 1881 et 1882 resteront mémorables dans l'histoire de l'instruction publique en France. Elles ont été marquées par une transformation complète des bases de l'enseignement primaire, par l'inauguration des trois principes nouveaux : — la gratuité, — l'obligation, — la laïcité; — par un essor immense donné à la création et à l'organisation des écoles; enfin par une amélioration considérable dans la position matérielle et morale du personnel.

Il y avait donc une utilité évidente à réunir la série complète des lois, des décrets, des arrêtés et des programmes de cette période capitale dans un livre qui sera le *Manuel* indispensable à tous les instituteurs, à toutes les institutrices, à toutes les directrices d'écoles maternelles.

D'un autre côté, on ne doit pas oublier que l'organisation et la réglementation de l'enseignement primaire ne sont pas l'œuvre exclusive de ces trois années.

Au point de vue historique, il est intéressant de remarquer que le mouvement auquel nous assistons a ses origines, un peu lointaines déjà, dans celui de 1831. Ceux qui voudront lire, avec le soin qu'elles méritent, la discussion parlementaire et la polémique des journaux pendant les deux années antérieures à la législation de 1833 sur l'instruction primaire, pourront se convaincre qu'on a agité, — il y a cinquante ans, — les mêmes idées, les mêmes doctrines rivales, les mêmes formules qu'aujourd'hui.

Pour n'en citer que deux exemples caractéristiques, il y a lieu de rappeler que la première commission parlementaire de 1831 ajouta au programme dressé par le gouvernement l'instruction civique, définie en ces termes : « les notions « sur les droits et les devoirs sociaux et politiques ». D'un autre côté, la commission avait retranché de l'article 1ᵉʳ « l'instruction morale et religieuse », et avait formulé, ainsi, la laïcité de l'enseignement primaire, en réservant aux ministres des différents cultes « l'instruction religieuse ». Il est vrai que la seconde commission de 1832-33 ne maintint pas ces amendements.

Quant au brevet de capacité, le projet et le contre-projet de 1831 étaient d'accord pour l'exiger absolument.

Les écoles d'adultes, que bien des personnes supposent des créations récentes, furent énergiquement recommandées par une circulaire de M. Guizot, du 2 juillet 1833.

On peut donc considérer le mouvement de 1881 et 1882 comme procédant directement des tendances de 1831 et 1832.

La législation de 1850 a donné à l'enseignement primaire une indéniable impulsion. Elle a marqué, elle aussi, une étape en avant, car, parallèlement au suffrage universel, elle visait, dans un avenir plus ou moins éloigné, à l'instruction universelle. Le régime scolaire qu'elle a établi s'est développé pendant trente ans, et a préparé, par des améliorations successives, le grand essor de 1881.

De ce passé, qui n'est pas sans mérite et sans honneur, il nous reste des fragments de lois et des textes entiers encore en vigueur : certains articles de la loi du 15 mars 1850 ; la législation sur les pensions civiles de 1853 et de 1876 ; la réglementation de 1862 sur les bibliothèques scolaires, qui ont pris un développement si rapide ; la loi de 1854 sur l'administration de l'instruction publique ; les dispositions de 1866 et de 1880 sur les distinctions honorifiques ; la loi du 10 avril 1867 sur l'enseignement primaire ; celle de 1875 sur les traitements des instituteurs et institutrices ; celle de 1879, qui a donné une place officielle à l'agriculture dans l'école ; et beaucoup d'autres qui sont classées à leur rang.

Ce recueil n'eût pas été complet si tous ces éléments importants avaient été négligés.

Le lecteur trouvera dans ce livre la collection entière de tous les documents législatifs et réglementaires en vigueur depuis la loi du 15 mars 1850 jusqu'au 1ᵉʳ juillet 1883. Il aura dans sa main tous les textes qu'il doit consulter, qu'il doit connaître et qu'il doit appliquer.

Les lois, les décrets, les arrêtés, les circulaires ont été

classés dans l'ordre des dates. Des notes placées au bas de toutes les pages indiquent la corrélation des textes entre eux. Ce classement a été bien réfléchi. Il offre des avantages réels pour la facilité des recherches. Il montre, en outre, le développement progressif des choses; il permet de suivre la marche des idées, le travail continuel des réformes, des améliorations et des transformations : il est conforme à la réalité et présente le tableau exact du mouvement accompli.

Nous n'ignorons pas que, fort souvent, en consultant ce recueil, on voudra trouver, réunies sous une même rubrique, toutes les dispositions relatives à une même question. Pour répondre d'avance à ce désir du lecteur, nous avons dressé à la fin du livre une table alphabétique dans laquelle sont groupées les diverses indications afférentes à chaque sujet : *pensions de retraite*, *distinctions*, *conseils académiques*, *traitements*, *salles d'école*, *gymnastique*, etc., etc., etc.

Les questions très nombreuses et très diverses qui sont adressées tous les jours au *Journal des instituteurs* et que, probablement, les autres publications analogues reçoivent de leurs abonnés, suffiraient à prouver combien il était urgent de mettre entre les mains de tout le personnel de l'enseignement primaire ou maternel, un ouvrage réunissant tout ce qu'il n'est pas permis d'ignorer. Les réponses aux demandes les plus fréquentes se trouveront à toutes les pages du recueil.

Enfin, lorsqu'une transformation aussi complète, aussi hardie, aussi vaste que celle de 1881 et 1882, s'accomplit dans l'organisation de l'enseignement, et se continue en 1883, elle exige qu'un livre paraisse pour la résumer et soit tenu au courant de la législation. Celui-ci, nous croyons pouvoir l'affirmer, est, par sa nature, tellement usuel, tellement indispensable, que, s'il n'existait pas, il faudrait, immédiatement, le faire et le publier.

A. L.-R.

(Paris, 1er juillet 1883.)

LOIS
et
PROGRAMMES
de
L'ENSEIGNEMENT PRIMAIRE
et
MATERNEL

PREMIÈRE PARTIE

ENSEIGNEMENT PRIMAIRE

LOI

du 15 mars 1850

Sur l'Enseignement primaire.

(Extraits.)

CHAPITRE II. — DES CONSEILS ACADÉMIQUES (1).
Départementaux.)

. . . .

10. Le conseil académique est composé ainsi qu'il suit :

Le recteur, président ;

Un inspecteur d'académie, un fonctionnaire de l'enseignement ou un inspecteur des écoles primaires, désigné par le ministre ;

(1) Les conseils académiques créés par la loi de 1850 dans tous les départements n'existent plus qu'aux sièges des 17 académies. (Loi du 14 juin 1854 et art. 9 de la loi du 27 février 1880.)

Pour le service de chaque département, ils sont remplacés par les *conseils*

LOI DU 15 MARS 1850.

Le préfet ou son délégué;

Un ecclésiastique désigné par l'évêque;

Un ministre de l'une des deux églises protestantes, désigné par le ministre de l'instruction publique, dans les départements où il existe une église légalement établie;

Un délégué du consistoire israélite dans chacun des départements où il existe un consistoire légalement établi;

Le procureur général près la cour d'appel, dans les villes où siège une cour d'appel, et, dans les autres, le procureur de la République près le tribunal de première instance;

Un membre de la cour d'appel, élu par elle ou à défaut de cour d'appel, un membre du tribunal de première instance, élu par le tribunal;

Quatre membres élus par le conseil général, dont deux au moins pris dans son sein.

Les doyens des Facultés seront, en outre, appelés dans le conseil académique, avec voix délibérative, pour les affaires intéressant leurs Facultés respectives.

La présence de la moitié plus un des membres est nécessaire pour la validité des délibérations du conseil académique (1).

11. Pour le département de la Seine, le conseil académique est composé comme il suit :

Le recteur, président;

Le préfet;

L'archevêque de Paris ou son délégué;

Trois ecclésiastiques désignés par l'archevêque;

Un ministre de l'église réformée, élu par le consistoire;

Un ministre de l'église de la confession d'Augsbourg, élu par le consistoire;

Un membre du consistoire israélite, élu par le consistoire;

Trois inspecteurs d'académie désignés par le ministre;

départementaux. Voir plus loin les extraits de la loi du 14 juin 1854, page 29, et de celle du 10 avril 1867, page 35.

(1) Le conseil académique (actuel) se réunit deux fois par an, en sessions ordinaires. Il peut être convoqué extraordinairement par le ministre. (Loi du 27 février 1880.)

Ses sessions et ses travaux sont réglés par le décret du 26 juin 1880.

Ses attributions, purement consultatives, sont fixées ar la loi du 27 févr er 1880, article 11. — Voir plus loin.

Un inspecteur des écoles primaires, désigné par le ministre;

Le procureur général près la cour d'appel; ou un membre du parquet désigné par lui;

Un membre de la cour d'appel, élu par la cour;

Un membre du tribunal de première instance, élu par le tribunal;

Quatre membres du conseil municipal de Paris, et deux membres du conseil général de la Seine, pris parmi ceux des arrondissements de Sceaux et de Saint-Denis, tous élus par le conseil général;

Le secrétaire général de la préfecture du département de la Seine.

Les doyens des Facultés seront, en outre, appelés dans le conseil académique, avec voix délibérative, pour les affaires intéressant leurs Facultés respectives.

. . . .

14. Le conseil académique donne son avis :

Sur l'état des différentes écoles établies dans le département;

Sur les réformes à introduire dans l'enseignement, la discipline et l'administration des écoles publiques;

Sur les budgets et les comptes administratifs des lycées, collèges et écoles normales primaires;

Sur les secours et encouragements à accorder aux écoles primaires.

Il instruit les affaires disciplinaires relatives aux membres de l'enseignement public secondaire ou supérieur qui lui sont renvoyées par le ministre ou le recteur.

Il prononce, sauf recours au conseil supérieur, sur les affaires contentieuses relatives à l'obtention des grades, aux concours devant les les facultés, à l'ouverture des écoles libres, aux droits des maîtres particuliers, et à l'exercice du droit d'enseigner; sur les poursuites dirigées contre les membres de l'enseignement secondaire publique et tendant à la révocation, avec interdiction d'exercer la professsion d'instituteur libre, de chef ou professeur d'établissement libre, et dans les cas déterminés par la présente loi, sur les affaires disciplinaires relatives aux instituteurs primaires, publics ou libres.

15. Le conseil académique (1) est nécessairement consulté sur les règlements relatifs au régime intérieur des lycées, collèges et écoles

---

(1) Le *conseil départemental* est substitué au conseil académique dont il est parlé ici, pour les attributions fixées par les articles 15, 25, 31, 32, 34, 35

normales primaires, et sur les règlements relatifs aux écoles publiques primaires.

Il fixe le taux de la rétribution scolaire, sur l'avis des conseils municipaux et des délégués cantonaux.

Il détermine les cas où les communes peuvent, à raison des circonstances, et provisoirement, établir ou conserver des écoles primaires dans lesquelles seront admis des enfants de l'un et l'autre sexe, ou des enfants appartenant aux différents cultes reconnus.

Il donne son avis au recteur, sur les récompenses à accorder aux instituteurs primaires.

Le recteur fait les propositions au ministre, et distribue les récompenses accordées.

16. Le conseil académique présente, chaque année, au ministre et au conseil général un exposé de la situation de l'enseignement dans le département.

Les rapports du conseil académique sont envoyés par le recteur au ministre, qui les communique au conseil supérieur.

CHAPITRE III. — DES ÉCOLES ET DE L'INSPECTION.

SECTION 1re. — *Des écoles.*

. . . .

22. Tout chef d'établissement primaire ou secondaire qui refusera de se soumettre à la surveillance de l'État, telle qu'elle est prescrite par l'article précédent, sera traduit devant le tribunal correctionnel de l'arrondissement et condamné à une amende de cent francs à mille francs.

En cas de récidive, l'amende sera de cinq cents francs à trois mille francs. Si le refus de se soumettre à la surveillance de l'État a donné lieu à deux condamnations dans l'année, la fermeture de l'établissement pourra être ordonnée par le jugement qui prononcera la seconde condamnation.

Le procès-verbal des inspecteurs constatant le refus du chef d'établissement fera foi jusqu'à inscription de faux.

. . . .

36, 42, 46, 52, 53, 54 et 58 de la présente loi.—Voir plus loin les attributions qui lui sont données par la loi du 10 avril 1867, pages 36 et 37.

CHAPITRE II. — DES INSTITUTEURS.

ECTION 1ʳᵉ. *Des conditions d'exercice de la profession d'instituteur primaire public ou libre.*

25. Tout Français âgé de vingt et un an accomplis peut exercer dans toute la France la profession d'instituteur primaire, public ou libre, s'il est muni d'un brevet de capacité.

Le brevet de capacité peut être suppléé. . . . . (1).

26. Sont incapables de tenir une école publique ou libre, ou d'y être employés les individus qui ont subi une condamnation pour crime, ou pour un délit contraire à la probité ou aux mœurs ; les individus privés par jugement de tout ou partie des droits mentionnés en l'article 42 du Code pénal, et ceux qui ont été interdits en vertu des articles 30 et 33 de la présente loi.

SECTION II. — *Des conditions spéciales aux instituteurs libres.*

27. Tout instituteur qui veut ouvrir une école libre doit préalablement déclarer son intention au maire de la commune où il veut s'établir, lui désigner le local, et lui donner l'indication des lieux où il a résidé et des professions qu'il a exercées pendant les dix années précédentes.

Cette déclaration doit être, en outre, adressée par le postulant au recteur de l'académie, au procureur de la République et au sous-préfet.

Elle restera affichée, par les soins du maire, à la porte de la mairie pendant un mois.

28. Le recteur, soit d'office, soit sur la plainte du procureur de la République ou du sous-préfet, peut former opposition à l'ouverture de l'école, dans l'intérêt des mœurs publiques, dans le mois qui suit la déclaration à lui faite.

Cette opposition est jugée dans un bref délai, contradictoirement et sans recours, par le conseil académique (actuellement : *départemental*).

Si le maire refuse d'approuver le local, il est statué à cet égard par ce conseil.

A défaut d'opposition, l'école peut être ouverte à l'expiration du mois, sans autre formalité.

(1) Toutes les équivalences autorisées par cet article sont supprimées par l'art. 1ᵉʳ de la loi du 16 juin 1881, relative aux titres de capacité. — Voir plus loin.

29. Quiconque aura ouvert ou dirigé une école en contravention aux articles 25, 26 et 27, ou avant l'expiration du délai fixé par le dernier paragraphe de l'article 28, sera poursuivi devant le tribunal correctionnel du lieu du délit et condamné à une amende de cinquante francs à cinq cents francs.

L'école sera fermée.

En cas de récidive, le délinquant sera condamné à un emprisonnement de six jours à un mois, et à une amende de cent francs à mille francs.

La même peine de six jours à un mois d'emprisonnement et de cent francs à mille francs d'amende sera prononcée contre celui qui, dans le cas d'opposition formée à l'ouverture de son école, l'aura néanmoins ouverte avant qu'il ait été statué sur cette opposition, ou bien au mépris de la décision du conseil académique qui en aurait accueilli l'opposition.

Ne seront pas considérées comme tenant école, les personnes qui, dans un but purement charitable, et sans exercer la profession d'instituteur, enseigneront à lire et à écrire aux enfants, avec l'autorisation du délégué cantonal.

Néanmoins, cette autorisation pourra être retirée par le conseil académique.

30. Tout instituteur libre, sur la plainte du recteur ou du procureur de la République, pourra être traduit, pour cause de faute grave dans l'exercice de ses fonctions d'inconduite ou d'immoralité, devant le conseil académique du département, et être censuré, suspendu pour un temps qui ne pourra excéder six mois, ou interdit de l'exercice de sa profession dans la commune où il exerce.

Le conseil académique (actuellement : *départemental*) peut même le frapper d'une interdiction absolue. Il y aura lieu à appel devant le conseil supérieur de l'instruction publique.

Cet appel devra être interjeté dans le délai de dix jours à compter de la notification de la décision, et ne sera pas suspensif.

SECTION III. — *Des instituteurs communaux.*

31. Les instituteurs communaux sont nommés par (1) le conseil municipal de chaque commune et choisis (par le préfet), soit sur une liste

---

(1) Maintenant : *par le Préfet.*

d'admissibilité et d'avancement dressée par le conseil académique (*départemental*) du département, soit sur la présentation qui est faite par les supérieurs pour les membres des associations religieuses vouées à l'enseignement et autorisées par la loi ou reconnues comme établissements d'utilité publique.

Les consistoires jouissent du droit de présentation pour les instituteurs appartenant aux cultes non catholiques.

. . . . (1).

Il est interdit aux instituteurs communaux d'exercer aucune fonction administrative sans l'autorisation du conseil académique.

Toute profession commerciale et industrielle leur est absolument interdite.

33. Le recteur (maintenant : *le Préfet*) peut suivant les cas, réprimander suspendre, avec ou sans privation totale ou partielle de traitement, pour un temps qui n'excédera pas six mois, ou révoquer l'instituteur communal.

L'instituteur révoqué est incapable d'exercer la profession d'instituteur, soit public, soit libre, dans la même commune.

Le conseil académique peut, après l'avoir entendu ou dûment appelé, frapper l'instituteur communal d'une interdiction absolue, sauf appel devant le conseil supérieur de l'instruction publique dans le délai de dix jours, à partir de la notification de la décision. Cet appel n'est pas suspensif.

En cas d'urgence, le maire peut suspendre provisoirement l'instituteur communal, à charge de rendre compte dans les deux jours au recteur.

34. Le conseil académique (*départemental*) détermine les écoles publiques auxquelles, d'après le nombre des élèves, il doit être attaché un instituteur adjoint.

Les instituteurs adjoints peuvent n'être âgés que de dix-huit ans...(2).

Ils sont nommés et révocables par l'instituteur, avec l'agrément du recteur de l'académie (maintenant : *du Préfet*). Les instituteurs adjoints appartenant aux associations religieuses dont il est parlé dans l'article 31 sont nommés et peuvent être révoqués par les supérieurs de ces associations.

(1) Deux paragraphes de cet article sont abrogés.
(2) Le reste de ce § de l'art. 34 est abrogé.

LOI DU 15 MARS 1850.

. . . . (1).

35. Tout département est tenu de pourvoir au recrutement des instituteurs communaux, en entretenant des élèves-maîtres . . . . (2) dans l'école normale établie à cet effet par le département. . . . . (abrogé) . . . .

Le programme de l'enseignement, les conditions d'entrée et de sortie, celles qui sont relatives à la nomination du personnel, et tout ce qui concerne les écoles normales, sera déterminé par un règlement délibéré en conseil supérieur.

CHAPITRE III. — DES ÉCOLES COMMUNALES.

36. Toute commune doit entretenir une ou plusieurs écoles primaires.

Le conseil académique (*départemental*) peut autoriser une commune à se réunir à une ou plusieurs communes voisines pour l'entretien d'une école.

. . . . (3).

Le conseil académique peut dispenser une commune d'entretenir une école publique, à condition qu'elle pourvoira à l'enseignement primaire gratuit, dans une école libre, de tous les enfants dont les familles sont hors d'état d'y subvenir. Cette dispense peut toujours être retirée.

Dans les communes où les différents cultes reconnus sont professés publiquement, des écoles séparées seront établies pour les enfants appartenant à chacun de ces cultes, sauf ce qui est dit à l'article 15.

La commune peut, avec l'autorisation du conseil académique, exiger que l'instituteur communal donne, en tout ou en partie, à son enseignement tous les développements dont il est parlé à l'article 23.

37. Toute commune doit fournir à l'instituteur un local convenable, tant pour son habitation que pour la tenue de l'école, le mobilier de la classe, et un traitement.

. . . .

40. A défaut de fondations, dons ou legs, le conseil municipal déli-

(1) Ce paragraphe relatif au traitement des directeurs-adjoints est abrogé.
(2 et 3) Passages abrogés.

bère sur les moyens de pourvoir aux dépenses de l'enseignement primaire dans la commune.

En cas d'insuffisance des revenus ordinaires, il est pourvu à ces dépenses au moyen d'une imposition spéciale votée par le conseil municipal ou, à défaut du vote de ce conseil, établie par un décret du pouvoir exécutif. Cette imposition, qui devra être autorisée chaque année par la loi de finances, ne pourra excéder trois centimes additionnels au principal des quatre contributions directes.

Lorsque des communes, soit par elles-mêmes, soit en se réunissant à d'autres communes, n'auront pu subvenir, de la manière qui vient d'être indiquée aux dépenses de l'école communale, il y sera pourvu sur les ressources ordinaires du département, ou en cas d'insuffisance, au moyen d'une imposition spéciale votée par le conseil général, ou, à défaut du vote de ce conseil, établie par un décret. Cette imposition, autorisée chaque année par la loi de finances, ne devra pas excéder deux centimes additionnels au principal des quatre contributions directes (1).

Si les ressources communales et départementales ne suffisent pas, le ministre de l'instruction publique accordera une subvention sur le crédit qui sera porté annuellement pour l'enseignement primaire au budget de l'Etat.

Chaque année, un rapport annexé au projet de budget fera connaître l'emploi des fonds alloués pour l'année précédente.

. . . .

CHAPITRE IV. — DES DÉLÉGUÉS CANTONAUX ET DES AUTRES AUTORITÉS PRÉPOSÉS A L'ENSEIGNEMENT PRIMAIRE.

42. Le conseil académique (*départemental*) désigne un ou plusieurs délégués résidant dans chaque canton, pour surveiller les écoles publiques et libres du canton, et détermine les écoles particulièrement soumises à la surveillance de chacun.

Les délégués sont nommés pour trois ans; ils sont rééligibles et révocables. Chaque délégué correspond, tant avec le conseil académique (*départemental*), auquel il doit adresser ses rapports, qu'avec les autorités locales, pour tout ce qui regarde l'état et les besoins de l'enseignement primaire dans sa circonscription.

(1) La loi du 10 avril 1867, par son art. 14, a créé un 3e centime départemental et la loi du 19 juillet 1875 un 4e centime communal (art. 7).

LOI DU 15 MARS 1850.

Il peut, lorsqu'il n'est pas membre du conseil académique, assister à ses séances, avec voix consultative pour les affaires intéressant les écoles de sa circonscription.

Les délégués se réunissent au moins une fois tous les trois mois, au chef-lieu de canton, sous la présidence de celui d'entre eux qu'ils désignent, pour convenir des avis à transmettre au conseil académique.

43. A Paris, les délégués nommés pour chaque arrondissement par le conseil académique se réunissent au moins une fois tous les mois avec le maire, un adjoint, le juge de paix, un curé de l'arrondissement et un ecclésiastique, ces deux derniers désignés par l'archevêque pour s'entendre au sujet de la surveillance, et pour convenir des avis à transmettre au conseil académique. Les ministres des cultes non catholiques reconnus, s'il y a dans l'arrondissement des écoles suivies par des enfants appartenant à ces cultes, assistent à ces réunions avec voix délibérative.

La réunion est présidée par le maire.

. . . .

CHAPITRE V. — DES ÉCOLES DE FILLES.

48. L'enseignement primaire dans les écoles de filles comprend, outre les matières de l'enseignement primaire énoncées dans l'article 23, les travaux à l'aiguille (1).

. . . .

50. Tout ce qui se rapporte à l'examen des institutrices, à la surveillance et à l'inspection des écoles de filles, sera l'objet d'un règlement délibéré en conseil supérieur. Les autres dispositions de la présente loi, relatives aux écoles et aux instituteurs, sont applicables aux écoles de filles et aux institutrices, à l'exception des articles 38, 39, 40 et 41.

. . . .

52. Aucune école primaire, publique ou libre ne peut, sans l'autorisation du conseil académique (*départemental*), recevoir d'enfants des deux sexes, s'il existe dans la commune une école publique ou libre de filles.

CHAPITRE VI. — INSTITUTIONS COMPLÉMENTAIRES.

SECTION 1re. — *Des pensionnats primaires.*

53. Tout Français âgé de vingt-cinq ans, ayant au moins cinq années d'exercice comme instituteur, ou comme maître dans un pensionnat pri-

---

(1) Voir, plus loin, l'article 1er de la loi du 28 mars 1882.

maire, et remplissant les conditions énumérées en l'article 25, peut ouvrir un pensionnat primaire, après avoir déclaré son intention au recteur de l'académie et au maire de la commune. Toutefois les instituteurs communaux ne pourront ouvrir de pensionnat qu'avec l'autorisation du conseil académique sur l'avis du conseil municipal.

Le programme de l'enseignement et le plan du local doivent être adressés au maire et au recteur.

Le conseil académique (*départemental*) prescrira, dans l'intérêt de la moralité et de la santé des élèves, toutes les mesures qui seront indiquées dans un règlement délibéré par le conseil supérieur.

Les pensionnats primaires sont soumis aux prescriptions des articles 26, 27, 28, 29 et 30 de la présente loi, et à la surveillance des autorités qu'elle institue.

Ces dispositions sont applicables aux pensionnats de filles en tout ce qui n'est pas contraire aux conditions prescrites par le chapitre V de la présente loi.

SECTION II. — *Des écoles d'adultes et d'apprentis.*

54. Il peut être créé des écoles primaires communales pour les adultes au-dessus de dix-huit ans, pour les apprentis au-dessus de douze ans.

Le conseil académique désigne les instituteurs chargés de diriger les écoles communales d'adultes et d'apprentis.

Il ne peut être reçu dans ces écoles d'élèves des deux sexes.

55. Les articles 27, 28, 29 et 30 sont applicables aux instituteurs libres qui veulent ouvrir des écoles d'adultes ou d'apprentis.

56. Il sera ouvert, chaque année, au budget du ministre de l'instruction publique, un crédit pour encourager les auteurs de livres ou de méthodes utiles à l'instruction primaire et à la fondation d'institutions telles que :

Les écoles du dimanche,

Les écoles dans les ateliers et les manufactures,

Les classes dans les hôpitaux,

Les cours publics ouverts conformément à l'article 77,

Les bibliothèques de livres utiles (1),

Et autres institutions dont les statuts auront été soumis à l'examen de l'autorité compétente.

(1) Voir, plus loin, l'arrêté du 1er juin 1862, sur les Bibliothèques scolaires.

. . . .

58. Les personnes chargées de la direction des salles d'asile publiques seront nommées par le conseil municipal (1), sauf l'approbation du conseil académique.

59. Les salles d'asile libres peuvent recevoir des secours sur les budgets des communes, des départements et de l'État.

. . . .

78. Les étrangers peuvent être autorisés à ouvrir ou diriger des établissements d'instruction primaire ou secondaire, aux conditions déterminées par un règlement délibéré en conseil supérieur.

79. Les instituteurs adjoints des écoles publiques, les jeunes gens qui se préparent à l'enseignement primaire public dans les écoles désignées à cet effet, *les membres ou novices des associations religieuses vouées à l'enseignement et autorisées par la loi, ou reconnues comme établissements d'utilité publique*, les élèves de l'École normale supérieure, les maîtres d'étude, *régents* et professeurs des collèges et lycées, sont dispensés du service militaire, s'ils ont, avant l'époque fixée pour le tirage, contracté devant le Recteur l'engagement de se vouer pendant dix ans à l'enseignement *public*, et s'ils réalisent cet engagement. (1)

DÉCRET.
du 7 octobre 1850
Relatif à l'application de la loi du 15 mars 1850,
(Extraits.)

CHAPITRE PREMIER.
DE L'ENSEIGNEMENT LIBRE.

Art. 1er. — Il est ouvert, dans chaque mairie, un registre spécial destiné à recevoir les déclarations des instituteurs qui veulent établir des écoles libres, conformément à l'article 27 de la loi organique du 15 mars 1850.

Indépendamment des indications exigées par cet article, chaque déclaration doit être accompagnée :

1° De l'acte de naissance de l'instituteur ;

2° De son brevet de capacité ou du titre reconnu équivalent au brevet de capacité par le deuxième paragraphe de l'article 25 de la loi organique.

Cette déclaration est signée, sur le registre, par l'instituteur et par le maire.

(1) Le décret du 2 août 1881 attribue ces nominations au Préfet. (Art. 33). — Voir plus loin.

(2) Voir l'article 18 de la loi du 10 avril 1867 (page 37) et l'article 20 de la loi du 27 juillet 1872.

Une copie en est immédiatement affichée à la porte de la mairie et y demeure pendant un mois.

Art. 2. — Dans les trois jours qui suivent cette déclaration (1), le maire adresse au Préfet les pièces jointes à ladite déclaration et le certificat d'affiche.

Dans le même délai, le maire, après avoir visité ou fait visiter le local destiné à l'école, est tenu de délivrer gratuitement à l'instituteur, en triple expédition, une copie légalisée de sa déclaration.

S'il refuse d'approuver le local, il doit faire mention de cette opposition et des motifs sur lesquels elle est fondée, au bas des copies légalisées qu'il délivre à l'instituteur.

Une de ces copies est remise par l'instituteur au Procureur de la République, et une autre au Sous-Préfet, lesquels en délivrent récépissé. La troisième copie est remise au Préfet par l'instituteur, avec les récépissés du Procureur de la République et du Sous-Préfet.

Art. 3. — A l'expiration du délai fixé par le dernier paragraphe de l'art. 27 de la loi organique, le maire transmet au Préfet les observations auxquelles la déclaration affichée peut avoir donné lieu, ou l'informe qu'il n'en a pas été reçu à la mairie.

Art. 4. Si le Préfet croit devoir faire opposition à l'ouverture de l'école, par application de l'article 28 de la loi organique, il signifie son opposition à la partie par un arrêté motivé.

Trois jours au moins avant la séance fixée pour le jugement de l'opposition, la partie est citée à comparaître devant le Conseil départemental.

Cette opposition est jugée par le Conseil départemental (*académique*) suivant les formes prescrites au chapitre II du règlement d'administration publique du 29 juillet 1850.

Copie de la décision du Conseil départemental (*académique*) est transmise par le Préfet au maire de la commune, qui fait transcrire cette décision en marge de la déclaration de l'instituteur sur le registre spécial.

Art. 5. — Lorsqu'un instituteur libre a été suspendu de l'exercice de ses fonctions, il peut être admis, par le Conseil départemental, à présenter un suppléant pour la direction de son école.

(1) La Cour de cassation a décidé qu'il n'y a pas ouverture d'école libre et que les prescriptions de cette loi ne sont pas applicables, quand une personne instruit les enfants d'une seule famille. (Cass. arr. 27 juillet 1860.)

Art. 6. — Lorsque, par application des articles 29, 30 et 53 de la loi organique, un pensionnat primaire se trouve dans le cas d'être fermé, le Préfet et le Procureur de la République doivent se concerter pour que les parents ou tuteurs des élèves soient avertis, et pour que les élèves pensionnaires, dont les parents ne résident pas dans la localité, soient recueillis dans une maison convenable.

S'il se présente une personne digne de confiance qui offre de se charger des élèves pensionnaires ou externes, le Préfet peut l'y autoriser provisoirement.

TITRE III.

DES CONDITIONS COMMUNES AUX INSTITUTEURS PUBLICS ET LIBRES.

Art. 8. — Si l'instituteur ne s'est pas conformé aux mesures prescrites par le Conseil départemental dans l'intérêt des mœurs et de la santé des élèves, il pourra être traduit devant ledit Conseil pour subir l'application des dispositions de l'article 30 de la loi du 15 mars 1850, s'il appartient à l'enseignement libre; s'il est instituteur communal, il lui sera fait application des peines énoncées en l'article 33 de ladite loi.

Art. 9. — Tout instituteur qui reçoit les pensionnaires doit tenir un registre sur lequel il inscrit les noms, prénoms et l'âge de ses élèves pensionnaires, la date de leur entrée et celle de leur sortie.

Chaque année, il transmet, avant le 1er novembre, au Préfet, un rapport sur la situation et le personnel de son établissement.

Art. 10. — Tout instituteur dirigeant un pensionnat, qui change de commune, ou qui, sans changer de commune, change de local, ou apporte au local affecté à son pensionnat des modifications graves, doit en faire la déclaration au Préfet et au maire de la commune, et se pourvoir de nouveau devant le Conseil départemental.

La nouvelle déclaration devra être accompagnée du plan du local et devra mentionner les indications énoncées au paragraphe 5 de l'article 4 du présent règlement.

Art. 11. — Il est ouvert, dans chaque pensionnat, un registre spécial destiné à recevoir les noms, prénoms, date et lieu de naissance des maîtres et employés, et l'indication des emplois qu'ils occupaient précédemment et des lieux où ils ont résidé, ainsi que la date des brevets, diplômes ou certificats de stage dont ils seraient pourvus.

Les autorités préposées à la surveillance de l'instruction primaire devront toujours se faire représenter ces registres quand elles inspecteront les écoles.

Art. 12. — Aucun pensionnat primaire ne pourra être établi dans les locaux dont le voisinage serait reconnu dangereux sous le rapport de la moralité et de la santé des élèves.

Art. 13. — Aucun pensionnat ne peut être annexé à une école primaire qui reçoit des enfants des deux sexes.

Art. 14. — Les dortoirs doivent être spacieux (1), aérés et dans des dimensions qui soient en rapport avec le nombre des pensionnaires.

Ils doivent être surveillés et éclairés pendant la nuit.

Une pièce spéciale doit être affectée au réfectoire.

LOI

du 9 juin 1853

Sur les pensions civiles (2).

(Extraits.)

TITRE II.

CONDITIONS DU DROIT A PENSION POUR LES FONCTIONNAIRES QUI ENTRERONT EN EXERCICE A PARTIR DU 1ᵉʳ JANVIER 1854.

. . . .

Art. 3. — Les fonctionnaires et employés directement rétribués par l'État, et nommés à partir du 1ᵉʳ janvier 1854, ont droit à pension conformément aux dispositions de la présente loi, et supportent indistinctement, sans pouvoir les répéter dans aucun cas, les retenues ci-après :

1° Une retenue de cinq pour cent sur les sommes payées à titre de

---

(1) Les lits des élèves devront être espacés en tous sens d'un mètre au moins, et les dortoirs contiendront au moins quinze mètres cubes d'air par élève. (*Circulaire du 13 août* 1850.)

(2) Voir, plus loin, pour compléter ces dispositions : le décret du 9 novembre 1853, — la loi du 17 août 1876 (page 40), qui modifie celle du 9 juin 1853 en ce qui concerne le personnel de l'enseignement primaire, — la circulaire du 21 septembre 1876 à ce sujet (page 42), — les circulaires des 18 avril 1880 et 1ᵉʳ juin 1880, sur les pensions et les retenues.

traitement fixe ou éventuel, de préciput, de supplément de traiten[t]
de remises proportionnelles, de salaires, ou constituant, à tout [à]
titre, un émolument personnel ;

2° Une retenue du douzième des mêmes rétributions, lors de la [pre]mière nomination ou dans le cas de réintégration, et du douzième [de]
toute augmentation ultérieure ;

3° Les retenues pour cause de congés et d'absences, ou par m[esure]
disciplinaire.

. . . .

Art. 4. — Les fonctionnaires de l'enseignement, rétribués, en [tout]
ou en partie, sur les fonds départementaux et communaux, ou su[r le]
prix des pensions payées par les élèves des lycées nationaux, ont [droit]
à pension conformément aux dispositions de la présente loi, et sup[por]tent, sur leur traitement et leurs différentes rétributions, la retenue [dé]terminée par l'article 3.

. . . .

Art. 5. — Le droit à la pension de retraite est acquis par anc[ien]neté à soixante ans d'âge et après trente ans accomplis de services.

Il suffit de cinquante-cinq ans d'âge et de vingt-cinq ans de ser[vice]
pour les fonctionnaires qui ont passé quinze ans dans la partie ac[tive].

Aucun autre emploi ne peut être compris au service actif, ni assi[milé]
à un emploi de ce service, qu'en vertu d'une loi.

Est dispensé de la condition d'âge établie aux deux premiers p[ara]graphes du présent article le titulaire qui est reconnu par le min[istre]
hors d'état de continuer ses fonctions.

Art. 6. — La pension est basée sur la moyenne des traitemen[ts et]
émoluments de toute nature soumis à retenues, dont l'ayant dr[oit a]
joui pendant les six dernières années d'exercice.

Néanmoins, dans les cas prévus par l'article 4, la moyenne ne po[urra]
excéder celle des traitements et émoluments dont le fonctionnaire a[urait]
joui s'il eût été rétribué directement par l'État.

Art. 7. — La pension est réglée, pour chaque année de ser[vices]
civils, à un soixantième du traitement moyen.

Néanmoins, pour vingt-cinq ans de services rendus entièrement [dans]
la partie active, elle est de la moitié du traitement moyen, avec acc[rois]sement, pour chaque année de service en sus, d'un cinquantième [du]
traitement.

En aucun cas, elle ne peut excéder ni les trois quarts du tr[aitement]

ment moyen, ni les maxima déterminés au tableau annexé à la présente loi sous le n° 3.

Art. 8. — Les services dans les armées de terre et de mer concourent avec les services civils pour établir le droit à pension et seront comptés pour leur durée effective, pourvu, toutefois, que la durée des services civils soit au moins de douze ans dans la partie sédentaire, ou de dix ans dans la partie active.

Si les militaires de terre ou de mer sont déjà rémunérés par une pension, ils n'entrent pas dans le calcul de la liquidation. S'ils n'ont pas été rémunérés par une pension, la liquidation est opérée d'après le minimum attribué au grade par les tarifs annexés aux lois des 11 et 18 avril 1831.

Art. 9 — Les services des employés des préfectures et des sous-préfectures rétribués sur les fonds d'abonnement sont réunis, pour l'établissement du droit à pension et pour la liquidation, aux services rémunérés conformément aux dispositions de la présente loi, pourvu que la durée de ces derniers services soit au moins de douze ans dans la partie sédentaire et de dix ans dans la partie active.

. . . .

Après quinze années de services rendus hors d'Europe, la pension peut être liquidée à cinquante-cinq ans d'âge.

A l'égard des agents extérieurs du département des affaires étrangères et des fonctionnaires de l'enseignement, le temps d'inactivité durant lequel ils ont été assujettis à la retenue est compté comme service effectif, mais il ne peut être admis dans la liquidation pour plus de cinq ans.

Art. 11. — Peuvent exceptionnellement obtenir pension, quels que soient leur âge et leur activité :

1° Les fonctionnaires et employés qui auront été mis hors d'état de continuer leur service soit par suite d'un acte de dévouement dans un intérêt public, ou en exposant leurs jours pour sauver la vie d'un de leurs citoyens, soit par suite de lutte ou combat soutenu dans l'exercice de leurs fonctions;

2° Ceux qu'un accident grave, résultant notoirement de l'exercice de leurs fonctions, met dans l'impossibilité de les continuer.

Peuvent également obtenir pension, s'ils comptent cinquante ans d'âge et vingt ans de services dans la partie sédentaire, ou quarante-cinq ans d'âge et quinze ans de services dans la partie active, ceux que des infirmités graves, résultant de l'exercice de leurs fonctions, mettent

2

dans l'impossibilité de les continuer, ou dont l'emploi aura été supprimé.

. . . .

Art. 12. — Dans les cas prévus par le paragraphe 1er de l'article précédent, la pension est de moitié du dernier traitement, sans pouvoir excéder les maxima déterminés au tableau n° 3.

Dans le cas prévu par le paragraphe 2, la pension est liquidée, suivant que l'ayant droit appartient à la partie sédentaire ou à la partie active, à raison d'un soixantième ou d'un cinquantième du dernier traitement pour chaque année de service civil; elle ne peut être inférieure au sixième dudit traitement.

Dans les cas prévus par les deux derniers paragraphes de l'article précédent, la pension est également liquidée à raison d'un soixantième ou d'un cinquantième du traitement moyen pour chaque année de service civil.

Art. 13. — A droit à pension la veuve du fonctionnaire qui a obtenu une pension de retraite en vertu de la présente loi, ou qui a accompli la durée de service exigée par l'article 5, pourvu que le mariage ait été contracté six ans avant la cessation des fonctions du mari.

La pension de la veuve est du tiers de celle que le mari avait obtenue ou à laquelle il aurait eu droit. Elle ne peut être inférieure à cent francs, sans, toutefois, excéder celle que le mari aurait obtenue ou pu obtenir.

Le droit à pension n'existe pas pour la veuve dans le cas de séparation de corps prononcée sur la demande du mari.

Art. 14. — Ont droit à pension :

1° La veuve du fonctionnaire ou employé qui, dans l'exercice ou à l'occasion de ses fonctions, a perdu la vie dans un naufrage ou dans un des cas spécifiés au paragraphe 1er de l'article 11, soit immédiatement, soit par suite de l'évènement;

2° La veuve dont le mari aura perdu la vie par un des accidents prévus au paragraphe 2° de l'article 11, ou par suite de cet accident.

Dans le premier cas, la pension est des deux tiers de celle que le mari aurait obtenue ou pu obtenir par application de l'article 12 (premier paragraphe).

Dans le second cas, la pension est du tiers de celle que le mari aurait obtenue ou pu obtenir en vertu dudit article (deuxième paragraphe).

Dans les cas spécifiés au présent article, il suffit que le mariage ait été contracté antérieurement à l'événement qui a amené la mort ou la mise à la retraite du mari.

Art. 15. — Dans le cas où un employé, ayant servi alternativement dans la partie active et dans la partie sédentaire, décède avant d'avoir accompli les trente années de service exigées pour constituer le droit à pension de sa veuve, un cinquième de son temps de service dans la partie active est ajouté fictivement en sus du service effectif pour compléter les trente années nécessaires. La liquidation ne s'opère, néanmoins, que sur la durée effective des services.

Art. 16. — L'orphelin ou les orphelins mineurs d'un fonctionnaire ou employé ayant obtenu sa pension, ou ayant accompli la durée de services exigée par l'article 5 de la présente loi, ou ayant perdu la vie dans un des cas prévus par les paragraphes 1ᵉʳ et 2° de l'article 14, ont droit à un secours annuel lorsque la mère est ou décédée, ou inhabile à recueillir la pension, ou déchue de ses droits.

Ce secours est, quel que soit le nombre des enfants, égal à la pension que la mère aurait obtenue ou pu obtenir conformément aux articles 13, 14 et 15. Il est partagé entre eux par égales portions, et payé jusqu'à ce que le plus jeune des enfants ait atteint l'âge de vingt et un ans accomplis, la part de ceux qui décéderaient ou celle des majeurs faisant retour aux mineurs.

S'il existe une veuve et un ou plusieurs orphelins mineurs provenant d'un mariage antérieur du fonctionnaire, il est prélevé sur la pension de la veuve, et, sauf réversibilité en sa faveur, un quart au profit de l'orphelin du premier lit, s'il n'en existe qu'un en âge de minorité, et la moitié, s'il en existe plusieurs.

Art. 17. — Les pensions et secours annuels qui seront accordés conformément aux dispositions du présent titre sont inscrits au grand-livre de la dette publique.

TITRE III.

DISPOSITIONS TRANSITOIRES APPLICABLES AUX FONCTIONNAIRES ET EMPLOYÉS EN EXERCICE AU 1ᵉʳ JANVIER 1854 (1).

Art. 18. — Les fonctionnaires et employés en exercice au 1ᵉʳ jan-

---

(1) A partir du 1ᵉʳ janvier 1882, la pension des anciens instituteurs, des anciennes institutrices et directrices de salles d'asile, retraités avant la loi du 17 août

vier 1854 sont soumis aux retenues déterminées par l'article 3, et sont retraités d'après les règles ci-après :

Ceux qui étaient tributaires de caisses de retraites supprimées et ceux qui obtenaient pension sur fonds généraux sont liquidés dans les proportions et aux conditions réglées par la présente loi pour leurs services postérieurs au 1er janvier 1854; et pour les services antérieurs, conformément, soit aux règlements spéciaux, soit aux loi et décret des 22 août 1790 et 13 septembre 1806, qui régissaient respectivement leur situation, sans que les maxima déterminés par la présente loi puissent être dépassés.

Toutefois, les pensions des fonctionnaires et employés qui, au 1er janvier 1854, auront accompli la durée de service exigée par les règlements spéciaux, loi et décret précités, sont liquidées conformément à ces règlements, loi ou décret.

. . . .

TITRE IV.

DISPOSITIONS D'ORDRE ET DE COMPTABILITÉ.

Art. 19. — Aucune pension n'est liquidée qu'autant que le fonctionnaire aura été préalablement admis à faire valoir ses droits à la retraite par le ministre du département auquel il ressortit.

Art. 20. — Il ne peut être concédé annuellement de pension, en vertu de la présente loi, que dans la limite des extinctions réalisées sur les pensions inscrites. Dans le cas, toutefois, où cette limite devrait être dépassée, par suite de l'accroissement de liquidation auquel donneront lieu les nouvelles catégories de fonctionnaires soumis à la retenue et appelés à la pension par l'article 3, l'augmentation de crédit nécessaire sera l'objet d'une loi spéciale.

Art. 21. — Il sera rendu compte annuellement, lors de la présentation de la loi du budget, des pensions de retraites concédées et inscrites en vertu de la présente loi, en distinguant les charges antérieures et celles postérieures au 1er janvier 1854.

Art. 22. — Toute demande de pension est adressée au ministre du

1876, sera portée au moyen de secours à 600 francs, et celle de ces fonctionnaires admis à la retraite depuis ladite loi, pour cause d'infirmités, à 400 francs. La pension des veuves d'instituteurs retraités pour cause d'infirmités depuis la loi du 17 août 1876, sera fixée à 200 francs. (*Circulaire du 25 novembre 1881.*)

département auquel appartient le fonctionnaire. Cette demande doit, à peine de déchéance, être présentée avec les pièces à l'appui dans le délai de cinq ans à partir de la promulgation de la présente loi, pour les droits ouverts antérieurement, et, pour les droits qui s'ouvriront postérieurement, à partir, savoir : pour le titulaire, du jour où il aura été admis à faire valoir ses droits à la retraite, ou du jour de la cessation de ses fonctions, s'il a été autorisé à les continuer après cette admission, et, pour la veuve, du jour du décès du fonctionnaire.

Les demandes de secours annuels pour les orphelins doivent être présentées dans le même délai à partir de la promulgation de la présente loi, ou du jour du décès de leur père ou de celui de leur mère.

Art. 23. — Les pensions sont liquidées d'après la durée des services, en négligeant sur le résultat final du décompte les fractions de mois et de franc.

Les services civils ne sont comptés que de la date du premier traitement d'activité et à partir de l'âge de vingt ans accomplis. Le temps de surnumérariat n'est compté dans aucun cas.

Art. 24. — La liquidation est faite par le ministre compétent, qui la soumet à l'examen du Conseil d'État avec l'avis du ministre des finances.

Le décret de concession est rendu sur la proposition du ministre compétent. Il est contresigné par lui et par le ministre des finances.

Il est inséré au *Bulletin des lois*.

Art. 25. — La jouissance de la pension commence du jour de la cessation du traitement, ou du lendemain du décès du fonctionnaire ou du décès de la veuve.

Il ne peut, en aucun cas, y avoir lieu au rappel de plus de trois années d'arrérages antérieurs à la date de l'insertion au *Bulletin des lois* du décret de concession.

Art. 26. — Les pensions sont incessibles. Aucune saisie ou retenue ne peut être opérée du vivant du pensionnaire, que jusqu'à concurrence d'un cinquième pour débet envers l'État, ou pour des créances privilégiées, aux termes de l'article 2101 du Code civil, et d'un tiers dans les circonstances prévues par les articles 203, 205, 206, 207 et 214 du même Code.

Art. 27. — Tout fonctionnaire ou employé démissionnaire, destitué, révoqué d'emploi, perd ses droits à la pension. S'il est remis en activité, son premier service lui est compté.

Celui qui est constitué en déficit pour détournement de deniers ou de matières, ou convaincu de malversation perd ses droits à la pension, lors même qu'elle aurait été liquidée ou inscrite.

La même disposition est applicable au fonctionnaire convaincu de s'être démis de son emploi à prix d'argent, et à celui qui aura été condamné à une peine afflictive ou infamante. Dans ce dernier cas, s'il y a réhabilitation, les droits à la pension seront rétablis.

Art. 28. — Lorsqu'un pensionnaire est remis en activité dans le même service, le payement de sa pension est suspendu.

Lorsqu'il est remis en activité dans un service différent, il ne peut cumuler sa pension et son traitement que jusqu'à concurrence de quinze cents francs.

Après la cessation de ses fonctions, il peut rentrer en jouissance de son ancienne pension, pour obtenir, s'il y a lieu, une nouvelle liquidation basée sur la généralité de ses services.

Art. 29. — Le droit à l'obtention ou à la jouissance d'une pension est suspendu par les circonstances qui font perdre la qualité de Français, durant la privation de cette qualité.

La liquidation ou le rétablissement de la pension ne peut donner lieu à aucun rappel pour les arrérages antérieurs.

TITRE V.

DISPOSITIONS APPLICABLES AUX PENSIONS DE TOUTE NATURE.

Art. 30. — Les pensions et secours annuels sont payés par trimestre; ils sont rayés des livres du Trésor après trois ans de non-réclamation, sans que leur rétablissement donne lieu à aucun rappel d'arrérages antérieurs à la réclamation.

La même déchéance est applicable aux héritiers ou ayants cause des pensionnaires qui n'auront pas produit la justification de leurs droits dans les trois ans qui suivront la date du décès de leur auteur.

Art. 31. — Le cumul de deux pensions est autorisé dans la limite de six mille francs, pourvu qu'il n'y ait pas de double emploi dans les années de service présentées pour la liquidation.

La disposition qui précède n'est pas applicable aux pensions que des lois spéciales ont affranchies des prohibitions du cumul.

DÉCRET
du 9 novembre 1853
Sur les pensions civiles (1).
(Extraits.)

. . . .

TITRE II.
PERCEPTION DES RETENUES.

Art. 10. — Les retenues acquises au Trésor sur le traitement des instituteurs communaux, quelle que soit l'origine des rétributions dont ce traitement se compose, sont prélevées par le receveur municipal lors du payement, lequel a lieu sur la production de mandats délivrés par le maire et indiquant le montant brut des rétributions, les retenues à exercer et le net à payer.

. . . .

Art. 11. — Indépendamment des pièces mentionnées à l'article précédent, le receveur municipal adresse tous les trois mois au receveur des finances, pour être transmis au Sous-Préfet, un bordereau récapitulatif des sommes recouvrées dans le cours du trimestre pour traitement de l'instituteur, et des retenues dont elles ont été frappées au profit du Trésor.

Le Sous-Préfet, après, avoir de concert avec l'inspecteur des écoles primaires, opéré le rapprochement de l'état des mutations du personnel avec les bordereaux remis par le receveur des finances, arrête et transmet au Préfet, en double expédition, un tableau général des traitements et rétributions de toute nature afférents aux instituteurs communaux de l'arrondissement, et des retenues qui ont été exercées sur ces traitements et rétributions pendant le trimestre écoulé.

Ce tableau est vérifié par le Préfet, qui en adresse une expédition, visée de lui, au Ministre de l'instruction publique et des cultes.

Art. 12. — Tous les trois mois, le Ministre de l'instruction publique fait parvenir au Ministre des finances un état récapitulatif, par catégorie de fonctionnaires, des retenues acquises au Trésor pour tous les services de l'instruction publique.

(1) Voir la note ajoutée à la loi du 9 juin 1853 sur les pensions civiles, page 15.

Cet état indique le total brut des traitements qui ont été payés et le montant des retenues qui ont dû être précomptées par les payeurs ou versées dans les caisses des receveurs des finances.

En ce qui concerne les instituteurs communaux, cette production n'a lieu que tous les six mois. L'état est dressé par arrondissement.

Art. 13. — Les fonctionnaires et employés rétribués sur d'autres fonds que sur ceux de l'État, qui ont néanmoins droit à pension conformément au dernier paragraphe de l'article 4 de la loi du 9 juin 1853, supportent la retenue sur l'intégralité de leurs rétributions.

Ceux qui sont placés en France et en Algérie doivent effectuer le versement de cette retenue par trimestre et dans les premiers jours du trimestre qui suit le trimestre échu, à la caisse du receveur des finances; ils transmettent déclaration de ce versement au Ministre du département auquel ils ressortissent. Ceux qui résident à l'étranger sont tenus de faire acquitter pour leur compte, les retenues qui les concernent, et de faire faire en même temps la déclaration ci-dessus prescrite; ils sont autorisés à faire un seul versement par année.

Les Ministres transmettent chaque trimestre au Ministre des finances des états nominatifs, par département, desdits fonctionnaires et employés; ces états indiquent le traitement applicable à chaque agent et la retenue à exercer, aux receveurs des finances.

. . . .

En cas d'absence pour cause de maladie dûment constatée, le fonctionnaire ou l'employé peut être autorisé à conserver l'intégralité de son traitement pendant un temps qui ne peut excéder trois mois. Pendant les trois mois suivants, il peut obtenir un congé avec la retenue de la moitié au moins et des deux tiers au plus du traitement.

Si la maladie est déterminée par l'une des causes exceptionnelles prévues aux premier et deuxième paragraphes de l'article 11 de la loi du 9 juin 1853, le fonctionnaire peut conserver l'intégralité de son traitement jusqu'à son rétablissement ou jusqu'à sa mise à la retraite.

. . . .

Il n'est dérogé par le présent article. . . . . . ni aux règles spéciales concernant la mise en inactivité. . . . . . . des fonctionnaires de l'enseignement.

. . . .

Art. 25. — Le fonctionnaire démissionnaire, révoqué ou destitué, s'il est réadmis dans un emploi assujetti à la retenue, subit de nouveau la retenue du premier mois de son traitement et celle du premier douzième des augmentations ultérieures.

Le fonctionnaire placé dans la situation indiquée par le dernier paragraphe de l'article 10 de la loi du 9 juin 1853 est assujetti à la retenue sur son traitement d'inactivité, mais il ne subit pas la retenue du premier douzième lorsqu'il est rappelé à un emploi actif.

TITRE III.

JUSTIFICATION DU DROIT A PENSION, MODE DE LIQUIDATION.

Art. 29. — L'admission du fonctionnaire à faire valoir ses droits à la retraite est prononcée par l'autorité, qui, aux termes des règlements, a qualité pour prononcer sa révocation.

L'acte d'admission à la retraite spécifie les circonstances qui donnent ouverture au droit à la pension, et indique les articles de la loi applicables au fonctionnaire.

Art. 30. — Lorsque l'admission à la retraite a lieu avant l'accomplissement de la condition d'âge imposée par l'article 5 de la loi du 9 juin 1853, cette admission est prononcée dans les formes suivantes :

Si l'impossibilité d'être maintenu en activité résulte pour le fonctionnaire d'un état d'invalidité morale inappréciable pour les hommes de l'art, sa situation est constatée par un rapport de ses supérieurs dans l'ordre hiérarchique.

Si l'incapacité de servir est le résultat de l'invalidité physique du fonctionnaire, l'acte prononçant son admission à la retraite doit être appuyé, indépendamment des justifications ci-dessus spécifiées, d'un certificat des médecins qui lui ont donné leurs soins, et d'une attestation d'un médecin désigné par l'administration et assermenté, qui déclare que le fonctionnaire est hors d'état de continuer utilement l'exercice de son emploi.

Art. 31. — Le fonctionnaire admis à la retraite doit produire, indépendamment de son acte de naissance et d'une déclaration de domicile,

1° Pour la justification des services civils :

Un extrait dûment certifié des registres et sommiers de l'Administration ou du Ministère auquel il a appartenu, énonçant ses nom et prénoms, sa qualité, la date et le lieu de sa naissance, la date de son entrée dans l'emploi avec traitement, la série de ses grades et services, l'époque et les motifs de leur cessation et le montant du traitement dont il a joui pendant chacune des six dernières années de son activité.

Lorsqu'il n'aura pas existé de registres, ou que tous les services administratifs ne se trouveront pas inscrits sur les registres existants, il y sera suppléé, soit par un certificat du chef ou des chefs compétents des administrations où l'employé aura servi, relatant les indications ci-dessus énoncées, soit par un extrait des comptes et états d'émargement certifié par le greffier de la Cour des comptes.

Les services civils rendus hors d'Europe sont constatés par un certificat distinct délivré par le ministre compétent.

A défaut de ces justifications, et lorsque, pour cause de destruction des archives dont on aurait pu les extraire, ou du décès des fonctionnaires supérieurs, l'impossibilité de les produire aura été prouvée, les services pourront être constatés par acte de notoriété.

Art. 32. — Les veuves prétendant à pension fournissent, indépendamment des pièces que leur mari aurait été tenu de produire :

1° Leur acte de naissance ;

2° L'acte de décès de l'employé ou du pensionnaire ;

3° L'acte de célébration du mariage ;

4° Un certificat de non-séparation de corps, et, si le mariage est antérieur à la loi du 8 mai 1816, un certificat de non-divorce ;

5° Dans le cas où il y aurait eu séparation de corps, la veuve doit justifier que cette séparation a été prononcée sur sa demande.

Les orphelins prétendant à pension fournissent, indépendamment des pièces que leur père aurait été tenu de produire :

1° Leur acte de naissance ;

2° L'acte de décès de leur père ;

3° L'acte de célébration de mariage de leurs père et mère ;

4° Une expédition ou un extrait de l'acte de tutelle ;

5° En cas de prédécès de la mère, son acte de décès ;

En cas de séparation de corps, expédition du jugement qui a prononcé la séparation ou un certificat du greffier du tribunal qui a rendu le jugement ;

En cas de second mariage, acte de célébration ;

Les veuves ou orphelins prétendant à pension produisent le brevet délivré à leur mari ou père, lorsqu'il est décédé en jouissance de pension, ou une déclaration constatant la perte de ce titre.

Art. 33. — Si le fonctionnaire a été justiciable direct de la Cour des comptes, soit en deniers, soit en matières, il doit produire un certificat de la comptabilité générale des finances ou du ministère, constatant, sauf justification ultérieure du quitus de la Cour des comptes, que la vérification provisoire de sa gestion ne révèle aucun débet à sa charge.

Si le prétendant à pension n'est pas justiciable direct de la Cour des comptes, sa situation en fin de gestion est constatée par un certificat du comptable supérieur duquel il relève.

Art. 34. — Les enfants orphelins des fonctionnaires décédés pensionnaires ne peuvent obtenir des secours à titre de réversion qu'autant que le mariage dont ils sont issus a précédé la mise à la retraite de leur père.

Art. 35. — Dans les cas spécifiés aux paragraphes 1er et 2° de l'article 11, 1er et 2° de l'article 14 de la loi du 9 juin 1853, l'événement donnant ouverture au droit à pension doit être constaté par un procès-verbal en due forme dressé sur les lieux et au moment où il est survenu. A défaut de procès-verbal, cette constatation peut s'établir par un acte de notoriété rédigé sur la déclaration des témoins de l'événement ou des personnes qui ont été à même d'en connaître et d'apprécier les conséquences. Cet acte doit être corroboré par les attestations conformes de l'autorité municipale et des supérieurs immédiats du fonctionnaire.

Dans le cas d'infirmités prévu par le troisième paragraphe de l'article 11 de la loi du 9 juin, ces infirmités et leurs causes sont constatées par les médecins qui ont donné leurs soins au fonctionnaire et par un médecin désigné par l'administration et assermenté. Ces certificats doivent être corroborés par l'attestation de l'autorité municipale et celle des supérieurs immédiats du fonctionnaire.

Art. 36. — Dans les cas exceptionnels prévus par les premier et deuxième paragraphes dudit article 11, il est tenu compte à l'employé de ses services militaires de terre et de mer, suivant le mode spécial de rémunération réglé par l'article 8 de la loi, indépendamment de la liquidation déterminée pour les services civils par les deux premiers paragraphes de l'article 12.

La liquidation s'établit, dans les mêmes cas, sur le traitement moyen, lorsqu'il est plus favorable à l'employé que le dernier traitement d'activité.

Art. 37. — Les fonctionnaires et employés classés dans la partie active, qui, antérieurement à la loi du 9 juin 1853, ne subissaient pas de retenues et n'étaient pas placés sous le régime des loi et décret des 22 août 1790 et 13 septembre 1806, sont liquidés à raison de 1/100ᵉ du traitement moyen pour chaque année de services assujettis à la retenue dans la partie active, et le montant de la pension ainsi fixée est augmenté de 1/25ᵉ pour chacune des années liquidées.

TITRE IV.

DISPOSITIONS D'ORDRE ET DE COMPTABILITÉ.

. . . .

Art. 46. — Tout titulaire d'une pension inscrite au Trésor doit produire, pour le payement, un certificat de vie délivré par un notaire, conformément à l'ordonnance du 6 juin 1839, lequel certificat contient, en exécution des articles 14 et 15 de la loi du 15 mai 1818, la déclaration relative au cumul.

La rétribution fixée par le décret du 21 août 1806 et l'ordonnance du 20 juin 1817, pour la délivrance des certificats de vie, est modifiée ainsi qu'il suit :

Pour chaque trimestre à percevoir :

De 600 francs et au-dessus	0ᶠ 50ᶜ
De 600 à 301 francs	0 35
De 300 à 101 francs	0 25
De 100 à 50 francs	0 20
Au-dessous de 50 francs	0 00

Art. 47. — Lorsque l'intérêt du service l'exige, le fonctionnaire admis à faire valoir ses droits à la retraite peut être maintenu momentanément en activité, sans que la prolongation de ses services puisse donner lieu à un supplément de liquidation. Dans ce cas, la jouissance de sa pension part du jour de la cessation effective du traitement.

LOI

du 14 juin 1854

Sur l'administration de l'instruction publique (1).

TITRE Ier.

DE L'ADMINISTRATION DE L'INSTRUCTION PUBLIQUE.

Art. 1er — La France est divisée en seize circonscriptions académiques (2), dont les chefs-lieux sont : Aix, Besançon, Bordeaux, Caen, Clermont, Dijon, Douai, Grenoble, Lyon, Montpellier, Nancy, Paris (Strasbourg supprimée), Poitiers, Rennes, Toulouse. (Il faut y ajouter celle d'Alger.)

Art. 2. — Chacune des Académies est administrée par un recteur, assisté d'autant d'inspecteurs d'Académie qu'il y a de départements dans la circonscription.

Un décret déterminera le nombre des inspecteurs d'Académie du département de la Seine.

Art. 5. — Il y a au chef-lieu de chaque département un conseil départemental de l'instruction publique, composé :

1° Du Préfet, président ;

2° De l'inspecteur d'Académie ;

3° D'un inspecteur de l'instruction primaire désigné par le ministre ;

4° Des membres que les paragraphes 5, 6, 7, 8, 9, 10 et 11 de l'article 10 de la loi du 15 mars 1850 appelaient à siéger dans les anciens conseils, et dont le mode de désignation demeure réglé conformément à ladite loi et à l'article 3 du décret du 9 mars 1852.

Art. 6. — Pour le département de la Seine, le conseil départemental de l'instruction publique se compose :

1° Du Préfet, président ;

2° Du recteur de l'Académie de Paris, vice-président ;

3° De deux des inspecteurs d'Académie attachés au département de la Seine ;

4° De deux inspecteurs de l'instruction primaire dudit département ;

(1) Cette loi abroge et modifie diverses parties de la loi du 15 mars 1850 voir pages 1, 2 et suivantes). Elle supprime les Académies départementales.
(2) Une 17e Académie a été créée à Chambéry, par décret du 13 juin 1860.

ARRÊTÉ 1ᵉʳ JUIN 1862.

5° Des membres que les paragraphes 4, 5, 6, 7, 8, 11, 12, 13, 14 et 15 de l'article 11 de la loi du 15 mars 1850 appelaient à faire partie de l'ancien conseil académique de la Seine, et dont le mode de désignation demeure réglé conformément à ladite loi et à l'article 3 du décret du 9 mars 1852.

. . . . " . . . .

Art. 8. — Le préfet exerce, sous l'autorité du Ministre de l'instruction publique, et sur le rapport de l'inspecteur d'Académie, les attributions déférées au recteur par la loi du 15 mars 1850 et par le décret organique du 9 mars 1852, en ce qui concerne l'instruction primaire publique ou libre.

Art. 9. — Sous l'autorité du préfet, l'inspecteur d'Académie instruit les affaires relatives à l'enseignement primaire du département.

Sous l'autorité du recteur, il dirige l'administration des collèges et lycées, et exerce, en ce qui concerne l'enseignement secondaire libre, les attributions déférées au recteur par la loi du 15 mars 1850.

. . . .

ARRÊTÉ

du 1ᵉʳ juin 1862

Portant organisation des bibliothèques scolaires (1).

Article premier. — Il sera établi dans chaque école primaire publique une bibliothèque scolaire.

Art. 2. — Cette bibliothèque sera placée sous la surveillance de l'instituteur, dans une des salles de l'école dont elle est la propriété.

Les livres seront rangés dans une armoire-bibliothèque conforme au modèle annexé à la circulaire du 31 mai 1860.

Art. 3. — La bibliothèque scolaire comprendra :

1° Le dépôt des livres de classe à l'usage de l'école ;

---

(1) Pour l'achat des livres destinés aux bibliothèques scolaires ou populaires, il faut adresser *directement* la liste et la demande, soit au ministère, soit à la librairie administrative et classique Paul Dupont, 41, rue J.-J. Rousseau, Paris, qui est adjudicataire de cette fourniture.

2° Les ouvrages concédés à l'école par le Ministre de l'instruction publique ;

3° Les livres donnés par les préfets au moyen de crédits votés par les conseils généraux ;

4° Les ouvrages donnés par les particuliers ;

5° Les ouvrages acquis au moyen des ressources propres à la bibliothèque (art. 7).

Art. 4. — Aucune concession de livres ne pourra être faite par le Ministre à une bibliothèque scolaire si la commune ne peut justifier :

1° De la possession d'une armoire-bibliothèque ;

2° De l'acquisition des livres de classe en quantité suffisante pour les besoins des élèves gratuits.

Art. 5. — Les livres de classe seront prêtés, aux moments convenables pour les exercices, à tous les enfants portés sur la liste des admissions gratuites, dressée conformément à l'article 45 de la loi du 15 mars 1850.

Les livres seront également mis entre les mains des élèves payants dont les parents auront souscrit la cotisation *volontaire*, indiquée à l'article 7 du présent arrêté.

Les ouvrages mentionnés aux paragraphes 2, 3, 4 et 5 de l'article 3 pourront être prêtés aux familles, lesquelles prendront l'engagement de les rendre en bon état ou d'en restituer la valeur.

Art. 6. — Aucun des ouvrages mentionnés aux paragraphes 2, 3, 4 et 5 de l'article 3 ne peut être placé dans les bibliothèques scolaires, soit qu'il provienne d'acquisitions, soit qu'il provienne de dons faits par les particuliers, sans l'autorisation de l'inspecteur d'académie.

Art. 7. — Les ressources de la bibliothèque scolaire se composent :

1° Des fonds spéciaux votés par les conseils municipaux ;

2° Des sommes portées au budget, pour fourniture de livres aux enfants indigents, et que les conseils municipaux consentiraient à appliquer à la nouvelle fondation ;

3° Du produit des souscriptions, dons ou legs destinés à ladite bibliothèque ;

4° Du produit des remboursements, faits par les familles, pour pertes ou dégradations de livres prêtés ;

5° D'une cotisation volontaire, fournie par les familles des élèves payants, et dont le taux sera fixé chaque année par le conseil départemental, après avis du conseil municipal.

Art. 8. — L'instituteur communal tiendra trois registres (1), conformes aux modèles ci-annexés :

1° Catalogue des livres.

2° Registre des recettes et des dépenses ;

3° Registre d'entrée et de sortie des livres prêtés au dehors de l'école.

Ces registres, cotés et parafés par le maire, seront visés par l'inspecteur de l'instruction primaire, lors de l'inspection de l'école.

Ils seront communiqués aux autorités scolaires à toute réquisition.

Art. 9. — L'instituteur conservera et classera dans un ordre méthodique les mémoires, quittances, lettres et toutes les pièces de correspondance relatifs à la bibliothèque scolaire.

Art. 10. — Chaque année, au 31 décembre, l'instituteur dresse, en présence du maire, la situation de la bibliothèque ainsi que celle de la caisse. Le procès-verbal constatant cette double opération est adressé à l'inspecteur d'Académie par l'intermédiaire de l'inspecteur primaire.

Art. 11. — A chaque changement d'instituteur, le procès-verbal de récolement et de situation de la caisse est signé par l'instituteur sortant et par son successeur.

L'instituteur sortant n'est déchargé de toute responsabilité qu'après avoir obtenu de l'inspecteur de l'instruction primaire un certificat constatant que les formalités susindiquées ont été remplies et la prise en charge par son successeur.

Art. 12. — A leur passage dans l'école, les inspecteurs de l'instruction primaire vérifient les divers registres énumérés à l'article 8. Ils s'assurent que l'acquisition des ouvrages a été faite conformément aux prescriptions de l'article 6 et que la bibliothèque ne contient aucun livre, donné ou légué, dont l'acceptation n'aurait pas été autorisée par l'inspecteur d'académie; ils contrôlent les recettes et les dépenses et constatent, s'il y a lieu, les irrégularités.

Art. 13. — A la fin de chaque année, l'inspecteur d'académie adresse au Ministre de l'instruction publique, par l'intermédiaire du recteur, un rapport sur la situation des bibliothèques scolaires.

(1) Tous ces registres sont en vente à la librairie administrative et classique Paul Dupont, rue J.-J.-Rousseau, Paris.

Art. 14. — Les recteurs, les préfets, les inspecteurs d'Académie et les inspecteurs primaires sont chargés, chacun en ce qui le concerne, de l'exécution du présent règlement, qui sera affiché dans toutes les écoles publiques.

DÉCRET

du 4 septembre 1863,

relatif au mobilier personnel des instituteurs.

Napoléon, etc.

Avons décrété et décrétons ce qui suit :

Article premier. — Une somme de cent mille francs, prélevée annuellement sur les fonds à donner en secours aux communes pour acquisition, construction et réparation de maisons d'école, sera appliquée à l'achat du mobilier personnel des instituteurs et institutrices publics, sous la condition, par la commune, de supporter la moitié de la dépense.

Ce mobilier ainsi acheté restera la propriété de la commune.

Art. 2. — (Cet article, relatif au traitement du personnel des écoles normales, a été abrogé et remplacé par le décret du 30 juillet 1881. — Voir plus loin.)

Art. 3. — Notre Ministre de l'instruction publique est chargé de l'exécution du présent décret.

Fait au palais de Saint-Cloud, le 4 septembre 1863.

NAPOLÉON.

DÉCRET

du 27 décembre 1866,

sur les titres honorifiques.

Art. 1er. — Les titres d'officier d'Académie et d'officier de l'instruction publique, créés par l'article 32 du décret organique du 17 mars 1808, sont conférés par le ministre secrétaire d'État au département de l'instruction publique, sous les conditions ci-après déterminées :

Art. 2. — Les titres honorifiques sont conférés, sur la proposition des recteurs et après avis des inspecteurs généraux réunis en comité, aux membres de l'enseignement supérieur et de l'enseignement secondaire public ou libre, aux fonctionnaires de l'administration de l'instruction publique, ainsi qu'aux fonctionnaires des écoles normales primaires.

Art. 3. — Les titres honorifiques attribués aux instituteurs titulaires ou adjoints, publics et libres, sont conférés sur la proposition des préfets ou sur celle des recteurs.

Art. 4. — Les titres honorifiques attribués aux membres des sociétés savantes des départements et aux correspondants du ministère pour les travaux historiques, qui se seraient distingués dans leurs travaux, sont conférés sur la proposition du comité des travaux historiques et des sociétés savantes et sur celle des présidents élus par les délégués des sociétés à l'époque de leur réunion à Paris.

Art. 5. — Les titres honorifiques attribués aux littérateurs et aux savants recommandés par leurs succès dans l'enseignement libre, ou par des ouvrages intéressant l'instruction publique, sont accordés, sur la proposition des recteurs, après avis des inspecteurs généraux.

Art. 6. — Les titres honorifiques accordés aux personnes qui auraient bien mérité de l'instruction publique, soit par leur participation aux travaux des délégations cantonales et des conseils ou commissions établis près des lycées, des collèges, des écoles normales (conseils de perfectionnement, bureaux d'administration, commissions administratives, etc.), soit par le concours efficace qu'elles auraient prêté au développement de l'enseignement à tous ses degrés et sous toutes ses formes, sont conférés sur la proposition des recteurs.

Art. 7. — Les fonctionnaires et membres de l'enseignement public et libre désignés à l'article 2 du présent décret ne peuvent être nommés officiers d'Académie qu'après cinq ans de services ou d'exercice.

Nul instituteur, public ou libre, ne peut être présenté pour les palmes d'officier d'Académie, s'il n'a obtenu, depuis deux ans au moins, la médaille d'argent instituée par l'arrêté du 15 juin 1818.

Art. 8. — Nul ne peut être nommé officier de l'instruction publique, s'il n'a été pendant cinq ans au moins officier d'Académie.

Il ne pourra être dérogé à cette règle qu'en faveur des personnes déjà titulaires du grade d'officier de la Légion d'honneur.

Art. 9. — . . . . (1).

Le tableau des nominations est publié au Journal Officiel (*Moniteur*), conformément aux dispositions du décret du 17 mars 1808.

Art. 10. — Sont abrogés les décrets et ordonnances relatifs aux titres honorifiques, en ce qu'ils ont de contraire aux dispositions du présent décret.

LOI

du 10 avril 1867,

sur l'enseignement primaire.

(Extraits.)

Art. 1ᵉʳ. — Toute commune de cinq cents habitants et au-dessus est tenue d'avoir au moins une école publique de filles, si elle n'en est pas dispensée par le conseil départemental, en vertu de l'article 15 de la loi du 15 mars 1850 (2).

Dans toute école mixte tenue par un instituteur, une femme nommée par le préfet, sur la proposition du maire, est chargée de diriger les

---

(1) Le premier paragraphe de cet article a été remplacé par le décret du 30 juin 1880. — Voir page 60.
(2) Voir la loi du 15 mars 1850, page 1, et celle du 14 juin 1854.

travaux à l'aiguille des filles. Son traitement est fixé par le préfet, après avis du conseil municipal.

Art. 2. — Le nombre des écoles publiques de garçons ou de filles à établir dans chaque commune est fixé par le conseil départemental, sur l'avis du conseil municipal.

Le conseil départemental détermine les écoles publiques de filles auxquelles, d'après le nombre des élèves, il doit être attaché une institutrice adjointe.

Les paragraphes 2 et 3 de l'article 31 de la loi du 15 mars 1850 sont applicables aux institutrices adjointes (1).

Ce conseil détermine, en outre, sur l'avis du conseil municipal, le cas où, à raison des circonstances, il peut être établi une ou plusieurs écoles de hameau dirigées par des adjoints ou des adjointes (2).

Les décisions prises par le conseil départemental, en vertu des paragraphes 1, 2 et 4 du présent article, sont soumises à l'approbation du ministre de l'instruction publique.

Art. 3. — Toute commune doit fournir à l'institutrice, ainsi qu'à l'instituteur adjoint et à l'institutrice adjointe dirigeant une école de hameau, un local convenable, tant pour leur habitation que pour la tenue de l'école, le mobilier de classe et un traitement.

Elle doit fournir à l'adjoint et à l'adjointe un traitement et un logement.

. . . .

Art. 7. — Une indemnité, fixée par le ministre de l'instruction publique, après avis du conseil municipal et sur la proposition du préfet, peut être accordée annuellement aux instituteurs et institutrices dirigeant une classe communale d'adultes, payante ou gratuite, établie en conformité du paragraphe 1er de l'article 2 de la présente loi.

. . . .

Art. 14. — Il est pourvu aux dépenses résultant des articles 1, 2, 3, 4, 5 et 7 ci-dessus, comme à celles résultant de la loi de 1850, au moyen des ressources énumérées dans l'article 40 de ladite loi, augmentées d'un troisième centime départemental et additionnel au principal des quatre contributions directes.

Art. 15. — Une délibération du conseil municipal, approuvée par le

---

(1) Voir page 7 ci-dessus.
(2) Voir le décret du 10 octobre 1881.

préfet, peut créer, dans toute commune, une caisse des écoles (1) destinée à encourager et à faciliter la fréquentation de l'école par des récompenses aux élèves assidus et par des secours aux élèves indigents.

Le revenu de la caisse se compose de cotisations volontaires et de subventions de la commune, du département et de l'État. Elle peut recevoir, avec l'autorisation des préfets, des dons et des legs.

Plusieurs communes peuvent être autorisées à se réunir pour la formation et l'entretien de cette caisse.

Le service de la caisse des écoles est fait gratuitement par le percepteur.

. . . .

Art. 17. — Sont soumises à l'inspection, comme les écoles publiques, les écoles libres qui tiennent lieu d'écoles publiques, aux termes du quatrième paragraphe de l'article 36 de la loi de 1850, ou qui reçoivent une subvention de la commune, du département ou de l'État.

Art. 18. — L'engagement de se vouer pendant dix ans à l'enseignement public, prévu par l'article 79 de la même loi, peut être réalisé, tant par les instituteurs que par leurs adjoints, dans celles des écoles mentionnées à l'article précédent qui sont désignées à cet effet par le ministre de l'instruction publique, après avis du conseil départemental.

L'engagement décennal peut être contracté, avant le tirage, par les instituteurs adjoints des écoles désignées ainsi qu'il vient d'être dit.

Sont applicables à ces mêmes écoles les dispositions de l'article 34 de la loi de 1850, concernant la fixation du nombre des adjoints, ainsi que le mode de leur nomination et de leur révocation.

Art. 19. — Les décisions du conseil départemental, rendues dans les cas prévus par l'article 28 de la loi de 1850, peuvent être déférées, par voie d'appel, au conseil supérieur de l'instruction publique.

Cet appel doit être interjeté dans le délai de dix jours, à compter de la notification de la décision.

Art. 20. — Tout instituteur ou toute institutrice libre qui, sans en avoir obtenu l'autorisation du conseil départemental, reçoit dans son école des enfants d'un sexe différent du sien, est passible des peines portées à l'article 29 de la loi de 1850.

(1) Création rendue obligatoire par l'article 17 de la loi du 28 mars 1882. — Pour le modèle de Réglement prescrit par le ministère, on peut s'adresser à l'Imprimerie administrative et classique Paul Dupont, 41, rue Jean-Jacques-Rousseau, Paris.

Art. 21. — Aucune école primaire, publique ou libre, ne peut, sans l'autorisation du conseil départemental, recevoir des enfants au-dessous de six ans, s'il existe dans la commune une salle d'asile publique ou libre.

Art. 22. — Sont abrogées les dispositions des lois antérieures, en ce qu'elles ont de contraire à la présente loi.

LOI

du 27 juillet 1872,

sur le recrutement de l'armée. (*Engagement décennal.*)

Art. 20. — Sont, à titre conditionnel, dispensés du service militaire :

1° Les membres de l'instruction publique, les élèves de l'École normale supérieure de Paris, dont l'engagement de se vouer pendant dix ans à la carrière de l'enseignement aura été accepté par le Recteur de l'Académie avant le tirage au sort, et s'ils réalisent cet engagement ;

2° . . . .

5° Les membres et novices des associations religieuses vouées à l'enseignement et reconnues comme établissements d'utilité publique, et les directeurs, maîtres adjoints, élèves-maîtres des écoles fondées et entretenues par les associations laïques, lorsqu'elles remplissent les mêmes conditions, pourvu toutefois que les uns et les autres, avant le tirage au sort, aient pris, devant le Recteur de l'Académie, l'engagement de se consacrer pendant dix ans à l'enseignement, et s'ils réalisent cet engagement dans un des établissements d'éducation religieuse ou laïque, à condition que cet établissement existe depuis deux ans ou renferme trente élèves au moins ;

6° Les jeunes gens qui, sans être compris dans les paragraphes précédents, se trouvent dans les cas prévus par l'article 79 de la loi du 15 mars 1850 et par l'article 18 de la loi du 10 avril 1867, et ont, avant l'époque fixée pour le tirage, contracté devant le Recteur, le même engagement et aux mêmes conditions.

L'engagement de se vouer pendant dix ans à l'enseignement peut être réalisé pour les instituteurs et pour les instituteurs adjoints mentionnés au présent paragraphe 6, tant dans les écoles publiques que dans les écoles libres désignées à cet effet par le Ministre de l'Instruction publique après avis du Conseil départemental.

LOI
du 19 juillet 1875.
relative au traitement des instituteurs et institutrices primaires (1).

Art. 1er. — Les traitements minima des instituteurs et institutrices publics sont fixés de la manière suivante :

Instituteurs titulaires divisés en quatre classes :

4e classe.	900 fr.
3e classe.	1,000
2e classe.	1,100
1re classe.	1,200

Institutrices titulaires divisées en trois classes :

3e classe.	700 fr.
2e classe.	800
1re classe.	900

Instituteurs adjoints chargés d'une école de hameau (2) (classe unique).	800 fr.
Instituteurs adjoints attachés à l'école principale (classe unique).	700
Institutrices adjointes chargées d'une école de hameau (classe unique).	650
Institutrices adjointes attachées à l'école principale (classe unique).	600

Art. 2. — L'instituteur ou l'institutrice qui débute comme titulaire appartient à la dernière classe.

La promotion à une classe supérieure est de droit après cinq ans passés dans la classe immédiatement inférieure et ne peut avoir lieu avant l'expiration de cette période.

Art. 3. — L'obtention du brevet complet élève de cent francs (100 fr.), pour les instituteurs et les institutrices de tout ordre, les traitements minima auxquels ils ont droit d'après leur classe.

---

(1) Voir plus loin l'arrêté du 7 février 1882, fixant les règles à suivre pour la fixation des traitements pendant l'année 1882. — Pour le traitement du personnel des écoles primaires *supérieures*, voir le décret du 29 octobre 1881.

(2) Pour les traitements des instituteurs et institutrices chargés des écoles de hameau, voir le décret du 10 octobre 1881.

Le même avantage est accordé, mais seulement pour l'année courante, aux instituteurs et institutrices non pourvus du brevet complet, placés dans le premier huitième de la liste de mérite qui sera dressée, chaque année, par le conseil départemental.

L'allocation annuelle sera réduite à cinquante francs (50 fr.) pour ceux qui figureront dans le second huitième.

Art. 4. — Les instituteurs et institutrices qui auront obtenu la médaille d'argent dans les conditions fixées par l'arrêté du 21 août 1858 (1) auront droit à une allocation supplémentaire et annuelle de cent francs (100 fr.), tant qu'ils seront en activité (2).

Art. 5. — Une indemnité annuelle, variant de cinquante francs à cent cinquante francs (50 à 150 fr.), pourra être attachée à la résidence des instituteurs et institutrices de tout ordre, dans les circonscriptions scolaires où des circonstances exceptionnelles la rendraient nécessaire.

Des tableaux sont à cet effet dressés, tous les cinq ans, par le conseil départemental, et arrêtés, après avis du conseil général et du Recteur de l'Académie, par décrets en la forme des règlements d'administration publique.

Art. 6. — Les associations religieuses vouées à l'enseignement et reconnues par l'État continueront à être admises à fournir, à des conditions convenues, des maîtres aux communes où elles seront appelées.

CIRCULAIRE
du 29 février 1876.

relative aux engagements décennaux dans les écoles libres.

Monsieur le Préfet,

Un certain nombre d'instituteurs libres, titulaires ou adjoints, ont été autorisés, depuis plusieurs années, à bénéficier des dispositions de l'article 18 de la loi du 10 avril 1867, qui porte, §§ 1er et 2 : « L'engage-« ment de se vouer pendant dix ans à l'enseignement public, prévu par « l'article 79 de la loi du 15 mars 1850, peut être réalisé dans les éco-

---

(1) Cet arrêté est remplacé par l'arrêté du 20 juillet 1881.

(2) Cette allocation est soumise à la retenue du vingtième pour le service des pensions de retraite ; elle peut se cumuler avec l'augmentation attribuée aux titulaires du brevet complet ou avec celle qu'entraîne l'inscription en rang utile sur la liste de mérite dressée, chaque année, en conseil départemental (*Circulaires des 16 et 22 décembre* 1875).

« les libres tenant lieu d'écoles publiques, désignées par le Ministre,
« après avis du conseil départemental.

« L'engagement décennal peut être contracté, avant le tirage, par les
« instituteurs adjoints des écoles désignées ainsi qu'il vient d'être dit. »

D'un autre côté, les dispositions de l'article 20, § 6, de la loi du 27 juillet 1872, m'ont permis de désigner, sur l'avis des conseils départementaux, quelques établissements libres dans lesquels un ou plusieurs maîtres ont la faculté de réaliser l'engagement contracté précédemment par eux.

En présence de quelques infractions sur lesquelles mon attention a été appelée, je crois devoir vous faire observer que les instituteurs qui ont été l'objet de faveurs de ce genre cesseraient d'en jouir à partir du jour où leur école ne se trouverait plus dans les conditions qui avaient motivé une mesure exceptionnelle.

Je vous recommande donc particulièrement, Monsieur le Préfet, de vous faire tenir au courant de la situation des établissements dont il s'agit et de me signaler les maîtres qui, pour des motifs quelconques, auraient cessé de remplir leurs obligations.

Vous ne devriez pas, en outre, hésiter à transmettre les noms des délinquants à l'autorité militaire.

Vous trouverez ci-jointe la liste des écoles libres de votre département dans lesquelles les instituteurs titulaires ou adjoints peuvent contracter ou réaliser l'engagement décennal, aux termes des articles 18 de la loi du 10 avril 1867 et 20 de celle du 27 juillet 1872.

Recevez, Monsieur le Préfet, l'assurance de ma considération la plus distinguée.

Le Ministre de l'Instruction publique,
des Cultes et des Beaux-Arts,
H. WALLON.

LOI

du 17 août 1876,

sur la retraite de divers fonctionnaires de l'enseignement primaire (1).

Art. 1er. — Les inspecteurs de l'enseignement primaire, les directeurs et les directrices, les maîtres adjoints et les maîtresses adjointes des écoles normales primaires ; les instituteurs communaux et les ins-

(1) Modifiant la loi du 9 juin 1853 (page 15), en faveur des fonctionnaires de l'enseignement primaire.

titutrices communales, titulaires ou adjoints ; les directrices de sall
d'asile communales, seront compris parmi les fonctionnaires du servic
actif et ajoutés au tableau n° 2, annexé à la loi du 9 juin 1853. Leur pen
sion de retraite sera, à partir de la promulgation de la présente loi
réglée conformément aux dispositions relatives aux emplois de la parti
active.

Art. 2. — La pension de retraite sera basée sur la moyenne des traitements et émoluments de toute nature, soumis à la retenue, dont l'ayant
droit aura joui pendant les six années qui auront produit le chiffre le
plus élevé.

Les années passées, à partir de l'âge de vingt ans, en qualité d'élèves
dans les écoles normales, seront comprises dans le compte des années
de service, lors de la liquidation de la pension de retraite.

Art. 3. — Le chiffre de la pension de retraite ne pourra être inférieur à six cents francs (600 francs) pour un instituteur, et à cinq cents
francs (500 francs) pour une institutrice et une directrice de salle d'asile
communale.

Ce minimum ne s'appliquera pas aux pensions exceptionnelles pour
infirmités.

CIRCULAIRE (1)

du 21 septembre 1876

relative à la retraite de divers fonctionnaires de l'enseignement primaire.

Monsieur le Préfet,

Une loi relative à la retraite de divers fonctionnaires de l'enseignement primaire, promulguée le 17 août 1876 et rendue exécutoire à
partir du 23 dudit mois, assimile leurs emplois à ceux du service actif
qui figurent au tableau n° 2 annexé à la loi du 9 juin 1853.

La pension des nouveaux assimilés, dont la nomenclature est comprise dans l'article 1er de la loi du 17 août, devra donc être liquidée
conformément au deuxième paragraphe de l'article 7 de la loi du
9 juin 1853 et à l'article 37 du décret du 9 novembre suivant.

(1) Relative à l'exécution de la loi ci-dessus du 17 août 1876.

J'appelle votre attention, Monsieur le Préfet, sur le deuxième paragraphe de la loi nouvelle, qui porte que la pension sera établie sur la moyenne des traitements dont le fonctionnaire aura joui, non plus pendant les dernières années de son activité, mais pendant les six années qui auront produit le chiffre d'émoluments le plus élevé.

Vous voudrez bien aussi ne pas perdre de vue que, dans les liquidations que vous continuerez à préparer à l'appui de vos propositions, il n'y aura lieu d'appliquer des 60es qu'aux fonctionnaires qui n'auraient pas accompli les vingt-cinq années réglementaires de services et qui, par conséquent, seraient admis exceptionnellement à la retraite *pour cause d'infirmités*.

Quant aux autres, qu'ils aient atteint l'âge requis ou qu'ils aient été admis à la retraite comme étant hors d'état de continuer leurs fonctions et, par conséquent, dispensés de la condition d'âge, leur pension sera calculée, ainsi qu'il est prescrit par l'article précité du décret du 9 novembre 1853 (1), par 1/100° du traitement moyen, avec une surélévation de 1/25° de la liquidation par année de service. Il en sera ainsi jusqu'au moment où les fonctionnaires de cette catégorie, non tributaires des anciennes classes de retraite, pourront compter vingt-cinq années entièrement liquidables, c'est-à-dire frappées de retenues, circonstance qui ne se présentera qu'à partir du 1er janvier 1879, auquel cas leurs droits devront être réglés à raison du taux normal de 1/50°.

Le bénéfice des dispositions de l'article 3 de la loi du 17 août 1876, relatif au minimum de la pension, sera appliqué aux nouveaux assimilés qui compteront les vingt-cinq ans réglementaires de services ; mais cette considération ne dispense pas du travail préalable afférent au calcul de la liquidation ; vous voudrez bien, en conséquence, Monsieur le Préfet, établir, comme par le passé, mais sur les bases nouvelles (*article 7 de la loi et article 37 du décret de* 1853), le règlement qui doit amener le chiffre exact des droits acquis, sauf à conclure par ces mots : *à élever au minimum de...*

Je profite de cette circonstance, Monsieur le Préfet, pour vous faire remarquer que le droit absolu de réversion qui était, avant le 23 août 1876, acquis aux veuves des fonctionnaires morts dans l'exercice de leur emploi, par le seul fait que leur mari, quel que fût son âge, avait accompli trente ans révolus de services admissibles pour la retraite, sera acquis désormais aux veuves des fonctionnaires qui seraient décédés depuis le 23 août, après vingt-cinq ans de services valables, lors même qu'ils n'auraient pas atteint leur cinquante-cinquième année.

(1) Page 23.

Parmi les fonctionnaires qui vont être l'objet de vos propositions de pension, il en est peut-être qui ont cessé leurs fonctions avant la promulgation de la loi nouvelle; ils ne s'en suit pas qu'ils ne tombent point sous l'application de ladite loi ; cette application, en effet, est subordonnée à la date de l'arrêté ministériel d'admission à la retraite et non à celle de la cessation des fonctions.

En terminant, je vous prierai, Monsieur le Préfet, de vouloir bien mettre le moins d'intervalle possible entre le remplacement des fonctionnaires que vous avez jugés ne plus pouvoir continuer leur carrière soit pour cause d'ancienneté, soit pour cause d'infirmités, et l'envoi à mon administration des dosssiers relatifs à vos propositions d'admission à la retraite. Les délais nécessaires pour l'accomplissement des formalités légales, et qui varient entre cinq et six mois, dès que les pièces m'ont été adressées par vos soins, sont déjà bien longs au gré de la légitime impatience des intéressés, et vous considérerez comme moi, Monsieur le Préfet, qu'il est à la fois humain et équitable de ne point aggraver ces délais par des retards apportés dans l'envoi du travail préliminaire dont vous avez l'initiative.

Recevez, Monsieur le Préfet, l'assurance de ma considération très distinguée.

Le ministre de l'instruction publique
et des beaux-arts,
WADDINGTON.

CIRCULAIRE
du 29 avril 1879.
relative aux engagements décennaux.

Monsieur le Recteur,

Je suis informé que des jeunes gens se destinant à l'enseignement public ou appartenant à des congrégations enseignantes, légalement reconnues, ont négligé, dans certain cas, d'écrire en entier de leur main l'engagement contracté par eux, en exécution de l'article 79 de la loi du 15 mars 1850, et il est même arrivé que quelques engagements ont été acceptés par le chef de l'Académie, bien que les contractants eux-mêmes ne les eussent pas signés.

Ce sont de graves abus sur lesquels je ne saurais trop appeler votre attention. Si vous voulez bien vous reporter à la circulaire du 31 octobre 1825 (1), dont quelques dispositions seulement ont été abrogées par des lois subséquentes, vous verrez notamment qu'il est indispensable que les signatures portées sur l'engagement soient légalisées par le maire de la commune, et que l'acte lui-même soit revêtu du sceau officiel de la mairie. D'un autre côté, la formule de l'engagement doit être écrite en entier de la main du contractant.

Ces garanties sont nécessaires pour assurer la sincérité des engagements, et il ne faut pas que l'administration de l'instruction publique puisse être soupçonnée de faciliter les moyens d'obtenir le bénéfice de la dispense du service militaire à des hommes complètement illettrés, et hors d'état, par conséquent, d'exercer avec fruit les fonctions de l'enseignement.

Vous voudrez donc bien n'accorder désormais de certificats d'acceptation d'engagements décennaux qu'aux jeunes gens qui auront produit des actes écrits et signés de leur propre main et dûment légalisés.

Je vous serai obligé de prendre les mesures nécessaires pour que des instructions, en ce sens, soient adressées aux fonctionnaires placés sous vos ordres, et transmises par eux aux intéressés.

Recevez, Monsieur le Recteur, l'assurance de ma considération très distinguée.

Le Ministre de l'Instruction publique,
Jules FERRY.

CIRCULAIRE

du 21 mai 1879,

relative à la délivrance des certificats de réalisation des engagements décennaux.

Monsieur le Recteur,

Je n'ai pas à vous rappeler que les maîtres qui se trouvent dans les cas prévus par les articles 79 de la loi du 15 mars 1850, 18 de la loi du

---

(1) Il est nécessaire que les signatures portées sur l'engagement soient légalisées par le maire de la commune ; si les signataires habitent des communes différentes, le maire de chacune de ces communes légalise la signature de son administré en apposant toujours le sceau officiel de la mairie.

. . . .

La formule de l'engagement, écrite en entier de la main de l'instituteur qui le souscrit, doit contenir : les nom et prénoms, etc. (*Circulaire du 31 octobre 1825.*)

10 avril 1867 et 20 de la loi du 27 juillet 1872 ne sont, à titre conditionnel, dispensés du service militaire que si, avant l'époque fixée pour le tirage, ils ont contracté devant le Recteur l'engagement de se vouer pendant dix ans à l'enseignement, et s'ils réalisent cet engagement dans les conditions déterminées par le législateur.

On m'assure néanmoins qu'un certain nombre de maîtres sont parvenus à se soustraire, en partie, à leurs obligations, au moyen d'indications frauduleuses ou inexactes, et ont ainsi obtenu indûment des certificats constatant la réalisation de leur engagement.

L'administration a le devoir de veiller à ce que de tels faits ne se renouvellent pas.

Je ne saurais trop vous recommander en conséquence, Monsieur le Recteur, d'exiger, à l'appui de toute demande de certificat, un état indiquant, de la manière la plus précise, non seulement les localités, mais encore les établissements dans lesquels le postulant aura résidé pendant la période décennale, la durée et la nature des services scolaires dans chaque endroit, la date de ses nominations, s'il y a lieu, et les congés qu'il aurait pris.

Ces enseignements vous sont indispensables pour vérifier ensuite, près des chefs de service de chacun des départements où le maître en instance aurait exercé sa profession, s'il a *effectivement* rempli sans interruption, pendant dix ans, les fonctions de l'enseignement, conformément aux prescriptions légales.

Ce n'est qu'après avoir mis ainsi votre responsabilité à couvert, que vous pourrez attester la réalisation des engagements décennaux et délivrer le certificat, dans les termes indiqués par la circulaire du 23 janvier 1873.

Vous voudrez bien m'accuser réception de la présente circulaire et me tenir exactement au courant des irrégularités que vous auriez constatées.

Recevez, Monsieur le Recteur, l'assurance de ma considération très distinguée.

Le Ministre de l'Instruction publique,
Jules FERRY.

LOI

du 6 juin 1879,

relative à l'enseignement départemental et communal de l'agriculture (1)

(Extraits.)

Article 1er. — Dans le délai de six ans, à partir de la promulgation de la présente loi, il sera établi une chaire d'agriculture, d'après les règles ci-après, dans les départements non dotés déjà de cette institution.

Le programme de l'enseignement comprendra toutes les branches de l'exploitation agricole, et plus spécialement l'étude des cultures de la région.

. . . .

Art. 6. — Les professeurs d'agriculture seront chargés de leçons à l'école normale primaire, près de laquelle ils devront, autant que possible, avoir leur résidence ; aux autres établissements d'instruction publique, s'il y a lieu, et de conférences agricoles, dans les différentes communes du département, aux instituteurs et agriculteurs de la région.

Art. 7. — Le traitement du professeur départemental d'agriculture sera payé sur les fonds du budget du ministère de l'agriculture et sur ceux du budget du ministère de l'instruction publique. Les frais de tournées seront à la charge du département.

Art. 8. — Les attributions et les conditions de révocation des professeurs d'agriculture départementaux seront déterminées par un règlement d'administration publique.

(1) Voir, plus loin, l'art. 1er de la loi du 28 mars 1882 et le programme du 27 juillet 1882, § 11 « *Agriculture et Horticulture.* »

Le règlement déterminera le traitement des professeurs départementaux. — Il fixera le minimum des frais de tournées des professeurs d'agriculture par rapport à chaque département, après avis du conseil général.

Art. 9. — Les professeurs d'agriculture actuellement en exercice, qu'ils aient ou non été nommés à la suite d'un concours, ne seront pas soumis aux épreuves d'un nouveau concours.

Art. 10. — Trois ans après l'organisation complète de l'enseignement de l'agriculture dans les écoles normales primaires, les notions élémentaires d'agriculture seront comprises dans les matières obligatoires de l'enseignement primaire. — Toutefois, dans les départements où l'enseignement de l'agriculture sera organisé à l'école normale primaire depuis plus de trois années, le conseil départemental de l'instruction publique pourra décider l'obligation de ce même enseignement dans toutes les écoles primaires du département.

Les programmes de cet enseignement dans chaque département seront arrêtés après avis du conseil départemental de l'instruction publique.

LOI

du 27 janvier 1880,

ayant pour but de rendre obligatoire l'enseignement de la gymnastique (1).

Art. 1ᵉʳ. — L'enseignement de la gymnastique est obligatoire dans tous les établissements d'instruction publique de garçons dépendant de l'État, des départements et des communes.

Art. 2. — Cet enseignement est donné dans des conditions et suivant les programmes arrêtés par le ministre de l'instruction publique, selon l'importance des établissements.

Art. 3. — Un rapport sur les résultats de la vérification faite au moins une fois par an, par les soins du ministre de l'instruction publique, dans tous les établissements auxquels s'applique la présente loi, sera annexée au budget.

Art. 4. — La disposition de l'article 23 de la loi du 15 mars 1850, concernant la gymnastique dans les établissements publics, est abrogée.

(1) Voir, plus loin, le Programme annexé à l'arrêté du 27 juillet 1882, § 1 « Gymnastique. »

Art. 5. — La présente loi entrera en vigueur dans le délai de deux ans à dater de sa promulgation.

LOI

du 27 février 1880,

sur le conseil supérieur et sur les conseils académiques.

(Extraits).

TITRE II.

DES CONSEILS ACADÉMIQUES.

Art. 9. Il est institué au chef-lieu de chaque Académie un conseil académique composé :

1° Du recteur, président;

2° Des inspecteurs d'Académie;

3° Des doyens des Facultés de théologie catholique ou protestante, de droit, de médecine, des sciences et des lettres, des directeurs des écoles supérieures de pharmacie de l'État, des directeurs des écoles de plein exercice et préparatoires de médecine et de pharmacie et des directeurs des écoles préparatoires à l'enseignement supérieur des sciences et des lettres du ressort ;

4° D'un professeur titulaire de chacune de ces Facultés ou écoles supérieures de pharmacie du ressort, élu dans chacune d'elles par les professeurs, les suppléants, les agrégés en exercice, les chargés de cours et les maîtres de conférences;

5° D'un professeur titulaire des écoles préparatoires de médecine et de pharmacie du ressort, élu par l'ensemble des professeurs chargés de cours ou suppléants de ces écoles, pourvus du grade de docteur ou de pharmacien de première classe ;

6° D'un professeur titulaire des écoles préparatoires à l'enseignement supérieur des sciences et des lettres du ressort, élu par l'ensemble des professeurs et chargés de cours ;

7° D'un proviseur et d'un principal d'un des lycées et collèges communaux de plein exercice du ressort, désignés par le ministre;

8° De deux professeurs de l'ordre des sciences, agrégés ou docteurs, élus au scrutin de liste par les professeurs du même ordre, agrégés ou docteurs, en exercice dans les lycées du ressort;

9° De deux professeurs de l'ordre des lettres, agrégés ou docteurs, élus dans les mêmes conditions;

10° De deux professeurs des collèges communaux du ressort, pourvus du grade de licencié, l'un pour l'ordre des lettres, l'autre pour l'ordre des sciences, élus par l'ensemble des professeurs de ces établissements, pourvus des mêmes grades et appartenant au même ordre.

11° De deux membres choisis par le ministre dans les conseils généraux, et deux dans les conseils municipaux, qui concourent aux dépenses de l'enseignement supérieur ou secondaire du ressort.

Art. 10. — Les membres du conseil académique, nommés par le ministre ou élus, le sont pour quatre ans. Leurs pouvoirs peuvent être renouvelés. Les pouvoirs des conseillers généraux et des conseillers municipaux cessent avec leur qualité de conseillers généraux et de conseillers municipaux.

Art. 11. — Le conseil académique donne son avis sur les règlements relatifs aux collèges communaux, aux lycées et aux établissements d'enseignement supérieur public; sur les budgets et comptes d'administration de ces établissements; sur toutes les questions d'administration et de discipline concernant ces mêmes établissements, qui lui sont renvoyées par le ministre.

Il adresse, chaque année, au ministre un rapport sur la situation des établissements d'enseignement public, secondaire et supérieur, et sur les améliorations qui peuvent y être introduites.

Il est saisi par le ministre ou le recteur des affaires contentieuses ou disciplinaires qui sont relatives à l'enseignement secondaire ou supérieur, public ou libre; il les instruit, et il prononce, sauf recours au conseil supérieur, les décisions et les peines à appliquer.

L'appel au conseil supérieur d'une décision du conseil académique doit être fait dans le délai de quinze jours, à partir de la notification qui en est donnée en la forme administrative. Cet appel est suspensif; toutefois le conseil académique pourra, dans tous les cas, ordonner l'exécution provisoire de ses décisions, nonobstant appel.

Les membres de l'enseignement public ou libre, traduits devant le conseil académique ou le conseil supérieur, ont le droit de prendre connaissance du dossier, de se défendre ou de se faire défendre de vive voix, ou au moyen de mémoires écrits.

Pour les affaires con...   ...ses ou disciplinaires, intéress...t les membres de l'enseignement libre, supérieur ou secondaire, deux membres de l'enseignement libre, nommés par le ministre, sont adjoints au conseil académique.

Art. 12. — Le conseil académique se réunit deux fois par an en session ordinaire. Il peut être convoqué extraordinairement par le ministre.

Art. 13. — Indépendamment du pouvoir disciplinaire réglé par les articles 7 et 11 de la présente loi, le ministre de l'instruction publique peut prononcer contre tout membre de l'enseignement public, la réprimande devant le conseil académique, et la censure devant le conseil supérieur. Ces décisions ne sont susceptibles d'aucun recours.

Art. 14. — Il peut également prononcer la mutation pour emploi inférieur, en ce qui concerne un professeur de l'enseignement supérieur, sur l'avis conforme du conseil supérieur, et en ce qui concerne un professeur de l'enseignement secondaire, après avoir pris l'avis de la section permanente.

Art. 15. — Le ministre de l'instruction publique peut prononcer la suspension, pour un temps qui n'excèdera pas un an, sans privation de traitement. La suspension pour un temps plus long, avec privation totale ou partielle de traitement, ne pourra être prononcée que par le conseil académique, ou en appel par le conseil supérieur.

Art. 16. — Sont et demeurent abrogées les dispositions des lois, décrets, ordonnances et règlements contraires à la présente loi.

CIRCULAIRE

du 18 avril 1880,

concernant la liquidation des pensions de retraite des Instituteurs (1).

Monsieur le Préfet,

Mon administration a déjà, à diverses reprises, et notamment par une circulaire du 21 septembre 1876, appelé votre sollicitude sur la si-

(1) Voir plus haut : — la loi du 9 juin 1853, page 15. — le décret du 9 novembre 1853, sur les pensions civiles, page 23, — la loi du 17 août 1876 et la circulaire du 21 septembre 1876, sur son application, pages 41 et 42.

tuation malheureuse dans laquelle se trouvent les instituteurs et les institutrices, entre la cessation de leurs fonctions et le moment où ils sont mis en possession de leur certificat d'inscription, c'est-à-dire à partir du jour où ils ne reçoivent plus de traitement jusqu'à l'époque où ils peuvent toucher pour la première fois les arrérages de leur pension de retraite, et rien ne semble encore avoir été fait pour remédier à un état de choses des plus préjudiciables à leurs légitimes intérêts : certains d'entre eux, en effet, restent ainsi sans ressources pendant plus d'une année.

Un aussi long retard n'est justifié par aucun motif.

Si, pour l'accomplissement des diverses et nombreuses formalités prescrites par la loi au sujet d'une liquidation, opération qui incombe directement à mon ministère, il faut un délai d'environ six mois, qu'il n'est pas, vous le savez, possible d'abréger ; il n'en est pas de même du temps que nécessite le travail préparatoire dont vous avez l'initiative savoir : l'instruction préalable de la demande de pension, la réunion des pièces exigées par les loi et règlement de 1853, et votre proposition d'admission à la retraite ; et je crois devoir vous soumettre des moyens plus propres que par le passé à en accélérer le résultat.

Dans les cas les plus fréquents, c'est au 1er octobre, c'est-à-dire à la rentrée des classes, que vous arrêtez les services des fonctionnaires : votre administration, à qui est réservé le soin de les remplacer, sait évidemment longtemps à l'avance que tels ou tels instituteurs cesseront d'être en activité à la fin de l'année scolaire.

Comme, d'autre part, le traitement des vacances est dû à tout maître qui a terminé l'année classique et a assisté à la distribution des prix, et que, par conséquent, rien ne s'oppose à ce que la moyenne de ses émoluments soit à l'avance régulièrement calculée et établie, je vous engage à m'adresser, dès le mois d'août, pour cette catégorie d'instituteurs, vos propositions de mise à la retraite ; et ainsi, Monsieur le préfet, non seulement aucun retard ne viendra s'ajouter au délai réglementaire de six mois, à dater de mon arrêté d'admission, mais ce délai lui-même se trouvera, en réalité, réduit pour eux, puisqu'il n'y aura plus qu'un intervalle de quatre mois et demi ou cinq mois entre la cessation du traitement et la jouissance de la pension.

Quant à ceux qui demandent leur retraite, ou à ceux que vous êtes obligés de remplacer *dans le cours de l'année*, je vous prie d'inviter MM. les inspecteurs à réunir sans retard les éléments de leurs dossiers et à vous les transmettre en même temps que les propositions de remplacement.

Il n'est pas aussi facile de diminuer la durée de l'instruction en ce qui concerne les fonctionnaires en instance de pension *pour infirmités;* mais vous voudrez bien tenir la main à ce que les agents placés sous vos ordres fassent comprendre aux intéressés combien il leur importe de fournir au plus tôt les certificats nécessaires.

Dans les cas qui font l'objet des deux paragraphes précédents, je vous recommanderai de m'adresser vos propositions chaque fois qu'il y aura lieu, même pour une espèce isolée, et sans attendre un travail d'ensemble qui aboutirait à un retard au préjudice des premiers intéressés.

Il est une autre cause de lenteur que je dois vous signaler: c'est l'irrégularité de certaines pièces que je suis obligé de renvoyer à votre administration pour être rectifiées ou complétées, et j'appelle à ce sujet toute votre attention sur les recommandations suivantes:

1° On ne doit compter, comme valables pour le droit à pension, que les années postérieures à l'âge de vingt ans et à l'obtention du brevet de capacité;

2° Les années de service dans l'enseignement libre ne peuvent jamais être comprises dans la supputation des années donnant droit à la retraite; il en est de même du temps passé en congé ou en inactivité *sans traitement;*

3° Le temps de congé ou d'inactivité *avec traitement* compte pour la retraite, mais le traitement afférent à ce temps ne saurait entrer dans le décompte de la moyenne, lors même qu'il serait égal ou supérieur au traitement d'activité. La période dont il s'agit est tout entière valable pour constituer le droit à pension, mais elle n'est liquidable que jusqu'à concurrence de cinq ans;

4° Le traitement moyen doit être établi d'après celui des six années *consécutives* ou *non*, pendant lesquelles l'instituteur aura joui des émoluments les plus élevés;

5° Les quatre certificats exigés des fonctionnaires qui n'ont pas vingt-cinq ans de services accomplis doivent mentionner, non pas que les infirmités dont ils excipent ont été contractées *dans* ou *pendant* l'exercice de leurs fonctions, mais qu'elles *résultent* de l'exercice même de ces fonctions; et les attestations médicales doivent, autant que possible, au moyen d'un développement destiné à éclairer mon administration et le Conseil d'État, démontrer le lien qui peut rattacher la maladie invoquée à l'accomplissement des devoirs professionnels du fonctionnaire. Ces quatre certificats seront distincts, une même personne ne pouvant donner d'attestation à deux titres différents;

CIRCULAIRE DU 18 AVRIL 1880.

6° Le fonctionnaire qui compte vingt-cinq ans de services, mais qui n'a pas encore atteint sa 55ᵉ année, peut être dispensé de la condition d'âge moyennant la production de deux certificats médicaux qui le déclarent *hors d'état de continuer ses fonctions*. Il n'est pas nécessaire, dans ce cas, d'établir que la maladie ou l'infirmité résulte de l'exercice des fonctions. S'il meurt avant d'avoir été admis à la retraite, quel que soit son âge, et par cela seul qu'il a vingt-cinq ans de services, il passe son droit à sa veuve ou à ses orphelins mineurs.

7° Il n'en est pas de même de celui qui meurt avant d'avoir accompli vingt-cinq ans d'exercice ; il ne peut transmettre à sa veuve qu'un droit qui lui aurait été conféré à lui-même avant son décès, c'est-à-dire son admission à la retraite pour cause d'infirmités. Il importe donc que les infirmités soient constatées avant la mort et qu'une proposition de mise à la retraite me soit faite en temps opportun, en un mot, qu'il soit apporté la plus grande célérité dans ces circonstances, puisque la moindre négligence aurait pour effet de priver de tout droit la veuve ou les enfants du fonctionnaire ;

8° Les actes de l'état civil doivent être rédigés sur papier timbré et légalisés ; la formalité du timbre n'est pas exigée pour les personnes qui sont dans un état d'indigence reconnu ; mais, dans ce cas, il faut que mention soit faite, sur l'extrait même, du motif pour lequel il a été délivré sur papier libre ;

9° Les certificats de non-séparation de corps sont délivrés par le greffier du tribunal, par le maire ou par le juge de paix. Le greffier a qualité pour fournir cette attestation sous sa seule signature. Le certificat du maire, de même que celui du juge de paix, ne peut être valable que s'il a été rédigé en présence et sur l'attestation de deux témoins ;

10° (Instruction nouvelle). Les services n'étant comptés qu'à partir non seulement de l'âge de vingt ans, mais encore de l'obtention du brevet de capacité, mention doit être faite de ce brevet sur l'état de service et certifiée par le préfet sur le vu du brevet ou d'une copie authentique.

Telles sont, Monsieur le Préfet, les diverses mesures que j'ai l'honneur de vous proposer et pour l'exécution desquelles je me permets de compter sur votre actif et obligeant concours, persuadé que vous y verrez, comme moi, le moyen le plus sûr et le plus rapide de mettre une nombreuse et intéressante classe de fonctionnaires en possession de droits si légitimement acquis.

Vous voudrez bien m'accuser réception de la présente circulaire.

Recevez, Monsieur le Préfet, etc.

Le Ministre de l'instruction publique et des Beaux-Arts,
JULES FERRY.

CIRCULAIRE (1)

du 1er juin 1880,

relative aux allocations sur fonds départementaux à soumettre aux retenues réglementaires.

Monsieur le Recteur,

Dans un grand nombre de départements, il est attribué aux inspecteurs d'Académie et aux inspecteurs primaires, sur fonds départementaux, des allocations qui sont ou ne sont pas passibles de retenue, selon qu'elles figurent au budget sous telle ou telle rubrique.

Ces sommes doivent être assujetties à la contribution pour le fonds de retraite, conformément aux prescriptions de l'article 3 de la loi du 9 juin 1853, lorsqu'elles sont allouées à titre de supplément de traitement ; elles en sont affranchies, au contraire, aux termes de l'article 21 du décret du 9 novembre 1853, si elles sont destinées à couvrir des frais de tournée, de bureau, de régie, de table, de loyer, etc.

La Cour des comptes a remarqué que ces principes n'étaient pas toujours appliqués.

Tantôt, en effet, l'allocation départementale votée *pour augmenter les ressources du fonctionnaire* n'est pas frappée de la retenue, tantôt elle subit ce prélèvement quoiqu'elle soit affectée à des frais de bureau. Lorsqu'elle est désignée au budget sous la formule générale « *allocation départementale* », bien qu'elle renferme des sommes ayant des destinations diverses, elle est dans certains cas frappée, dans d'autres entièrement dégagée de retenue. La Cour exprime le désir de voir disparaître ces irrégularités, et elle me prie de prescrire des mesures en conséquence.

Je vous serais donc obligé, Monsieur le Recteur, d'examiner, dès à présent, si les règles que je viens de rappeler sont bien appliquées aux allocations touchées, sur fonds départementaux, par les inspecteurs de votre ressort. S'il en est parmi eux qui jouissent d'une allocation rentrant dans la première catégorie (supplément de traitement, et sur laquelle les retenues légales n'ont pas été opérées, vous voudrez bien leur

---

(1) Voir la loi du 9 juin 1853, page 15, et la loi du 17 août 1876, page 41.

enjoindre d'avoir à régulariser, sur ce point, leur situation, en effectuant désormais les versements dont il s'agit sur ladite allocation. Il conviendra même de faire remonter ces versements au 1er janvier de la présente année.

En outre, pour assurer le service, vous joindrez, chaque trimestre, aux envois que vous m'adresserez en exécution de la circulaire du 24 décembre 1853, un état des retenues afférentes à ces allocations, dressé suivant la forme ordinaire.

Jusqu'à présent, les états de cette nature ne me sont parvenus que très inexactement, et ce sont des documents que j'ai besoin d'avoir dans mes bureaux en vue de l'établissement du traitement moyen; aussi je vous demanderai de vouloir bien, en m'accusant réception de la présente circulaire, me transmettre, pour chacune des dix dernières années écoulées, un état récapitulatif indiquant : 1° les noms des inspecteurs qui ont touché pendant cette période des allocations départementales sur lesquelles la retenue a été régulièrement exercée ; 2° le montant de ces allocations ; 3° les retenues subies.

Quant aux états à produire pour l'avenir, vous aurez soin qu'à la colonne d'observations on mentionne le chapitre et l'article du budget départemental portant allocation, ainsi que le texte même de cet article.

J'appellerai, en terminant, votre attention sur l'intérêt qu'il y a à ce que le caractère des diverses allocations votées tous les ans par chaque conseil général, au profit de l'inspection, soit parfaitement distinct et clairement défini, et vous estimerez, comme moi, qu'il importe que vous vous entendiez à cet égard, à l'époque de la discussion du budget, avec MM. les préfets des départements compris dans votre ressort académique.

Recevez, Monsieur le Recteur, l'assurance de ma considération très distinguée.

Le Ministre de l'instruction publique et des Beaux-Arts,

JULES FERRY.

ARRÊTÉ

du 16 juin 1880,

relatif aux examens pour le certificat d'études primaires (1).

Art. 1er. — Des commissions cantonales sont nommées par les recteurs, sur la proposition des inspecteurs d'Académie, pour juger l'aptitude des aspirants et des aspirantes au certificat d'études primaires élémentaires. Ces commissions se réunissent chaque année, sur la convocation de l'inspecteur d'Académie, soit au chef-lieu de canton, soit dans une commune centrale désignée à cet effet. L'inspecteur primaire du ressort fait nécessairement partie de ces commissions. Chaque commission nomme son président, son vice-président et son secrétaire.

Art. 2. — A l'époque et dans les délais prescrits par l'inspecteur d'Académie, chaque instituteur dresse, pour son école, l'état des candidats au certificat d'études.

Cet état porte :

Les nom et prénoms ;

La date et le lieu de naissance ;

La demeure de la famille ;

La signature de chaque candidat. — L'état, visé et certifié par le maire, est transmis, en temps opportun, à l'inspecteur primaire. — Aucun candidat ne peut être inscrit *s'il n'a au moins* 12 *ans* (2) au 1er octobre de l'année de l'examen.

Art. 3. — Les épreuves de l'examen sont de deux sortes : les épreuves écrites et les épreuves orales.

Les épreuves écrites ont lieu à huis clos, sous la surveillance des membres de la commission; elles comprennent :

1° Une dictée d'orthographe de vingt-cinq lignes au plus ; le point final de chaque phrase est indiqué ;

La dictée peut servir d'épreuve d'écriture ;

2° Deux questions d'arithmétique portant sur les applications du calcul et du système métrique, avec solution raisonnée ;

---

(1) Voir, plus loin, l'article 6 de la loi du 28 mars 1882, qui confirme l'institution du certificat d'études primaires.

(2) La loi du 28 mars 1882 fixe ce minimum à *onze ans*.

3° Une rédaction d'un genre simple (récit, lettre, etc.).

Les jeunes filles exécuteront, en outre, un travail de couture usuelle sous la surveillance d'une dame désignée à cet effet.

Les textes et les sujets de compositions, choisis par l'inspecteur d'Académie, sont remis, à l'ouverture des épreuves, sous pli cacheté, au président de la commission.

Les compositions portent en tête et sous pli fermé les noms et prénoms des candidats, avec l'indication de l'école à laquelle ils appartiennent; ce pli n'est ouvert qu'après l'achèvement de la correction des copies et l'inscription des notes données pour chacune d'elles.

Art. 4. — Le temps accordé pour chaque épreuve et le chiffre servant à en apprécier le mérite sont déterminés ainsi qu'il suit :

NATURE des ÉPREUVES.	TEMPS donné POUR LES ÉPREUVES.	CHIFFRE maximum D'APPRÉCIATION.
Orthographe (1)............	»	10
Écriture....................	»	10
Calcul......................	Une heure.	10
Rédaction...................	Idem.	10
Couture.....................	Idem.	10

(1) *Nota.* — Le texte est lu préalablement à haute voix, dicté, puis relu, et cinq minutes sont accordées aux candidats pour se corriger.

Tout élève ayant fait plus de cinq fautes d'orthographe dans la dictée est éliminé.

La dictée d'orthographe est corrigée d'après les règles suivantes :

Chaque demi-faute fait diminuer le maximum d'un point;

Une faute d'orthographe usuelle compte une faute;

Une faute d'orthographe grammaticale, une faute;

L'accent changeant la nature du mot, une demi-faute;

Les autres fautes d'accent, les fautes de cédille, de trait-d'union, de tréma, de majuscule, de ponctuation, appréciées par le jury, sont évaluées, dans leur ensemble, une faute ou une demi-faute.

La nullité d'une épreuve entraîne l'élimination.

Les compositions sont corrigées, séance tenante, par les membres de la commission.

L'indication de la note est portée en tête de chaque copie et sur un tableau dressé à cet effet.

Ne sont admis aux épreuves orales que les candidats qui ont obtenu, pour la première série d'épreuves, au moins la moyenne de 20 points (garçons) ou de 25 points (filles).

Art. 5. — Les épreuves orales ont lieu en présence des maîtres et des maîtresses. Elles comprennent :

La lecture expliquée ;

L'analyse d'une phrase de la lecture ou d'une phrase écrite au tableau noir ;

Les éléments de l'histoire et de la géographie de la France ;

Des questions d'application pratique sur le calcul et sur le système métrique.

Les épreuves orales sont appréciées de la même manière que les épreuves écrites, c'est-à-dire au moyen d'un chiffre variant de 0 à 10.

La durée de l'ensemble des épreuves, pour chaque candidat, ne doit pas excéder vingt-cinq minutes.

Art. 6. — Les points obtenus pour les épreuves orales sont ajoutés aux points obtenus pour les épreuves écrites.

Nul n'est définitivement déclaré apte à recevoir le certificat d'études s'il n'a obtenu la moitié au moins du total maximum des points accordés pour les deux catégories d'épreuves, soit 40 points pour les garçons, 45 points pour les filles.

Art. 7. — Outre les matières énoncées aux articles 3 et 5 du présent règlement, l'examen peut comprendre : un exercice de dessin linéaire et des interrogations sur l'agriculture.

Il sera fait mention sur le certificat des matières complémentaires pour lesquelles le candidat aura obtenu la note 5.

Art. 8. — Le procès-verbal de l'examen est transmis à l'inspecteur d'Académie, qui, après avoir vérifié la régularité des opérations, délivre, s'il y a lieu, le certificat d'études.

Art. 9. — Le surplus des dispositions à prendre pour assurer la marche des examens et les opérations des commissions sera réglé par les autorités départementales.

Dans le mois qui suit la clôture des sessions, l'inspecteur d'Académie adresse au recteur un compte rendu statistique des résultats obtenus dans son département. Le recteur adresse au ministre un compte rendu analogue pour tous les départements de son ressort.

DÉCRET

du 30 juin 1880,

sur les distinctions honorifiques (1).

Le Président de la République française,
Sur le rapport du ministre de l'instruction publique et des Beaux-Arts,

Décrète :

Article 1er. Les nominations d'officier d'Académie et d'officiers de l'instruction publique auront lieu aux époques suivantes :

1° Au 1er janvier ;

2° Au 14 juillet ;

3° A l'époque de la réunion à Paris des sociétés savantes des départements.

Art. 2. Le ministre de l'instruction publique et des Beaux-Arts, est chargé de l'exécution du présent décret.

Fait à Paris, le 30 juin 1880.

Jules GRÉVY.

LOI

du 11 décembre 1880,

sur les écoles manuelles d'apprentissage.

Art. 1er. — Les écoles d'apprentissage fondées par les communes ou les départements, pour développer chez les jeunes gens qui se destinent

---

(1) Ce décret remplace et abroge l'art. 9 du décret du 27 décembre 1866. — Voir page 35.

aux professions manuelles la dextérité nécessaire et les connaissances techniques, sont mises au nombre des établissements d'enseignement primaire publics. Les écoles publiques d'enseignement primaire complémentaire, dont le programme comprend des cours ou des classes d'enseignement professionnel, sont assimilés aux écoles manuelles d'apprentissage.

Art. 2. Les écoles manuelles d'apprentissage et autres écoles à la fois primaires et professionnelles, fondées et entretenues par des associations libres, sont mises au nombre des établissements désignés par l'article 56 de la loi du 15 mars 1850, comme pouvant participer aux subventions inscrites au budget de l'instruction publique.

Art. 3. — Les établissements désignés dans les articles 1 et 2 de la présente loi pourront également participer aux subventions inscrites au budget de l'Agriculture et du Commerce sous le titre de subventions à des établissements d'enseignement technique.

Art. 4. Le programme d'enseignement de chacun de ces établissements est arrêté d'après un plan élaboré par les fondateurs est approuvé par les ministres de l'instruction publique, de l'agriculture et du commerce.

Art. 5. — Dans les écoles fondées par les départements ou les communes, le directeur est nommé en la même forme que tous les instituteurs publics, sur la présentation du conseil municipal, si l'école est fondée par une commune, et du conseil général, si l'école est fondé par le département.

Le personnel chargé de l'enseignement professionnel est nommé par le maire, si c'est une école communale, et par le préfet, si c'est une école départementale, sur la désignation de la commission de surveillance et de perfectionnement instituée auprès de l'établissement par le conseil municipal ou par le conseil général.

Dans les écoles libres, tout le personnel est choisi par les fondateurs.

Art. 6. Un règlement d'administration publique déterminera les conditions d'application de la présente loi.

LOI
du 16 juin 1881,
établissant la gratuité absolue de l'enseignement primaire dans les écoles publiques.

Art. 1er. — Il ne sera plus perçu de rétribution scolaire dans les écoles primaires publiques, ni dans les salles d'asile publiques.

Le prix de pension dans les écoles normales est supprimé.

Art. 2. — Les quatre centimes spéciaux créés par les articles 40 de la loi du 15 mars 1850 et 7 de la loi du 19 juillet 1875, pour le service de l'instruction primaire, sont obligatoires pour toutes les communes, compris dans leurs ressources ordinaires, et votés sans le secours des plus imposés (1).

Les communes auront la faculté de s'exonérer de tout ou partie de ces quatre centimes en inscrivant au budget, avec la même destination, une somme égale au produit des centimes supprimés, somme qui pourra être prise soit sur le revenu des dons et legs, soit sur une portion quelconque de leurs ressources ordinaires et extraordinaires.

Art. 3. — Les prélèvements à effectuer en faveur de l'instruction primaire sur les revenus ordinaires des communes, en vertu de l'article 40 de la loi du 15 mars 1850, porteront exclusivement sur les ressources ci après énumérées :

1° Les revenus en argent des biens communaux;

2° La part revenant à la commune sur l'imposition des chevaux et voitures et sur les permis de chasse;

3° La taxe sur les chiens;

4° Le produit net des taxes ordinaires d'octroi;

5° Les droits de voirie et les droits de location aux halles, foires et marchés.

Ces revenus sont affectés, jusqu'à concurrence d'un cinquième, aux

---

(1) Voir, plus haut, la note au bas de la page 9 sur la création de ces 4 centimes communaux. — Quant aux plus imposés, leur intervention dans les affaires municipales a été supprimée d'une manière générale par une loi de 1882.

dépenses ordinaires et obligatoires afférentes à la commune pour le service de ses écoles primaires publiques.

Sont désormais exceptées de tout prélèvement sur leurs revenus ordinaires les communes dans lesquelles la valeur du centime additionnel au principal des quatre contributions directes n'atteint pas vingt francs (20 fr.).

Art. 4. — Les quatre centimes spéciaux établis par les articles 40 de la loi du 15 mars 1850, 14 de la loi du 10 avril 1867, et 7 de la loi du 19 juillet 1875, au principal des quatre contributions directes, pour le service de l'instruction primaire, sont obligatoires pour les départements.

Toutefois, les départements auront la faculté de s'exonérer de tout ou partie de cette imposition, en inscrivant à leur budget, avec la même destination, une somme égale au produit des centimes supprimés, somme qui pourra être prise soit sur le revenu des dons et legs, soit sur une portion quelconque de leurs ressources ordinaires ou extraordinaires.

Art. 5. — En cas d'insuffisance des ressources énumérées aux articles 2, 3 et 4 de la présente loi, les dépenses seront couvertes par une subvention de l'État.

Art. 6. — Le traitement des instituteurs et institutrices, titulaires et adjoints, actuellement en exercice, ne pourra, dans aucun cas, devenir inférieur aux plus élevés des traitements dont ils auront joui pendant les trois années qui auront précédé l'application de la présente loi.

Le taux de rétribution servant à déterminer le montant du traitement éventuel, établi par l'article 9 de la loi du 10 avril 1867, sera fixé chaque année, par le ministre, sur la proposition du préfet, après avis du conseil départemental.

Un décret fixera la quotité des traitements en ce qui concerne les salles d'asile ou les classes enfantines (1).

Art. 7. — Sont mises au nombre des écoles primaires publiques donnant lieu à une dépense obligatoire pour la commune, à la condition qu'elles soient créées conformément aux prescriptions de l'article 2 de la loi du 10 avril 1867 :

1° Les écoles communales de filles qui sont ou seront établies dans les communes de plus de 400 âmes ;

2° Les salles d'asile ;

(1) C'est le décret du 10 octobre 1881. — Voir plus loin, à la deuxième partie : *Enseignement maternel.*

3° Les classes intermédiaires entre la salle d'asile et l'école primaire, dites classes enfantines, comprenant des enfants des deux sexes et confiées à des institutrices pourvues du brevet de capacité ou du certificat d'aptitude à la direction des salles d'asile (1).

LOI
du 16 juin 1881,
relative aux titres de capacité pour l'enseignement primaire.

Art. 1er. — Nul ne peut exercer les fonctions d'instituteur ou d'institutrice titulaire, d'instituteur adjoint chargé d'une classe ou d'institutrice adjointe chargée d'une classe, dans une école publique ou libre, sans être pourvu du brevet de capacité pour l'enseignement primaire.

Toutes les équivalences admises par le paragraphe 2 de l'article 25 de la loi du 15 mars 1850 sont abolies.

Art. 2. — Nulle ne peut exercer les fonctions de directrice ou de sous-directrice de salles d'asile publiques ou libres (2), sans être pourvue du certificat d'aptitude à la direction des salles d'asile, institué par l'article 20, paragraphe 1er, du décret du 21 mars 1855 (3).

Art. 3. — Les personnes occupant, sans les brevets et certificats sus-énoncés, les fonctions énumérées aux articles précédents, devront, dans le laps d'un an, à partir de la promulgation de la loi, se présenter devant les commissions d'examen instituées pour décerner lesdits brevets et certificats.

Celles qui auront échoué auront le droit de se présenter de nouveau aux sessions ordinaires ou extraordinaires tenues dans le cours des années suivantes, jusqu'à la rentrée des classes du mois d'octobre 1884.

Toutefois, les adjoints qui auront contracté, conformément à l'article 20 de la loi du 27 juillet 1872, l'engagement de se vouer pendant dix ans à la carrière de l'enseignement, et qui viendraient à échouer

---

(1) Voir, plus loin, le décret du 2 août 1881 relatif aux écoles maternelles, et l'arrêté du 27 juillet 1882 sur le même sujet.

(2) Cette loi est applicable aux orphelinats (Circulaire du 7 avril 1882).

(3) Le décret du 21 mars 1855 a été abrogé et remplacé par le décret du 2 août 1881. (Voir plus loin, deuxième partie : *Enseignement maternel*.)

aux examens ci-dessus, conserveront le bénéfice de la dispense, à titre conditionnel, du service militaire.

Art. 4. — Les prescriptions de la présente loi ne s'appliqueront pas :

1° Aux directeurs d'écoles publiques ou libres qui, au 1er janvier 1881, exerçaient les fonctions de directeurs en vertu des équivalences établies par la loi du 15 mars 1850 ;

2° Aux directrices d'écoles et de salles d'asile publiques ou libres qui, au 1er janvier 1881, comptaient trente-cinq ans d'âge et cinq ans au moins de services en qualité de directrices ;

3° Aux adjoints ou adjointes d'écoles publiques ou libres, ainsi qu'aux sous-directrices de salles d'asile publiques ou libres qui, au 1er janvier 1881, comptaient trente-cinq ans d'âge et cinq ans au moins de services comme adjoints ou adjointes chargés d'une classe, ou comme sous-directrices d'une salle d'asile, sans toutefois que cette exemption leur permette d'obtenir ultérieurement la direction d'une école ou d'une salle d'asile en dehors des conditions prescrites par les articles 1er et 2 de la présente loi (1).

ARRÊTÉ

du 20 juillet 1881,

réglant les récompenses honoriques (2) à décerner aux instituteurs, etc.

Art. 1er. — Les médailles et mentions honorables seront décernées aux instituteurs et institutrices titulaires, adjoints et adjointes, publics ou libres, pourvus du brevet ou du certificat d'aptitude pédagogique, aux directrices et sous-directrices d'écoles maternelles (salles d'asile), pourvues du certificat d'aptitude, dans chaque département, sur la proposition du préfet, après avis du conseil départemental et du recteur de l'Académie.

Les instituteurs adjoints et les institutrices adjointes pourvus du brevet

(1) Voir la circulaire du 22 septembre 1882, prescrivant d'exiger partout le brevet de capacité, à partir du 1er novembre.

(2) Voir, pour les autres distinctions honorifiques, le décret du 27 décembre 1866 et celui du 30 juin 1880 (pages 34 et 60).

supérieur ou du certificat d'aptitude pédagogique, les sous-directrices d'écoles maternelles pourvues, outre le certificat d'aptitude, du brevet élémentaire, peuvent seuls prétendre à la médaille de bronze et à la médaille d'argent.

Art. 2. — Il peut être accordé, chaque année, par département, une médaille d'argent pour cinq cents instituteurs titulaires et adjoints.

Deux médailles d'argent lorsque le nombre des instituteurs titulaires et adjoints atteindra huit cents.

Trois médailles d'argent lorsque le nombre des instituteurs titulaires et adjoints atteindra douze cents.

Une médaille de bronze par deux cents instituteurs titulaires et adjoints.

Une mention honorable par cent instituteurs titulaires et adjoints.

Les mêmes règles sont applicables aux institutrices titulaires et adjointes.

Une récompense honorifique (médaille d'argent, médaille de bronze ou mention honorable) peut être accordée, chaque année, par département, aux directrices et sous-directrices d'écoles maternelles remplissant les conditions indiquées à l'article 1er.

Deux récompenses peuvent être accordées lorsque le nombre des directrices et sous-directrices dépassent cent.

Art. 3. — Nul instituteur titulaire ou adjoint, nulle institutrice titulaire ou adjointe, nulle directrice ou sous-directrice d'école maternelle ne peut obtenir une mention honorable s'il ne compte au moins cinq ans de service et vingt-cinq ans d'âge.

Nul ne peut obtenir une médaille de bronze s'il n'a reçu la mention honorable depuis deux années au moins.

Nul ne peut obtenir une médaille d'argent s'il n'a reçu la médaille de bronze depuis deux années au moins.

Art. 4. — L'arrêté précité du 21 août 1858 et l'arrêté du 7 mai 1862 sont et demeurent rapportés.

DÉCRET

du 2 août 1881,

portant Règlement général de l'enseignement maternel.

(Voir le texte à la seconde partie : *Ecoles maternelles*.)

DÉCRET

du 10 octobre 1881,

sur les écoles de hameau.

Le Président de la République française,

Sur le rapport du président du conseil, ministre de l'instruction publique et des beaux-arts ;

Vu l'article 2 de la loi du 10 avril 1867, equel est ainsi conçu : « Le conseil départemental détermine, sur l'avis du conseil municipal, le cas où, à raison des circonstances, il peut être établi une ou plusieurs écoles de hameau dirigées par des adjoints ou adjointes » ;

Considérant qu'il importe de déterminer d'une manière précise quelles sont les écoles qui doivent être placées au rang d'école de hameau,

Décrète :

Art. 1er. — Toute école établie dans une section de commune, qui aura reçu pendant l'année au moins vingt-cinq élèves de cinq à treize ans, sera considérée comme école ordinaire, et l'instituteur adjoint ou l'institutrice adjointe qui la dirige sera élevé au rang d'instituteur ou d'institutrice pour jouir des avantages attachés à ce titre.

Art. 2. — L'école ainsi classée ne pourra, en cas de diminution de l'effectif scolaire, être replacée au rang d'école de hameau qu'en vertu d'une décision du conseil départemental.

ARRÊTÉ

du 14 octobre 1881,

relatif aux registres et écritures scolaires (1).

Article 1er. — Les seuls registres dont la tenue soit exigée des instituteurs et des institutrices publics sont :

1° Le registre matricule ;

2° Le registre d'appel ou de présence (2) ;

3° Le registre de l'inventaire du mobilier de l'école et du matériel d'enseignement ;

4° Le registre d'inventaire du mobilier personnel, s'il y a lieu ;

5° Le catalogue des livres de la bibliothèque scolaire de l'école publique, avec le registre des recettes et dépenses et le registre des entrées et des sorties.

Art. 2. — La tenue des quatre premiers de ces registres est obligatoire pour les directrices d'école maternelle.

Art. 3. — Les instituteurs, institutrices et directrices d'école maternelle sont tenus, en outre, à toutes les écritures d'ordre et de statistique qui peuvent leur être demandées par les administrations centrale et départementale.

Art. 4. — L'arrêté du 17 avril 1866 est rapporté.

(1) Tous ces registres et imprimés peuvent être demandés à l'Imprimerie administrative et classique Paul Dupont, 41, rue Jean-Jacques-Rousseau, Paris.

(2) Ces dispositions sont modifiées : par la circulaire du 30 juillet 1882, prescrivant la liste nominative des enfants, l'invitation à comparaître, etc., etc., selon les art. 8, 12, 13 et 14 de la loi du 28 mars 1882, — et par la circulaire du 7 septembre 1882 qui prescrit le *Registre à souche*, un nouveau *Registre d'appel* et des *Extraits* de ce registre. — Voir plus loin.

CIRCULAIRE

du 14 octobre 1881,

relative aux registres et écritures scolaires (1).

Monsieur le Recteur,

J'ai l'honneur de vous adresser une ampliation d'un arrêté, en date de ce jour, déterminant les registres et écritures scolaires dont la tenue sera seule obligatoire désormais pour les instituteurs, les institutrices et les directrices des écoles maternelles.

Comme vous le remarquerez, cet arrêté, qui rapporte celui du 17 avril 1866, simplifie considérablement les écritures auxquelles étaient tenus les fonctionnaires de l'enseignement primaire.

La loi sur la gratuité a eu pour effet de rendre désormais inutiles et le registre des rôles de la rétribution scolaire, et le registre des déclarations d'abonnements. Ces deux registres sont supprimés.

J'ai également cru pouvoir supprimer sans inconvénient le rapport annuel que devaient adresser les directeurs et les directrices d'école à l'inspecteur de leur circonscription, et où celui-ci était censé puiser les renseignements nécessaires à la rédaction de ses états de situation.

Tous les renseignements dont peuvent avoir besoin MM. les inspecteurs primaires se trouvent dans le registre matricule et les états récapitulatifs qui les accompagnent.

J'ai dû faire remanier aussi, pour les mettre en harmonie avec les lois nouvelles, le registre matricule et le registre de présence ou d'appel et j'adresserai sous peu de jours à MM. les inspecteurs d'Académie le nouveau modèle de ces registres, dont la tenue exacte et à jour doit être plus que jamais rigoureusement exigée et soigneusement contrôlée.

Enfin, et sur la demande presque unanime de MM. les inspecteurs d'Académie, réunis récemment à Paris en conférence, j'ai décidé la *suppression du journal de classe*.

La tenue de ce journal avait sa raison d'être alors que, pour beaucoup d'instituteurs, la nécessité de préparer consciencieusement leur classe n'était ni clairement démontrée ni impérieusement sentie. Mais nous n'en sommes plus là aujourd'hui : cette vérité pédagogique qu'il

---

(1) Le *Registre d'appel* maintenu par cette circulaire a été changé par celle du 7 septembre 1882. — Voir plus loin.

n'est pas de bonne classe sans une bonne préparation est reconnue et proclamée par les maîtres eux-mêmes; l'habitude de cette préparation journalière des leçons est heureusement entrée dans les mœurs scolaires.

On semblerait donc manifester à l'égard du corps enseignant une méfiance qu'il ne mérite pas, et on lui imposerait sans profit un surcroît fastidieux d'écritures, en exigeant plus longtemps la constatation matérielle de ce travail préalable.

Les bons instituteurs n'en continueront pas moins de faire chaque jour eux-mêmes, avec le même soin, avant d'entrer en classe, le choix des textes, des exemples, des exercices qu'ils comptent donner, de lire d'avance les morceaux qu'ils devront expliquer, de rassembler les objets dont ils auront besoin pour la leçon de choses, de régler, enfin, la marche de leur enseignement. Quant aux autres, ce ne serait pas en les obligeant à jeter à la hâte quelques lignes sur un registre, pour simuler une préparation qu'ils n'auraient pas faite, qu'on parviendrait à améliorer leur enseignement.

Tout au plus le journal de classe a-t-il cet avantage de permettre à l'inspection de s'exercer plus rapidement et plus sûrement, par la comparaison des indications qu'il contient, avec le programme de l'enseignement et les cahiers d'élèves.

Mais si, comme il est à désirer, et comme vous le recommanderez une fois de plus en cette occasion, les maîtres ont pris soin de remplacer les cahiers multiples qui ont été si longtemps (1) et si malheureusement en honneur dans les écoles par le *cahier unique* de devoirs journaliers, et si chacun des devoirs consignés dans ce cahier porte exactement la date du jour où il a été fait, l'examen de ces devoirs et du registre de présence suffit amplement pour contrôler la régularité des exercices et leur sage distribution.

J'ajoute que si je ne suis pas touché par les mérites du journal de classe, je suis très frappé, au contraire, des avantages que présenterait l'introduction dans les écoles du *carnet de correspondance* (2) avec les familles. Un père a le droit de savoir ce que son enfant fait à l'école, et un instituteur doit éprouver le besoin d'appuyer son autorité sur celle du chef de famille. Un échange de communications, qui s'établirait aussi

(1) Nous recommandons le Cahier unique, édité par l'Imprimerie administrative et classique Paul Dupont, 41, rue Jean-Jacques Rousseau, Paris, en exécution de cette circulaire.

(2) Demander aussi le *carnet de correspondance* édité par l'Imprimerie administrative Paul Dupont. L'expérience en a prouvé la supériorité. (*Notes de l'éditeur*).

régulièrement que possible et qui serait inspiré par un sentiment de confiance réciproque, tournerait au profit de l'éducation et de l'instruction des élèves : se sentant en quelque sorte surveillé à l'école par son père, et à la maison paternelle par son maître, comment un enfant ne redoublerait-il pas de vigilance? Je ne voudrais pas toutefois faire de cette correspondance avec les familles, quels que soient les résultats heureux qu'à mon sens elle doive produire, une obligation rigoureuse pour les maîtres; je me contente de leur signaler ce moyen pédagogique, déjà employé avec succès par l'élite de nos instituteurs.

J'insiste enfin, et tout particulièrement, sur la tenue exacte des trois registres (1) qui concernent les bibliothèques populaires annexées aux écoles publiques. Aujourd'hui que, grâce aux libéralités des communes, des départements, des particuliers et de l'Etat, ces bibliothèques prennent une véritable extension, et que le goût des bons livres gagne de proche en proche, il importe de conserver avec soin ce dépôt des modestes richesses littéraires mises à la disposition des élèves et des populations.

Je vous prie, Monsieur le Recteur, de vouloir bien donner aux instructions contenues dans cette circulaire, ainsi qu'à l'arrêté qui l'accompagne, la plus grande publicité dans votre Académie.

Recevez, Monsieur le Recteur, l'assurance de ma considération très distinguée.

Le président du conseil,
Ministre de l'instruction publique et des Beaux-Arts,
Jules FERRY.

DÉCRET
du 29 octobre 1881,
relatif au traitement des fonctionnaires de l'enseignement primaire supérieur (2).

Article 1er. — Les directeurs et instituteurs adjoints des écoles primaires

---

(1) A demander à l'Imprimerie administrative et classique Paul Dupont.
(2) Les écoles primaires *supérieures* sont régies par :
Le décret du 15 janvier 1881 sur leur organisation et les encouragements de l'État;
L'arrêté du 15 janvier 1881, qui fixe les subventions, le personnel et les programmes;
Le décret et l'arrêté du 2 janvier 1882 sur les comités de patronage;

supérieures sont répartis en quatre classes, et le traitement minimum de chaque classe est fixé ainsi qu'il suit :

Directeurs : 4e classe, 2,000 francs ; 3e classe, 2,200 francs ; 2e classe, 2,500 francs ; 1re classe, 2,800 francs.

Adjoints : 4e classe, 1,200 francs ; 3e classe, 1,400 francs ; 2e classe, 1,600 francs ; 1re classe, 1,800 francs.

Art. 2. — La promotion d'une classe à la classe supérieure est de droit, pour les directeurs, après cinq années, et, pour les adjoints, après trois années passées dans la classe immédiatement inférieure, et ne peut avoir lieu avant l'expiration de cette période.

Art. 3. — Les directeurs et adjoints des écoles primaires supérieures jouissent des avantages spécifiés aux articles 3 (§ 1er) et 4 de la loi du 19 juillet 1875.

Art. 4. — Les directeurs et adjoints qui débutent appartiennent à la dernière classe. Toutefois, ceux qui étaient déjà titulaires ou adjoints dans les écoles primaires élémentaires conservent la classe à laquelle ils appartenaient, et, dans aucun cas, leur traitement ne peut devenir inférieur à celui dont ils jouissaient.

Art. 5. — Les directeurs et adjoints des écoles primaires supérieures et les directeurs de cours complémentaire d'un an reçoivent, en outre des traitements minima fixés par l'article 1er, un traitement éventuel, soumis à retenue et calculé d'après le nombre des élèves qui fréquentent l'école primaire supérieure ou le cours complémentaire.

Aucun élève n'entre dans le calcul de l'éventuel s'il n'est régulièrement inscrit sur le registre matricule et s'il n'a fréquenté au moins pendant sept mois l'école ou le cours.

Sur l'avis du conseil départemental, le préfet détermine tous les ans, sous réserve de l'approbation du ministre, le taux de cette allocation supplémentaire dans chaque école.

Cette allocation peut varier de 10 à 20 francs par élève, suivant la résidence et d'après les résultats de l'enseignement.

Le décret du 3 janvier 1882 concernant les bourses d'enseignement primaire supérieur ;

L'arrêté du 3 janvier 1882 réglant les concours pour ces bourses et fixant le régime des boursiers.

Nous nous bornons à mentionner ici l'ensemble de cette législation qui s'applique à une catégorie spéciale, en dehors des écoles primaires et maternelles auxquelles ce livre est destiné.

Art. 6. — Le montant de l'éventuel dans toute école qui a des instituteurs adjoints est divisé en deux parts égales : l'une est attribuée au directeur, l'autre est partagée également entre les adjoints.

Les directeurs de cours complémentaires reçoivent la totalité de l'éventuel.

Art. 7. — Les indemnités ou suppléments de traitements que les directeurs et adjoints des écoles primaires supérieures et les directeurs de cours complémentaires peuvent recevoir des communes, sont prélevés sur les ressources ordinaires ou extraordinaires des budgets municipaux, autres que celles provenant des quatre centimes spéciaux. Elles peuvent être soumises à la retenue.

Art. 8. — Les professeurs spéciaux de langues vivantes, de dessin et d'agriculture attachés aux écoles primaires supérieures, reçoivent une indemnité annuelle, non soumise à la retenue, et calculée d'après le nombre d'heures d'enseignement qu'ils donnent chaque semaine dans l'école.

Cette indemnité peut varier de 100 à 200 francs pour chaque heure d'enseignement donnée par semaine : le montant en est fixé par le préfet, sur l'avis du conseil départemental et sauf approbation du ministre.

Art. 9. — Les auxiliaires chargés de l'enseignement de la gymnastique et de la direction des travaux manuels dans les écoles primaires supérieures reçoivent, dans les conditions spécifiées à l'article 8, une indemnité annuelle qui peut varier de 50 à 100 francs.

INSTRUCTION

du 25 janvier 1882,

relative à la création d'écoles primaires de tout ordre et d'emplois dans ces écoles (1).

Monsieur le Préfet,

Il s'est produit depuis quelques années, sur tous les points de la France, un mouvement considérable autant que fécond en faveur de l'instruction populaire : de tous côtés des écoles nouvelles se sont fondées, les anciennes écoles se sont agrandies, et, comme conséquence,

(1) Voir, page 146, la circulaire du 28 juillet 1852, relative à la construction des établissements scolaires.

le nombre des maîtres s'est accru dans une notable proportion. En établissant la gratuité absolue à tous les degrés de l'enseignement primaire et en réduisant à quatre centimes la charge des communes dans les dépenses scolaires, les lois du 16 juin et du 29 juillet 1881 ont eu pour effet d'imprimer une impulsion nouvelle à ce mouvement, qui ne peut manquer d'aller en grandissant, jusqu'au jour prochain où le grand service de l'instruction primaire sera pourvu de tous ses organes. J'ajoute qu'en se départissant des conditions rigoureuses que, pour des raisons d'ordre financier, elle avait cru devoir mettre, jusqu'à ces temps derniers, à la création d'emplois d'adjoints et d'adjointes, l'Administration a contribué dans une large mesure à provoquer les demandes qui lui arrivent de toutes parts.

Il faut se réjouir de cette salutaire agitation, née des besoins de notre société démocratique, encouragée par l'opinion publique et favorisée par les libéralités des Chambres. Mais plus ce courant devient puissant, plus il est de notre devoir, Monsieur le Préfet, de le diriger et de le régler, afin de ne rien fonder que de solide et d'utile, afin de ne point dépenser au hasard les ressources que le Parlement met si généreusement à notre disposition, et aussi afin de ne pas compromettre par la multiplicité de ses rouages une organisation qui peut être complète sans cesser d'être simple. Nous devons nous empresser de donner satisfaction à tous les besoins légitimes; mais l'intérêt des finances de l'État, engagées plus que jamais dans les dépenses de l'instruction primaire, comme aussi l'intérêt bien entendu de l'enseignement lui-même, nous commandent d'être en garde contre les entraînements irréfléchis des municipalités et contre notre propre désir de répondre à leur empressement.

Or, l'examen des demandes de création d'écoles ou de création d'emplois qui affluent à mon ministère m'a amené à constater plus d'une fois que ces demandes ne répondaient pas toujours à un besoin indiscutable et à un sentiment exact des véritables nécessités scolaires. Il m'a paru surtout que certaines de ces questions n'avaient pas toujours fait l'objet d'une étude suffisamment attentive, ou tout au moins que, si cette étude avait été faite consciencieusement, les dossiers soumis à mon appréciation ne renfermaient pas tous les éléments qui me sont nécessaires pour donner ou refuser mon approbation en toute connaissance de cause.

Il semblerait, à voir la facilité que l'on apporte à demander et la parcimonie avec laquelle on mesure les informations, que plus l'Administration se montre libérale, moins on doive prendre souci de motiver ses demandes et de la renseigner exactement. Souffrir que de tels errements s'établissent au milieu de nous, ce serait, Monsieur le Préfet, faire revivre et accréditer cette détestable maxime que l'État c'est l'ennemi, auquel on peut impunément et sans compter, imposer toutes les exigences et au besoin, tous les caprices.

Je vous demande de réagir énergiquement contre cette tendance, et, pour vous y aider, je crois devoir vous tracer les règles qu'il est indispensable de suivre, toutes les fois qu'il s'agit de créer une école ou un emploi.

Je tiens par-dessus tout à simplifier le plus possible ces règles et à ne vous demander désormais, comme documents justificatifs, que ceux qui me sont absolument nécessaires pour éclairer ma décision ; mais, plus ces règles seront simples, plus vous devrez veiller à ce qu'elles soient fidèlement observées.

CRÉATIONS D'ÉCOLES ET D'EMPLOIS.

L'instruction ministérielle du 9 août 1870 avait entouré de précautions multipliées à l'infini les demandes de création d'écoles ou d'emplois : les dossiers de ces sortes d'affaires devaient comprendre jusqu'à dix-sept pièces. La loi sur la gratuité de l'enseignement nous permet heureusement de réduire le nombre de ces documents, dont la production, justifiée par les nécessités de l'époque, ne seraient plus aujourd'hui qu'une entrave inutile à la prompte expédition des affaires. Les communes, exonérées de toute dépense scolaire, quand elles ont versé leur part contributive, fixée à quatre centimes par la loi du 16 juin 1881 et la loi de finances du 29 juillet suivant, ne sont plus tenues désormais à justifier de leur situation financière. Vous n'aurez donc plus à leur demander de produire ni l'état de cette situation établie par le percepteur, ni la copie certifiée de leur budget pour l'exercice courant, ni le compte de gestion municipale, ni le décompte des dépenses scolaires, ni l'état des traitements des maîtres qu'elles emploient, ni même la liste nominative, presque toujours fictive, des enfants appelés à fréquenter l'école ou la classe dont la création est demandée. Sur ce dernier point, je me borne à rappeler que les règlements scolaires ont fixé les conditions d'âge que doivent remplir les élèves pour être admis dans les écoles primaires et les écoles maternelles : c'est à l'inspecteur primaire, qui certifie exact l'état dont je parlerai tout à l'heure, à s'entourer de tous les renseignements dont il a besoin pour dégager sa responsabilité.

Mais vous voudrez bien vous attacher à ce que les dossiers que vous m'adresserez à l'avenir soient invariablement composés comme suit :

I. — La délibération motivée du conseil municipal sur le projet de création. Cette délibération sera accompagnée : 1° d'un plan topographique de la commune, dans le cas où il s'agit de créer une école dans une section ou dans un hameau ; 2° dans tous les cas, d'un plan complet ou partiel, orienté et coté, de la maison d'école existante ou en voie de construction ;

II. — Un état conforme à l'un des modèles annexés à la présente instruction, et faisant connaître, avec divers renseignements statistiques, l'organisation scolaire de la commune ;

III. — Un rapport de l'inspecteur d'Académie ;

IV. — La délibération du conseil départemental ;

V. — Votre propre avis.

Ces différentes pièces seront renfermées sous un bordereau d'envoi, dont je vous adresse également le modèle.

Il n'est pas inutile d'entrer dans quelques détails pour faire ressortir l'utilité et l'importance de chacun de ces documents :

I. — La délibération du conseil municipal étant la pièce initiale de l'affaire, ce document doit être suffisamment motivé pour servir utilement de point de départ au reste de l'instruction. Vous inviterez en conséquence les conseils municipaux à vouloir bien consigner dans leurs délibérations les principales raisons qui militent en faveur du projet qu'ils présentent, et vous insisterez particulièrement pour que ces délibérations soient toujours accompagnées d'un plan, orienté et coté, de la maison d'école, et, suivant les cas, d'un plan topographique, exact et clair, de la commune.

S'il s'agit de créer une école dans un hameau, ce dernier plan est indispensable pour que le conseil départemental et vous-même puissiez vous rendre compte de la nécessité de la création demandée, et apprécier en même temps la convenance de l'emplacement choisi. Il devra comprendre l'indication des différents hameaux dont la commune se compose, la population de chacun d'eux, la distance qui les sépare du chef-lieu, les routes qui les relient entre eux et avec l'agglomération centrale où se trouve l'école principale. Si l'école à fonder dans un hameau est destinée à desservir plusieurs agglomérations appartenant à des communes différentes, le plan devra comprendre en outre les portions de territoire communes appelées à profiter de la même école. Une légende très sommaire, portée sur ce plan et renfermant les indications que le dessin ne peut fournir, complètera utilement ces divers renseignements.

Le plan de la maison d'école est non moins nécessaire, soit qu'il s'agisse d'une école à ouvrir, soit qu'il s'agisse d'un emploi d'adjoint à créer.

Dans le premier cas, vous avez besoin de savoir, et j'ai besoin de savoir moi-même, dans quelles conditions les élèves et leurs maîtres seront placés, et je suis résolu à ne donner mon adhésion au projet qu'autant que ces conditions seront satisfaisantes et garantiront le succès de l'école. Il est arrivé trop souvent, en effet, que dans leur hâte d'ouvrir un nouvel établissement scolaire, les municipalités n'ont pris aucune des précautions les plus élémentaires pour assurer son existence; qu'on s'est installé dans n'importe quel local, avec n'importe quel mobilier, parfois dans une salle de mairie, d'autres fois dans une maison qu'on a louée sans se préoccuper de sa convenance, d'autres fois même dans une maison prêtée, en possession de laquelle le propriétaire demandait à rentrer avant qu'on eût pu pourvoir à une autre installation. On a cru, en un mot, et c'est un grand tort, qu'il suffisait, en quelque sorte, de mettre un écriteau sur une maison pour en faire une école. C'était le plus souvent un provisoire; mais qui ne sait combien longtemps le provisoire dure souvent! Aussi cette école sur laquelle on fondait les plus belles espérances n'a point réussi : elle végète ou se meurt. Au surplus, l'État, qui prend aujourd'hui à sa charge la plus grande partie et parfois la totalité de la dépense résultant de ces créations, a le droit et le devoir de s'enquérir de l'usage qui sera fait de ses libéralités et des fruits qu'elles porteront.

Dans le second cas, il faut que nous sachions non seulement si l'emploi à créer répond à un véritable besoin, mais encore si la classe nouvelle est suffisamment spacieuse et saine pour recevoir les élèves qu'on entend y placer, et si le maître qui doit la diriger aura un logement personnel convenable.

Il n'est pas rare, en effet, qu'un conseil municipal, demande aujourd'hui la création d'un emploi d'adjoint ou d'adjointe, alors que le nombre des élèves ne justifie pas cette création, mais pour cette seule raison que la salle d'école ne peut recevoir les cinquante et quelques enfants dont l'école se compose, et qu'il en coûterait quelque argent à la commune pour agrandir cette salle. On trouve plus commode de demander un adjoint, dont le traitement sera payé sur les fonds de la subvention, que de se mettre en frais pour donner aux locaux scolaires une installation convenable; on découvre alors dans la maison commune une petite pièce obscure, mal aérée, un réduit parfois, que l'on décore du nom de classe et où l'on entasse de malheureux enfants sous la direction d'un maître non moins malheureux; ou bien — ce qui ne vaut pas mieux au point de vue pédagogique, et ce que vous ne sauriez accepter davantage — on prétend installer dans la même salle deux maîtres, qui se gêneront mutuellement dans leur enseignement, ou qui seront trop facilement tentés de se suppléer dans l'accomplissement de la tâche commune.

D'autres fois, c'est le logement de l'adjoint dont on ne prend aucun souci. Assurément, nous ne pouvons pas exiger que les communes offrent partout, et pour les classes et pour le logement des maîtres, des installations confortables; mais il y a un minimum de convenances scolaires et de conditions hygiéniques au-dessous duquel il n'est pas possible de descendre, et c'est ce minimum que nous devons chercher et trouver dans le plan coté et orienté de la maison d'école. Toutes les fois qu'il ne l'y rencontrera pas, le conseil départemental devra refuser son avis favorable. Quant à moi, gardien des deniers publics et de la bonne organisation scolaire, je suis fermement décidé, le cas échéant, à ne point donner mon approbation à de tels projets.

Il serait entendu, d'ailleurs, que, s'il s'agissait de créer un emploi d'adjoint dans une de ces grandes écoles, comme en possèdent certaines villes, vous n'auriez pas à exiger le plan complet des locaux scolaires : un plan partiel, celui de l'étage où doit se trouver la classe à ouvrir, serait suffisant.

II. — L'état destiné à faire connaître la situation d'une commune au point de vue de son organisation scolaire achèvera d'éclairer la question. Il permettra d'apprécier, d'une part, si la création demandée est utile, et, d'autre part, si la combinaison proposée est la meilleure. Il peut arriver, en effet, qu'en étudiant de près l'organisation scolaire d'une commune, on découvre un moyen plus pratique et moins onéreux de donner satisfaction aux besoins constatés. Autant c'est une mauvaise chose, au point de vue pédagogique, d'accroître indéfiniment le nombre des classes et des maîtres dans une même école, autant il faut prendre garde de créer des écoles ou des classes qui ne recevraient pas un nombre suffisant d'élèves : dans le premier cas, l'encombrement rend la direction difficile et compromet parfois les résultats de l'enseignement; dans le second, la rareté des élèves empêche de mettre dans l'école l'émulation et la vie qui sont la source de tout progrès. Ce sont deux écueils également dangereux, que l'examen attentif de l'état dont je parle permettra d'éviter.

Cet examen servira encore à s'assurer qu'on ne créera point une classe et un emploi d'adjoint dans une école, alors que, dans l'école voisine ou les écoles voisines, il y a un nombre suffisant de places disponibles. Il permettra enfin de reconnaître si, dans certaines communes, au lieu de créer deux emplois d'adjoint et d'adjointe dans les écoles spéciales, il ne suffirait pas, ce qui est souvent infiniment préférable, d'organiser une petite école maternelle ou une classe enfantine.

Il ne m'échappe pas que l'état dont je m'occupe n'aura pas la même valeur dans tous les cas, et que concluant quand il s'agit d'une commune rurale, il sera moins probant et plus difficile à établir quand il s'agira d'une ville ou d'une commune importante. Dans ce dernier cas, il suffira qu'il présente le tableau de l'organisation scolaire du quartier dans lequel l'école ou l'emploi doit être créé. C'est assez, d'ailleurs, qu'il soit utile dans la généralité des cas pour que vous en exigiez toujours la production. Cet état sera établi par l'inspecteur primaire : nul, en effet, n'est mieux en situation que ce fonctionnaire pour connaître les diverses situations scolaires, pour les étudier de près et donner un avis compétent.

III. — Quant au rapport de l'inspecteur d'Académie, je n'hésite pas à dire que, de toutes les pièces du dossier, c'est ce document qui doit avoir à vos yeux et aux miens l'importance la plus décisive. C'est dans ce rapport que je chercherai et que je souhaite trouver la solution de ces questions, toujours délicates et complexes, de création d'écoles ou d'emplois, l'exposé des arguments qui militent pour ou contre ces sortes de projets, l'analyse concluante des motifs tirés de la délibération du conseil municipal, de l'étude du plan de la commune et du plan de l'école, de l'état de la situation scolaire, de tous les renseignements enfin que ce chef de service a par devers lui ou qu'il est en mesure de se procurer.

Ce rapport sera substantiel, fortement motivé et disposé dans un ordre méthodique. MM. les inspecteurs d'Académie ne devront plus se contenter de vous adresser, ainsi que j'ai eu le regret de le constater trop souvent, un avis succinct, une sorte de consultation banale sur tous les projets qui passent par leurs bureaux ; ils se contenteront moins encore de vous transmettre, comme cela arrive fréquemment, le rapport de leur subordonné, l'inspecteur primaire, avec une approbation pure et simple. Cette dernière pratique peut être commode, mais elle ne saurait être admise, pour plus d'une raison : d'abord, si le rapport de l'inspecteur primaire suit le dossier, que reste-t-il dans les bureaux de l'inspecteur d'Académie? et si ce rapport contient des réserves, formule des conditions, comment ce chef de service en retrouvera-t-il la trace quand il faudra exiger l'exécution de ces conditions, l'accomplissement des engagements pris? D'autre part, c'est l'inspecteur d'Académie qui, le plus souvent, est le promoteur de ces sortes de créations : il en devient ainsi, devant le conseil départemental et devant l'Administration supérieure, l'éditeur responsable : ne faut-il pas dès lors, pour couvrir sa propre responsabilité, qu'il ait dans ses archives la minute du rapport qui a déterminé la décision prise ?

IV. — Le plus souvent, les extraits des délibérations des conseils départementaux sont d'un laconisme qui ne se concilie pas toujours avec l'importance de la question et du débat auquel elle a donné lieu. Assurément, je ne voudrais pas demander au secrétaire du conseil de reproduire, dans tous les cas, les développements qu'a pu prendre la discussion; mais il peut se présenter telle affaire où j'aie intérêt à connaître les principales considérations qui ont déterminé l'assemblée, les objections qui ont pu être faites, les réserves qui ont été jugées utiles, et, parfois, le nombre des membres qui se sont prononcés pour ou contre le projet.

V. — L'instruction ayant été ainsi conduite, il est clair que votre avis personnel ne saurait être que sommaire dans la plupart des cas. Cependant cet avis devrait être motivé, si le projet avait rencontré une certaine opposition, soit dans le conseil municipal, soit dans le conseil départemental, et surtout si vous n'aviez pas partagé le sentiment de la majorité; à l'occasion, il devra faire, en outre, mention des considérations d'ordre administratif qui peuvent vous faire souhaiter l'adoption ou le rejet du projet.

Après ce qui précède, j'ai à peine besoin d'ajouter que chaque affaire doit faire l'objet d'une étude particulière et d'un dossier. Je refuserais, *a priori*, mon approbation à toute demande collective de créations d'emplois ou d'écoles qui me serait adressée.

ÉCOLES MATERNELLES ET ÉCOLES ENFANTINES (1).

En assimilant aux écoles ordinaires les écoles maternelles et les écoles enfantines, la loi du 16 juin 1881 a soulevé plusieurs questions sur lesquelles quelques-uns de vos collègues ont cru devoir me consulter, et qu'il est utile, en effet, de résoudre pour assurer l'exacte application de la loi nouvelle.

(1) Voir plus loin, à la deuxième partie, tout ce qui concerne les *Écoles maternelles*.

Les écoles maternelles sont connues : il serait superflu d'insister sur leur caractère et sur leur organisation, aujourd'hui réglée par le décret du 2 août dernier. Mais, en vertu de l'article 7 de la loi du 16 juin, elles ne peuvent donner lieu à une dépense dans laquelle l'État n'intervient qu'autant qu'elles ont été créées conformément à l'article 2 de la loi du 10 avril 1867. Point de difficultés en ce qui concerne les écoles maternelles à fonder : il suffira de suivre les règles tracées plus haut pour la création d'écoles primaires élémentaires.

Mais on s'est demandé, d'une part, si les écoles maternelles qui existent actuellement doivent recevoir une consécration nouvelle, une sorte d'investiture conforme aux prescriptions de la loi du 16 juin, et, d'autre part, quelles sont celles qui doivent être jugées dignes de cette consécration légale.

Sur le premier point, la réponse ne saurait être douteuse : jusqu'à la promulgation de la loi de 1881, c'était assez, pour qu'une salle d'asile fût légalement ouverte, que l'inspecteur d'Académie « eût reconnu qu'elle réunissait les conditions de «salubrité» (Décret du 21 mars 1855, art. 5). Cette garantie pouvait suffire alors que l'entretien des salles d'asiles constituait une dépense purement communale. Elle n'a plus paru suffisante aux auteurs de la loi de juin, qui a mis cette dépense à la charge de l'État dans la presque totalité des cas. Il faut désormais la sanction du conseil départemental et l'approbation ministérielle. Il est donc nécessaire que vous fassiez procéder à une enquête sur toutes les salles d'asile ou écoles maternelles de votre département, que vous formiez pour chacune d'elles un dossier conforme à celui qui est prescrit pour les créations nouvelles, et que toutes les questions d'installation, de salubrité, de direction, soient étudiées par espèce, afin que le conseil départemental et mon administration soient en mesure de prendre une décision éclairée.

Vous remarquerez, en outre, et le conseil départemental ne perdra pas de vue que l'école maternelle, telle que nous la concevons aujourd'hui, ne ressemble plus à la salle d'asile d'autrefois, à cette sorte de refuge où l'on se contentait de garder les enfants et de les occuper machinalement. L'école maternelle a sa place, et une place considérable, parmi les établissements scolaires: c'est une véritable maison d'éducation, dont il importe d'entourer la création d'autant plus de garanties que les enfants qu'elle reçoit sont plus jeunes, et leur esprit plus accessible aux bonnes ou aux mauvaises directions.

Sur le second point, une loi dira bientôt, je l'espère, quelles sont les communes où la tenue d'une école maternelle doit être obligatoire, et quelles sont celles où leur entretien constituera une dépense facultative. En attendant, j'estime qu'il faut incliner à penser que, dans la très grande majorité des cas, les salles d'asile actuellement existantes répondent à un besoin réel. Toutefois, selon ce qui vient d'être dit, le conseil départemental voudra, avant de leur conférer un titre officiel, s'assurer quelles remplissent bien les conditions d'installation et de direction reconnues désormais indispensables, et il se refusera sans hésitation à consacrer l'existence de celles qui ne seraient, en réalité, que des garderies, créées pour répondre à des besoins douteux, ou pour assurer le recrutement de telle ou telle école, et qui, n'ayant d'écoles maternelles que le nom, ne mériterait ni d'être encouragées par lui, ni d'être entretenues par l'État. Dans ce cas, la salle d'asile prendra le caractère d'établissement primaire public, auquel elle n'a pas de titres sérieux, et elle ne pourra subsister, s'il y a lieu, que comme établissement privé, en se soumettant aux règlements qui régissent l'ouverture et le fonctionnement des écoles libres.

J'insiste encore sur ce point que c'est par des décisions d'espèce, et non par des décisions d'ensemble, que le conseil départemental devra procéder.

Les écoles enfantines sont moins connues et leur organisation n'a pas encore été l'objet d'une réglementation spéciale : il ne sera donc pas superflu de vous donner à ce sujet des instructions sommaires, qui d'ailleurs m'ont été demandées par plusieurs de vos collègues.

Il y a deux sortes d'écoles enfantines : les unes, en petit nombre, sont établies dans les villes importantes et forment la transition entre l'école maternelle et l'école primaire ; les autres, plus répandues, tiennent lieu, dans les communes rurales, d'écoles maternelles et préparent les jeunes enfants à suivre les écoles spéciales de filles ou de garçons.

Les écoles enfantines des villes sont les véritables écoles intermédiaires : ce sont d'ordinaire des établissements spéciaux, indépendants des autres établissements scolaires, ayant leur existence propre et recevant simultanément, ou séparément, les enfants des deux sexes, soit qu'ils viennent de leurs familles, soit qu'ils sortent de l'école maternelles. Ces écoles doivent être dirigés par des femmes, pourvues au moins du certificat d'aptitude à la direction des écoles maternelles, et, s'il est possible, du brevet élémentaire. L'enseignement y doit être la continuation de celui de l'école maternelle et le commencement de celui qui est donné à l'école primaire ; de même, la méthode à suivre est celle des salles d'asile, pour les plus jeunes enfants, unie à celle du cours élémentaire des écoles primaires pour les élèves les plus âgés. Un règlement fixera bientôt sans doute et le programme de cet enseignement et les conditions d'âge que doivent remplir les élèves qui demandent à être reçus dans ces écoles. Toutefois, et sans préjuger à cet égard les décisions du conseil supérieur, on peut dire, d'une façon générale, que l'âge régulier de la fréquentation des écoles enfantines est de six à huit ans. Il est à présumer, d'ailleurs, que le soin de fixer définitivement ces limites sera laissé aux conseils départementaux, meilleurs juges que toute autre autorité des convenances locales et des moyens de leur donner satisfaction.

Quant à l'organisation matérielle des écoles enfantines, c'est là encore une question qui n'est point réglée; mais la nature même de ces écoles indique assez clairement comment elle sera résolue. Placées entre l'école maternelle et l'école primaire, elles doivent réunir les conditions d'installation recommandées pour la division supérieure de l'une et pour la division inférieure de l'autre. Au surplus, la règle à suivre en cela, comme dans toutes questions d'installation scolaire, est tracée par le bon sens et par le sentiment exact des besoins de l'enfance : que les écoles soient absolument saines, c'est le premier point à obtenir; qu'elles soient gaies ensuite, et, s'il se peut, confortables, afin que les enfants y fassent un facile apprentissage de la vie d'écolier, c'est le second but à atteindre; et quand une école, de quelque nature qu'elle soit, remplira ces conditions, le conseil départemental peut en toute assurance en décider la création : mon approbation ne fera pas défaut.

L'école enfantine ou intermédiaire, telle que je viens d'essayer de la décrire, a sa place marquée dans une organisation scolaire habilement hiérarchisée, et partout où elle peut se fonder, il convient d'en encourager la création. Malheureusement elle ne peut se rencontrer que dans les villes riches et populeuses où il existe une ou plusieurs écoles maternelles, et l'on ne saurait en recommander ailleurs l'établissement. Mais il est une autre sorte d'école enfantine qui peut être organisée, très utilement et à peu de frais, dans la plupart des communes rurales de quelque importance, et dont il est plus nécessaire encore de favoriser la création.

Cette classe enfantine, d'ordre moins élevé, est destinée à remplacer, en partie du moins, l'école maternelle, dans les localités où un établissement de ce genre ne serait en rapport ni avec le chiffre de la population ni avec l'importance des ressources communales. — On commence à se rendre compte des très grands services que ces sortes de classes peuvent rendre, et leur nombre s'accroît rapidement. On en fait d'ordinaire, et avec raison, une annexe de l'école primaire, de préférence à l'école des filles. On y réunit les enfants des deux sexes, dont il importe de s'occuper de bonne heure, tant dans l'intérêt de leurs familles que dans l'intérêt de leur propre éducation, mais dont la présence à l'école ordinaire serait une cause d'embarras pour les maîtres, et une source d'ennui sans profit pour eux-mêmes. Dans une classe enfantine, les enfants sont placés sous la direction d'une institutrice pourvue nécessairement d'un titre de capacité (certificat d'aptitude à la direction des écoles maternelles ou brevet élémentaire). Si des nécessités locales ont fait annexer l'école enfantine à l'école des garçons cette institutrice doit être la femme, la fille ou la parente à un degré rapproché de l'instituteur. Si, ce qui est préférable, elle a été annexée à l'école de filles, la directrice peut être une adjointe de cette école. Pour installer une pareille classe, il suffit d'une salle assez spacieuse, d'un préau séparé et sain, d'un mobilier scolaire et d'un matériel d'enseignement en rapport avec l'âge des enfants. L'organisation de ces petites écoles offre cet avantage considérable d'entraîner une dépense d'installation facile à supporter, de dégager les écoles spéciales et de rendre le plus souvent inutile la création d'emploi d'adjoints ou d'adjointes. A ces divers titres, elles se recommandent tout particulièrement à votre sympathie et à celle du conseil départemental.

Quant à l'âge des enfants à admettre dans ces petites classes, c'est encore au conseil départemental à en décider. Il faut remarquer toutefois, que, n'ayant pas l'organisation et l'installation des écoles maternelles ni celle des écoles intermédiaires, il serait dangereux d'y recevoir les enfants d'aussi bonne heure que dans les unes, et de les retenir aussi tard que dans les autres : quatre ans au minimum, et sept ans ou exceptionnellement huit ans, au maximum, telles sont les limites qui semblent pouvoir être adoptées.

Je ne saurais vous demander trop instamment, Monsieur le Préfet d'encourager l'établissement, mais l'établissement dans de bonnes conditions d'hygiène et d'instruction, de ces différentes sortes d'écoles destinées aux jeunes enfants. On fait largement aujourd'hui tout ce qui est nécessaire pour leurs aînés ; il faut absolument faire quelque chose pour ces enfants eux-mêmes, le faire vite et le faire bien : tout l'avenir de l'enseignement primaire dépend, en grande partie, du développement que prendront et de la direction que recevront les écoles maternelles et enfantines de tout ordre. Je compte sur votre concours dévoué d'abord pour en multiplier le nombre dans votre département, ensuite pour en assurer, de concert avec le conseil départemental, la bonne installation.

ÉCOLES PRIMAIRES SUPÉRIEURES (1).

Il me reste, Monsieur le Préfet, à vous entretenir des écoles primaires supérieures. De ce côté encore il se produit, sur tous les points de la France, une généreuse émulation. Mais ici, plus qu'ailleurs, peut-être, il faut se prémunir contre les entraînements d'un zèle louable. Une école primaire élémentaire peut, à la rigueur, en attendant mieux, n'être que passable ; une école primaire supérieure doit être bonne à tous les égards. Quand donc une commune vous demandera de la doter d'un de ces établissements, ne perdrez pas de vue qu'il en doit résulter une dépense considérable pour l'Etat, et vous voudrez bien vous enquérir avec le plus grand soin de l'utilité de la création demandée, de ses chances de succès, des conditions matérielles d'installation que l'on entend assurer aux classes, et, s'il y a lieu, au pensionnat ; de l'outillage que l'on compte mettre à la disposition des élèves et des maîtres ; de la convenance, enfin, au point de vue des nécessités locales, de l'enseignement que l'on se propose d'y donner. Le dossier de chacune de ces créations sera constitué comme celui des écoles ordinaires, et le rapport de l'inspecteur d'Académie devra comprendre les développements spéciaux que comporte ou plutôt qu'exige la matière.

Je ne saurais d'ailleurs vous tracer à cet égard une meilleure règle de conduite que celle qui est formulée dans le rapport que mon honorable prédécesseur a adressé à M. le Président de la République, à la date du 29 octobre 1881, et dans la circulaire du 6 novembre suivant. Vous avez reçu, en leur temps, ces deux documents ; je vous prie de vouloir bien vous y reporter, à l'occasion, ainsi qu'aux décrets et arrêtés des 2 et 3 janvier 1882, relatifs aux comités de patronage et aux bourses de l'enseignement primaire supérieur.

Telles sont, Monsieur le Préfet, les instructions que je crois devoir vous adresser et à la stricte observation desquelles je vous recommande instamment de veiller. Si toutes les affaires de création d'écoles et d'emplois que vous aurez à soumettre à mon examen sont instruites et traitées suivant les règles que je viens d'indiquer, leur prompte solution ne se fera pas attendre, et ce sera tout profit pour les communes qui demandent avec impatience le complément de leur organisation scolaire ; pour l'instruction primaire, dont les besoins sont encore grands, mal-

(1) Voir, page 71, la note résumant la législation qui régit les écoles supérieures.

gré tout ce qui a été fait ; pour les finances publiques enfin, dont nous devons surveiller l'emploi avec une sollicitude d'autant plus attentive qu'elles sont mises 1s libéralement à notre disposition.

Je vous prie de vouloir bien m'accuser réception de la présente circulaire, d'en placer un exemplaire sous les yeux du conseil départemental lors de sa plus prochaine réunion, et de la porter le plus promptement possible à la connaissance des municipalités de votre département.

Je vous en adresse d'ailleurs un nombre d'exemplaires suffisant pour que vous puissiez en faire remettre un à l'inspecteur d'Académie et à chacun des inspecteurs primaires de votre département.

Quant aux divers modèles d'état relatif à la situation scolaire, je vous prie de les faire imprimer et de les mettre sans retard à la disposition des mêmes inspecteurs.

Recevez, Monsieur le Préfet, l'assurance de ma considération très distinguée.

Le Ministre de l'instruction publique et des cultes ;
PAUL BERT

ARRÊTÉ (1)

du 7 février 1882,

relatif aux traitements des instituteurs et institutrices publics et adjoints en 1882.

Le Ministre de l'instruction publique et des Beaux-Arts,

Vu les lois du 10 avril 1867 (art. 9), du 19 juillet 1875 (art. 1er) et du 16 juin 1881 (art. 6);

Vu la loi de finances du 29 juillet 1881 et le règlement d'administration publique du 26 octobre 1881;

Vu les propositions transmises par les préfets, après avis des conseils départementaux de l'instruction publique, relativement au taux du

---

(1) Cet arrêté ne s'applique qu'à l'année 1882. — Nous le plaçons ici, cependant, en raison de son importance pour les intéressés. — Voir, page 38, la loi du 19 juillet 1875 sur les traitements.

traitement éventuel, en exécution du paragraphe 2 de l'article 6 de la loi du 16 juin 1881;

Considérant que le rapprochement des textes législatifs ci-dessus énumérés donne lieu à des difficultés d'interprétation et d'application qui ne pourront être complètement résolues que par la promulgation d'une loi nouvelle sur les traitements des instituteurs; mais qu'en attendant il importe d'appliquer à une situation transitoire, qui ne saurait se prolonger au delà de l'année courante, des règles précises et équitables;

Considérant que la loi de finances du 29 juillet 1881 n'a abrogé aucune des dispositions de la loi du 16 juin, mais qu'elle a seulement ouvert au budget de l'État un crédit spécial de 15 millions destiné à alléger les charges des communes en les dégrevant, pour l'année 1882, de tout ou partie du prélèvement du cinquième;

Que, pour interpréter l'article 6 de la loi du 15 juin 1881, sur la gratuité, il ne faut pas le détacher du système dont il fait partie; qu'en le prenant isolément et dans sa rigueur littérale, on s'exposerait à en tirer des conséquences financières excessives que le législateur n'a certainement pas voulues;

Que la garantie qui résulte du paragraphe 1er de cet article ne peut s'appliquer aux traitements facultatifs assurés aux instituteurs par un certain nombre de communes qu'à la condition qu'elles auront fait état des ressources prévues par les articles 2 et 3 de ladite loi,

Arrête :

Jusqu'à la promulgation d'une nouvelle loi déterminant les traitements des fonctionnaires de l'enseignement primaire public *et par mesure transitoire limitée à l'exercice* 1882, les traitements des instituteurs et institutrices publics, titulaires et adjoints, seront établis d'après les règles ci-après déterminées :

I

Les instituteurs et institutrices titulaires et adjoints, n'ayant actuellement que les traitements minima fixés par la loi du 19 juillet 1875, continueront à être régis par ladite loi, et conséquemment auront droit aux augmentations, promotions de classes et allocations spécifiées par les articles 1er à 6.

II

Les instituteurs et institutrices, titulaires et adjoints, ayant eu dans une des trois dernières années (1879-1881) un traitement supérieur au taux fixé par la loi du 19 juillet 1875, conserveront, pour l'année 1882, le supplément de traitement le plus élevé dont ils aient joui dans ces trois années, quelle que soit la provenance dudit supplément (montant de la rétribution scolaire, produit de l'éventuel, traitement fixe consenti par la commune ou allocations sujettes à retenue). Ce supplément leur reste acquis sous la garantie de l'État, même après un changement de résidence, sauf dans les deux cas suivants :

1° Si l'instituteur a été envoyé sur sa demande dans un poste inférieur ;
2° s'il a été déplacé par mesure disciplinaire après réprimande ou suspension. Dans ces deux cas, il appartiendra au préfet de déterminer la réduction qui pourra être apportée dans les suppléments de traitement, sans que jamais le traitement du fonctionnaire puisse s'abaisser au-dessous des limites fixées par la loi de 1875.

Néanmoins, les traitements facultatifs et suppléments de traitement, sujets à retenue, dont les instituteurs et institutrices, titulaires et adjoints, ont joui pendant les trois dernières années, ne seront à la charge de l'État qu'après que les communes auront fait emploi des ressources prévues par les articles 2 et 3 de la loi du 16 juin et par la loi de finances du 29 juillet, conformément aux bases de répartition établies par le règlement d'administration publique du 26 octobre.

III

Les instituteurs adjoints et les institutrices adjointes, nommés titulaires, ne pourront, en aucun cas, recevoir un traitement inférieur au traitement fixe qu'ils recevaient comme adjoints.

IV

En cas de vacance d'un des postes d'instituteur ou d'institutrice titulaire auxquels sont attachés actuellement des traitements supérieurs au taux légal, le fonctionnaire nommé à ce poste ne pourra, en aucun cas, ni recevoir un traitement inférieur à celui dont il jouissait lui-même dans sa précédente résidence, ni recevoir un traitement supérieur à celui qui était alloué à son prédécesseur. La fixation du chiffre du traitement entre ces deux limites sera faite par le préfet, sous réserve de l'approbation ministérielle pour toute augmentation de traitement dépassant 300 francs.

V

Les instituteurs et institutrices qui débutent dans les fonctions de l'enseignement public, soit comme titulaires, soit comme adjoints, recevront les traitements déterminés par la loi du 19 juillet 1875. Les suppléments de traitement qui peuvent leur être alloués restent à la charge des communes.

VI

Les taux de rétribution qui ont servi à fixer le traitement éventuel des instituteurs et institutrices en 1881 sont maintenus pour l'année 1882, sans que la fixation de ces taux puisse avoir pour effet ni diminution dans le traitement de ces fonctionnaires, ni augmentations autres que celles prévues par les précédentes dispositions du présent arrêté.

VII

Les dispositions du présent arrêté s'appliquent aux nominations et mutations postérieures à la promulgation de la loi du 18 juin 1881

Jules FERRY.

ARRÊTÉ (1)

du 16 février 1882,

relatif aux examens pour l'enseignement des travaux à l'aiguille.

Art. 1er. — Il est institué, à titre provisoire, deux certificats d'aptitude à l'enseignement des travaux d'aiguille (premier et second ordre).

Art. 2. — Le certificat d'aptitude de premier ordre prend le titre de : *Certificat d'aptitude à la direction des cours normaux de couture et de confection des vêtements.*

Il est exigé des professeurs et maîtresses adjointes d'écoles normales

---

(1) Voir, pour les *Travaux manuels* dans les écoles de filles, l'art. 1er de la loi du 28 mars 1882 et le § 5 du programme (1re partie) qui est annexé à l'arrêté du 27 juillet 1822 ; — et pour les écoles maternelles le § du programme correspondant à l'article 22 de l'arrêté du 28 juillet 1882.

chargées de cet enseignement, et des directrices des cours normaux de couture, de coupe et de confection créés par les villes et les départements. Il donne le droit d'enseigner dans les établissements scolaires de tout ordre.

Art. 3. — Ne peuvent être admises à l'examen du certificat d'aptitude de premier ordre que les aspirantes qui appartiennent à l'enseignement public ou libre et qui justifient :

1° De la possession du brevet élémentaire et du certificat d'aptitude de second ordre ;

2° De la connaissance de deux méthodes de coupe au moins, à désigner, au choix des aspirantes, parmi celles dont un exemplaire aura été déposée au musée pédagogique.

Art. 4. — Le certificat d'aptitude de second ordre prend le titre de : *Certificat d'aptitude à l'enseignement de la couture et de la confection dans les écoles communales.*

Il est exigé de toute institutrice qui voudra diriger une classe de couture, de coupe et d'assemblage dans une école primaire ou professionnelle.

Art. 5. — Ne peuvent être admises à l'examen du certificat d'aptitude de second ordre que les aspirantes qui appartiennent à l'enseignement public ou libre et qui justifient :

1° De la possession du brevet élémentaire ;

2° De la connaissance d'une méthode de coupe, au moins, à désigner, au choix des aspirantes, parmi celles dont un exemplaire aura été déposé au musée pédagogique.

Art. 6. — Le *certificat d'aptitude à la direction des cours normaux de couture et de confection des vêtements* est conféré par une commission d'examen nommée chaque année par le ministre.

La commission d'examen tient une session par an, dans le courant de la semaine qui suit Pâques. L'ouverture de la session est fixée par le ministre.

Art. 7. — Toute demande d'inscription devra être adressée, quinze jours au moins avant la date fixée pour l'ouverture de la session, au ministère de l'instruction publique (Direction de l'enseignement primaire, 6e bureau).

Chaque aspirante devra joindre à sa demande une copie de son brevet de capacité et indiquer sur quelle méthode elle désire subir l'examen.

Art. 8. — L'examen se compose :

1. D'une épreuve de lingerie; coupe et confection d'une chemise de femme et d'un pantalon d'enfant;

2. D'une des deux épreuves suivantes qui sont tirées au sort: confection d'un corsage à basques pour grande personne, ou d'une robe princesse pour petite fille.

Les exercices se rattachant à l'une ou à l'autre de ces épreuves sont au nombre de quatre:

1° Les aspirantes sont appelées, chacune à leur tour et d'après leur ordre de classement, à faire, devant le jury, une leçon au tableau noir d'après deux méthodes désignées par elles conformément à l'article 3 du présent arrêté; elles compareront ces méthodes et auront à répondre à des questions théoriques sur l'enseignement méthodique de la coupe et des travaux d'aiguille en général; sur l'emploi et le maniement de la machine à coudre. — Cette épreuve est éliminatoire;

2° Chaque aspirante prend les mesures sur le mannequin qui lui a été désigné et dessine, d'après ces mesures et conformément aux principes de la méthode indiquée dans sa demande, le patron du vêtement qu'elle aura ensuite à confectionner;

3° Coupe et assemblage du vêtement d'après le tracé du patron qui aura fait l'objet de la première épreuve; premier essayage sur les mannequins qui ont servi à prendre les mesures; rectifications, s'il y a lieu, en expliquant pourquoi on les fait et d'après quel principe;

4° Couture d'une partie du corsage; façon d'une boutonnière, essayage définitif;

Art. 9. — Les points se comptent de 1 à 20. Les aspirantes n'ayant pas obtenu la moyenne dans la première épreuve, ne sont pas admises à continuer l'examen.

Art. 10. — Le *certificat d'aptitude à l'enseignement de la couture et de la confection dans les écoles communales* est conféré par des commissions locales nommées par le recteur de l'Académie et composées de cinq membres au moins.

Art. 11. — Les commissions locales tiennent une session par an.

Art. 12. — Toute demande d'inscription devra être adressée, quinze jours au moins avant la date fixée pour l'ouverture de la session, au recteur de l'Académie.

Chaque aspirante devra joindre à sa demande une copie de son brevet de capacité et indiquer sur quelle méthode elle préfère subir l'examen.

Art. 13. — L'examen se compose :

1° D'une épreuve de couture : une pièce d'ensemble présentant les différents points de couture ;

2° D'une des deux épreuves suivantes qui sont tirées au sort : confection d'un corsage à basques pour grande personne, ou d'une robe princesse pour petite fille.

Les exercices se rattachant à l'une ou à l'autre de ces deux épreuves sont au nombre de quatre :

1° Les aspirantes sont appelées, chacune à leur tour et d'après leur ordre de classement, à faire, devant le jury, une leçon au tableau noir d'après la méthode qu'elles ont apprise. Elles auront à répondre à des questions théoriques sur l'enseignement méthodique de la coupe et des travaux d'aiguille en général ; sur l'emploi et le maniement de la machine à coudre ;

2° Chaque aspirante prend les mesures sur le mannequin qui lui a été désigné et dessine, d'après ces mesures et conformément aux principes de la méthode indiquée dans sa demande, le patron du vêtement qu'elle aura ensuite à confectionner ;

3° Coupe et assemblage du vêtement d'après le tracé du patron qui aura fait l'objet de la première épreuve ; premier essayage sur les mannequins qui ont servi à prendre les mesures ; rectifications, s'il y a lieu, en expliquant pourquoi on les fait et d'après quel principe ;

4° Couture d'une partie du corsage ; façon d'une boutonnière ; essayage définitif.

Art. 14. — L'enseignement complet de la coupe et de l'assemblage comporte, au maximum, de vingt-cinq à trente leçons de deux heures et demie à trois heures chacune.

Dans les cours normaux, l'enseignement obligatoire comprendra :

1° Les travaux usuels d'aiguille ;

2° La confection de robes à corsage rond et de robes à corsage à basques ;

3° La confection de robes et tabliers princesse pour petite fille.

L'enseignement des autres vêtements, dont les patrons peuvent être donnés dans les différentes méthodes de coupe, est facultatif.

L'ordre des matières et la répartition du temps sont réglés par les professeurs.

Art. 15. — L'enseignement sera tout à la fois théorique et pratique.

On commencera par donner aux élèves une idée générale des méthodes et des principes qui leur servent de base. On passera ensuite à l'application de la méthode particulière dont la directrice du cours a fait choix.

UNE CIRCULAIRE (1)

du 21 mars 1882

porte qu'un drapeau sera accordé, à l'occasion de la Fête Nationale du 14 juillet, aux cantons dans lesquels les écoles publiques de garçons auront donné un enseignement régulier de la gymnastique, des exercices militaires et du tir.

LOI

lu 28 mars 1882,

SUR L'ENSEIGNEMENT PRIMAIRE OBLIGATOIRE.

Article premier. — L'enseignement primaire comprend (2) :

L'instruction morale et civique ;

La lecture et l'écriture ;

La langue et les éléments de la littérature française ;

La géographie, particulièrement celle de la France ;

L'histoire, particulièrement celle de la France jusqu'à nos jours ;

Quelques notions usuelles de droit et d'économie politique ;

Les éléments des sciences naturelles physiques et mathématiques, leurs applications à l'agriculture (3), à l'hygiène, aux arts industriels, travaux manuels et usage des outils des principaux métiers ;

---

(1) Voir le décret et l'arrêté du 6 juillet 1882 sur les bataillons scolaires et le tir. —

(2) Voir, plus loin, le programme annexé a l'arrêté du 27 juillet 1882 . — § 1, lecture ; — § 2, écriture ; — § 3, langue française ; — § 4, histoire ; — § 5, géographie ; — § 6, droit usuel, instruction civique, etc.; § 7, arithmétique ; — § 8, géométrie ; § 9, dessin ; — § 10, sciences physiques et naturelles ; — § 11, agriculture ; — § 12, chant.

(3) Voir, page 47, la loi du 15 juin 1879, relative à l'enseignement de l'agriculture.

Les éléments du dessin, du modelage et de la musique;
La gymnastique (1);
Pour les garçons, les exercices militaires;
Pour les filles, les travaux à l'aiguille (2);
L'article 23 de la loi du 15 mars 1850 est abrogé.

Art. 2. — Les écoles primaires publiques vaqueront un jour par semaine, en outre du dimanche, afin de permettre aux parents de faire donner, s'ils le désirent, à leurs enfants, l'instruction religieuse, en dehors des édifices scolaires (3).

L'enseignement religieux est facultatif dans les écoles privées.

Art. 3. — Sont abrogées les dispositions des articles 18 et 44 de la loi du 15 mars 1850, en ce qu'elles donnent aux ministres des cultes un droit d'inspection, de surveillance et de direction dans les écoles primaires publiques et privées et dans les salles d'asile, ainsi que le paragraphe 2 de l'article 31 de la même loi qui donne aux consistoires le droit de présentation pour les instituteurs appartenant aux cultes non catholiques.

Art. 4. — L'instruction primaire est obligatoire pour les enfants des deux sexes âgés de six ans révolus à treize ans révolus; elle peut être donnée, soit dans les établissements d'instruction primaire ou secondaire, soit dans les écoles publiques ou libres, soit dans les familles, par le père de famille lui-même ou par toute personne qu'il aura choisie.

Un règlement déterminera les moyens d'assurer l'instruction primaire aux enfants sourds-muets et aux aveugles.

Art. 5. — Une commission municipale scolaire (4) est instituée dans chaque commune, pour surveiller et encourager la fréquentation des écoles.

Elle se compose du maire, président; d'un des délégués du canton et, dans les communes comprenant plusieurs cantons, d'autant de délégués qu'il y a de cantons, désignés par l'inspecteur d'académie; de

---

(1) Voir, page 44, la loi du 27 janvier 1880, relative à l'enseignement obligatoire de la gymnastique.

(2) Voir l'arrêté du 16 février 1882 sur les examens pour l'enseignement des travaux à l'aiguille.

(3) Voir le règlement scolaire-modèle du 18 juillet 1882, page 111.

(4) Voir, page 102, la circulaire du 13 juin 1882, en ce qui concerne les attributions de ces commissions scolaires.

membres désignés par le conseil municipal, en nombre, égal, au plus, au tiers des membres de ce conseil.

A Paris et à Lyon, il y a une commission pour chaque arrondissement municipal. Elle est présidée : à Paris, par le maire; à Lyon par un des adjoints; elle est composée d'un des délégués cantonaux désignés par l'inspecteur d'académie, de membres désignés par le conseil municipal, au nombre de trois à sept par chaque arrondissement.

Le mandat des membres de la commission scolaire désignés par le conseil municipal durera jusqu'à l'élection d'un nouveau conseil municipal.

Il sera toujours renouvelable.

L'inspecteur primaire fait partie de droit de toutes les commissions scolaires instituées dans son ressort.

Art. 6. — Il est institué un certificat d'études primaires (1); il est décerné après un examen public auquel pourront se présenter les enfants dès l'âge de onze ans.

Ceux qui, à partir de cet âge, auront obtenu le certificat d'études primaires, seront dispensés du temps de scolarité obligatoire qui leur restait à passer.

Art. 7. — Le père, le tuteur, la personne qui a la garde de l'enfant, le patron chez qui l'enfant est placé, devra, quinze jours au moins avant l'époque de la rentrée des classes, faire savoir au maire de la commune s'il entend faire donner à l'enfant l'instruction dans la famille ou dans une école publique ou privée; dans ces deux derniers cas, il indiquera l'école choisie (2).

Les familles domiciliées à proximité d'une ou plusieurs écoles publiques, ont la faculté de faire inscrire leurs enfants à l'une ou à l'autre de ces écoles, qu'elle soit ou non sur le territoire de leurs communes, à moins qu'elle ne compte déjà le nombre maximum d'élèves autorisés par les règlements.

En cas de contestation, et sur la demande soit du maire, soit des parents, le conseil départemental statue en dernier ressort.

(1) Voir le décret du 27 juillet 1882, relatif aux examens pour le certificat d'études primaires.
(2) La circulaire du 7 septembre 1882, a prescrit quatre modèles pour les lettres du maire au chef de famille et les réponses de celui-ci. Voir plus loin cette circulaire. — (Demander ces imprimés à l'Imprimerie administrative et classique Paul Dupont. — Paris.) (*Note de l'éditeur.*)

Art. 8. — Chaque année le maire dresse (1), d'accord avec la commission municipale scolaire, la liste de tous les enfants âgés de six à treize ans, et avise les personnes qui ont charge de ces enfants de l'époque de la rentrée des classes.

En cas de non-déclaration, quinze jours avant l'époque de la rentrée, de la part des parents et autres personnes responsables, il inscrit d'office l'enfant à l'une des écoles publiques et en avertit la personne responsable.

Huit jours avant la rentrée des classes, il remet aux directeurs d'écoles publiques et privées la liste des enfants qui doivent suivre leurs écoles. Un double de ces listes est adressé par lui à l'inspecteur primaire.

Art. 9. — Lorsqu'un enfant quitte l'école, les parents ou les personnes responsables doivent en donner immédiatement avis au maire et indiquer de quelle façon l'enfant recevra l'instruction à l'avenir.

Art. 10. — Lorsqu'un enfant manque momentanément l'école, les parents ou les personnes responsables doivent faire connaître au directeur ou à la directrice les motifs de son absence.

Les directeurs et les directrices doivent tenir un *registre d'appel* (2) qui constate, pour chaque classe, l'absence des élèves inscrits. A la fin de chaque mois, ils adresseront au maire et à l'inspecteur primaire un extrait de ce registre, avec l'indication du nombre des absences et des motifs invoqués.

Les motifs d'absences seront soumis à la commission scolaire. Les seuls motifs réputés légitimes sont les suivants : maladie de l'enfant, décès d'un membre de la famille, empêchements résultant de la difficulté accidentelle des communications. Les autres circonstances exceptionnellement invoquées seront également appréciées par la commission.

Art. 11. — Tout directeur d'école privée, qui ne se sera pas conformé aux prescriptions de l'article précédent, sera, sur le rapport de la commission scolaire et de l'inspecteur primaire, déféré au conseil départemental.

Le conseil départemental pourra prononcer les peines suivantes :

---

(1) Une liste des enfants et un registre à souche pour les déclarations, sont prescrits par la circulaire du 7 septembre 1882. — (On peut demander ces imprimés à l'Imprimerie administrative et classique Paul Dupont).

(2) On trouve ces nouveaux *registres d'appel* et les extraits à l'Imprimerie administrative et classique Paul Dupont. (*Note de l'éditeur.*)

LOI 28 MARS 1882.

1° l'avertissement; 2° la censure; 3° la suspension pour un mois au plus, et en cas de récidive dans l'année scolaire, pour trois mois au plus.

Art. 12. — Lorsqu'un enfant se sera absenté de l'école quatre fois dans le mois, pendant au moins une demi-journée, sans justification admise par la commission municipale scolaire, le père, le tuteur ou la personne responsable sera invitée, trois jours au moins à l'avance, à comparaître dans la salle des actes de la mairie, devant ladite commission qui lui rappellera le texte de la loi et lui expliquera son devoir.

En cas de non-comparution, sans justification admise, la commission appliquera la peine énoncée dans l'article suivant.

Art. 13. — En cas de récidive, dans les douze mois qui suivront la première infraction, la commission municipale scolaire ordonnera l'inscription pendant quinze jours ou un mois, à la porte de la mairie, des nom, prénoms et qualités de la personne responsable, avec indication du fait relevé contre elle.

La même peine sera appliquée aux personnes qui n'auront pas obtempéré aux prescriptions de l'article 9.

Art. 14. — En cas d'une nouvelle récidive, la commission scolaire, ou, à son défaut, l'inspecteur primaire, devra adresser une plainte au juge de paix. L'infraction sera considérée comme une contravention et pourra entraîner condamnation aux peines de police, conformément aux articles 479, 480 et suivants du Code pénal.

L'article 463 de même Code est applicable.

Art. 15. — La commission scolaire (1) pourra accorder aux enfants demeurant chez leurs parents ou leur tuteur, lorsque ceux-ci en feront la demande motivée, des dispenses de fréquentation scolaire ne pouvant dépasser trois mois par année en dehors des vacances. Ces dispenses devront, si elles excèdent quinze jours, être soumises à l'approbation de l'inspecteur primaire.

Ces dispositions ne sont pas applicables aux enfants qui suivront leurs parents ou tuteurs, lorsque ces derniers s'absenteront temporairement de la commune. Dans ce cas, un avis donné verbalement ou par écrit au maire ou à l'instituteur suffira.

La commission peut aussi, avec l'approbation du conseil départemental, dispenser les enfants employés dans l'industrie, et arrivés à l'âge de l'apprentissage, d'une des deux classes de la journée ; la même

---

(1) Voir la circulaire du 13 juin 1882 sur les commissions scolaires (page 106).

faculté sera accordée à tous les enfants employés hors de leur famille dans l'agriculture.

Art. 16. — Les enfants qui reçoivent l'instruction dans leur famille doivent, chaque année, à partir de la fin de la deuxième année d'instruction obligatoire, subir un examen qui portera sur les matières de l'enseignement correspondant à leur âge dans les écoles publiques, dans des formes et suivant des programmes qui seront déterminés par arrêtés ministériels rendus en conseil supérieur (1).

Le jury d'examen sera composé de : l'inspecteur primaire ou son délégué, président ; un délégué cantonal ; une personne munie d'un diplôme universitaire ou d'un brevet de capacité ; les juges seront choisis par l'inspecteur d'académie. Pour l'examen des filles, la personne brevetée devra être une femme.

Si l'examen de l'enfant est jugé insuffisant et qu'aucune excuse ne soit admise par le jury, les parents sont mis en demeure d'envoyer leur enfant dans une école publique ou privée dans la huitaine de la notification et de faire savoir au maire quelle école ils ont choisie.

En cas de non-déclaration, l'inscription aura lieu d'office, comme il est dit à l'article 8.

Art. 17. — La caisse des écoles (2), instituée par l'article 15 de la loi du 10 avril 1867, sera établie dans toutes les communes. Dans les communes subventionnées dont le centime n'excède pas 30 francs, la caisse aura droit, sur le crédit ouvert pour cet objet au ministère de l'instruction publique, à une subvention au moins égale au montant des subventions communales.

La répartition des secours se fera par les soins de la commission scolaire.

Art. 18. — Les arrêtés ministériels, rendus sur la demande des inspecteurs d'académie et des conseils départementaux, détermineront chaque année les communes où, par suite d'insuffisance des locaux scolaires, les prescriptions des articles 4 et suivants sur l'obligation ne pourraient être appliquées.

Un rapport annuel, adressé aux Chambres par le ministre de l'instruction publique, donnera la liste des communes auxquelles le présent article aura été appliqué.

(1) Voir plus loin l'arrêté du 22 décembre 1882 ; conditions et programme de cet examen.

(2) Voir, page 36, l'art. 15 de la loi du 10 avril 1867 qui en rendait la création *facultative* par les conseils municipaux.

La présente loi, délibérée et adoptée par le Sénat et par la Chambre des députés, sera exécutée comme loi de l'État.

Fait à Paris, le 28 mars 1882.

Jules GRÉVY.

Par le Président de la République :

Le Ministre de l'instruction publique et des Beaux-Arts,

Jules FERRY.

CIRCULAIRE

du 4 avril 1882,

relative à la réorganisation des cours d'adultes.

Monsieur le Préfet,

Le subside annuel voté pour les cours d'adultes témoigne hautement de l'intérêt qu'ils inspirent aux pouvoirs publics, mais les résultats produits par ces cours ne sont plus aujourd'hui en rapport avec l'importance des sacrifices de l'État. Il m'a paru nécessaire de réorganiser l'institution pour la mettre à même de seconder d'une manière plus efficace le progrès de l'enseignement populaire.

A cet effet, j'ai pris, à la date de ce jour, un arrêté dont vous trouverez ci-contre la teneur et pour l'exécution duquel il y aura lieu d'adopter certaines mesures que je crois utile de vous indiquer.

Aux termes de cet arrêté, les cours d'adultes comprendront désormais :

1° *Des cours d'enseignement élémentaire, destinés essentiellement aux illettrés proprement dits.*

Une rémunération de 25 francs par adulte sera allouée à tout instituteur ou à toute institutrice appartenant à l'enseignement public qui justifiera avoir appris à lire, à écrire et à compter à un illettré.

Les maîtres ou maîtresses qui voudront ouvrir un cours à l'usage des adultes illettrés devront en faire, quinze jours au moins à l'avance, la déclaration écrite et visée par le maire à l'inspecteur primaire de leur circonscription et au membre de la délégation cantonale faisant partie de la commission scolaire locale. Cette déclaration fera connaître les noms, prénoms, âge et profession de chacun des illettrés, la date de l'ouverture du cours, ses jours et heures, sa durée présumée. L'inspecteur primaire et le membre de la commission scolaire ci-dessus désigné constateront, au début du cours, l'état d'instruction des élèves et, à la fin du cours, les résultats obtenus; sur leur rapport écrit et dûment motivé, l'inspecteur d'académie fixera le chiffre de l'indemnité à allouer d'après le nombre des élèves parvenus à l'instruction élémentaire.

2° *Des cours spéciaux ou complémentaires pour les jeunes gens qui désirent continuer l'instruction acquise à l'école.*

Une rémunération de 15 francs par adulte ayant régulièrement suivi les cours, sans toutefois que cette indemnité puisse dépasser 150 francs, sera accordée aux maîtres ou maîtresses, appartenant à l'enseignement public, qui auront fait ces cours. Quinze jours au moins avant le commencement des cours, les instituteurs ou institutrices adresseront à l'inspecteur primaire de leur circonscription et au membre de la délégation cantonale faisant partie de la commission scolaire locale la liste, visée par le maire, des élèves inscrits, avec l'indication de leurs nom, prénoms, âge et profession, des matières des cours, de la date de leur ouverture, de leur durée présumée, des jours et heures de leçon, L'inspecteur primaire et le délégué cantonal membre de la commission scolaire devront, avant la fin du cours, au moyen d'interrogations et de compositions, par l'examen des cahiers et des devoirs faits, s'assurer des résultats obtenus. Sur leur rapport, l'inspecteur d'académie fixera le chiffre de l'indemnité à allouer.

3° *es lectures publiques ou conférences populaires.*

Une indemnité variable, en raison des dépenses accessoires auxquelles les séances donneraient lieu, pourra, sur la proposition de l'inspecteur d'académie, être accordée aux personnes qui, avec l'agrément du conseil départemental de l'instruction publique, auront accepté de se charger de lectures publiques ou de conférences sur des sujets déterminés à l'avance et approuvés par cette assemblée.

Si les deux premières espèces de cours destinés aux adultes réclament la coopération exclusive des instituteurs et des institutrices, eu égard à leur compétence toute spéciale, il ne semble pas qu'il en doive être de même en ce qui concerne les lectures et les conférences. Sans exclure ces maîtres de ce dernier mode d'enseignement, il faut éviter de trop leur demander. Chargés déjà de la classe du jour, et souvent des cours du soir, il ne convient pas de les exposer à un surcroît de labeur au-dessus de leurs forces et de détourner leurs efforts de ce qui constitue leur mission principale.

D'ailleurs il serait illusoire de songer à généraliser dès à présent, dans toutes les communes, des lectures et des conférences. Ce mode d'enseignement des adultes est particulièrement difficile et délicat ; pour qu'il réussisse, il est indispensable qu'il offre de l'attrait, et il est permis surtout de compter, pour atteindre le but, sur le concours des professeurs de l'enseignement secondaire et aussi, j'aime à l'espérer, sur celui des membres de l'enseignement supérieur. Dans bon nombre de localités, le médecin, le pharmacien, l'ingénieur, d'autres habitants instruits et ayant du loisir, consentiront sans doute également à prendre part à cette œuvre de progrès. C'est avec le temps et l'expérience qu'il sera possible de faire entrer d'une manière générale dans les habitudes de notre pays ces conférences populaires, soit littéraires, soit scientifiques, qui ne se feront vraisemblablement, au début, que dans une mesure assez restreinte.

Le crédit de 1,050,000 francs affecté aux cours d'adultes ne permettrait pas de l'appliquer aux dépenses auxquelles donneront lieu ces cours ainsi réorganisés, dans toutes les communes sans distinction. Il serait insuffisant. Aussi la répartition sera-t-elle provisoirement réservée aux communes où le produit du centime est inférieur à 10,000 fr., et où les revenus annuels n'atteignent pas un million.

Je n'ai pas besoin, Monsieur le Préfet, de recommander à toute votre sollicitude l'objet de la présente circulaire. Je sais que vous ne négligerez rien pour que les intentions du gouvernement de la République soient remplies.

Recevez, Monsieur le Préfet, l'assurance de ma considération très distinguée.

Le Ministre de l'instruction publique et des Beaux-Arts.
Jules FERRY.

CIRCULAIRE (1)

du 17 avril 1882,

sur l'application de la loi du 16 juin 1881 relative aux titres de capacité (en ce qui concerne les orphelinats).

Monsieur le Préfet,

J'ai été consulté sur la question de savoir si les dispositions des lois sur l'instruction primaire, et notamment la loi du 16 juin 1881, relative aux titres de capacité, sont applicables aux orphelinats.

L'affirmative ne saurait être douteuse. Tous les établissements, quelle que soit leur dénomination, où des enfants reçoivent, avec l'enseignement professionnel, tout ou partie des connaissances formant le programme de l'enseignement primaire, sont de véritables écoles. C'est ce qui résulte de textes formels aussi bien que de la jurisprudence.

L'ordonnance du 16 juillet 1833, rendue pour l'exécution de la loi du 28 juin 1833, dit expressément dans l'article 17 : « Est considérée comme école primaire toute réunion habituelle d'enfants de différentes familles qui a pour but l'étude de tout ou partie des objets compris dans l'enseignement primaire. »

La Cour de cassation, par arrêté du 2 mars 1860, a décidé que les établissements désignés sous le nom d'*ouvroirs* étaient soumis, pour ce qui concerne leur ouverture et leur exploitation, aux formalités imposées aux établissements d'instruction primaire, lorsque les jeunes filles qui y sont admises reçoivent, avec l'enseignement professionnel, l'enseignement des salles d'asile, des écoles primaires et des classes d'adultes.

A diverses reprises le Conseil de l'instruction publique a été appelé à examiner la question qui se représente aujourd'hui, et il l'a résolue dans le même sens que la Cour de cassation, ainsi qu'il résulte des textes ci-après :

. . . .

De ces textes qu'on pourrait multiplier, il ressort avec évidence qu'il n'a jamais été admis qu'il fût loisible à un établissement quelconque, en prenant le nom d'*ouvroir*, d'*asile*, d'*orphelinat*, de *maison d'éducation*, de *colonie*, de *refuge*, ou tout autre, ou bien en se rattachant soit à un établissement hospitalier, soit à un établissement industriel, de se dérober

---

(1) Voir la loi du 16 juin 1881 sur les titres de capacité. — (Page 64.)

à l'application des lois relatives à l'enseignement primaire public et privé.

. . . .

. . . Les directeurs et les directrices d'orphelinats, asiles, ouvroirs, etc., qui refuseraient de se soumettre aux prescriptions légales devraient être déférés au tribunal correctionnel, par application de l'article 29 de la loi du 15 mars 1850.

Vous voudrez bien donner des instructions dans ce sens à qui de droit.

Recevez, Monsieur le Préfet, etc.

Le Ministre de l'instruction publique et des beaux-arts.
JULES FERRY.

CIRCULAIRE

du 22 avril 1882.

relative à la surveillance dans les écoles primaires en dehors des heures de classes.

Monsieur le Préfet,

Quelques faits regrettables viennent d'appeler mon attention sur une question dont l'importance ne vous échappera pas, je veux parler de la surveillance des élèves des écoles primaires, en dehors des heures de classe.

Je n'ai pas à énumérer ici les dangers de toute nature que courent les enfants de 5 à 13 ans, ainsi livrés à eux-mêmes. Sans parler d'accidents et de rixes, heureusement rares, mais qui ne sauraient l'être assez pour nous rassurer complètement, n'est-il pas à craindre que quelques-uns des élèves de nos écoles urbaines ne s'habituent ainsi au vagabondage, avec toutes ses dangereuses conséquences.

Les municipalités de la plupart de nos grandes villes l'ont compris : soucieuses de l'éducation morale des enfants des classes laborieuses non moins que de leur instruction, elles ont accordé, sur les ressources communales, des allocations supplémentaires *aux instituteurs, à qui elles demandent en retour de surveiller leurs élèves, soit pendant les récréations et les intervalles des classes, soit pendant une étude du soir consacrée au travail personnel de l'enfant.*

(1) . . . .

C'est à vous, Monsieur le Préfet, qu'il appartient de vous concerter avec quelques-unes de ces municipalités et avec l'inspecteur d'académie pour introduire ce perfectionnement dans notre système scolaire où il n'existe pas encore, pour en accroître l'efficacité par tout où une prévoyante initiative l'a déjà constitué. Deux choses doivent être bien entendues et ne plus retomber en discussion : d'une part, ce ne sont pas les maîtres chargés de la classe ordinaire qui auront à s'imposer deux ou trois heures de plus chaque jour ; ou le service ne se fera pas ou il se fera soit par roulement entre divers maîtres, soit par les soins de maîtres auxiliaires spéciaux ; d'autre part, cette séance ne sera pas une sorte de classe ajoutée aux autres, mais se partagera en récréation et en étude, laissant à l'élève beaucoup plus d'initiative que la classe proprement dite et n'ayant pour but que de suppléer à la famille dans l'intérêt des enfants pendant la fin de la journée.

Moyennant l'observation de cette double règle, il convient de laisser aux autorités municipales et scolaires le soin de fixer les détails d'une organisation qui devra varier suivant la nature des besoins et les habitudes prises.

La seule disposition que vous ayez à interdire, la loi vous en faisant un devoir, c'est celle qui consisterait à *exiger une rétribution quelconque de la part* des élèves qui participeraient à ces études surveillées : ces études peuvent exister ou non, mais là où elles se feront elles doivent être mises, comme tous les exercices de l'école, *gratuitement* à la disposition de tous.

Je vous prie, Monsieur le Préfet, de me faire connaître dans un court délai les mesures prises pour l'exécution des présentes instructions.

Recevez, Monsieur le Préfet, l'assurance de ma considération très distinguée.

Le Ministre de l'instruction publique et des beaux-arts,

Jules FERRY.

---

(1) Cette circulaire vise spécialement les écoles des villes et des localités importantes où les maîtres sont assez nombreux.

CIRCULAIRE

du 22 avril 1882,

relative à la justification du brevet de capacité (1).

Monsieur le Préfet,

Je suis informé que des instituteurs libres appartenant à une congrégation religieuse ont cru pouvoir justifier de la possession du brevet de capacité, exigé par la loi du 16 juin 1881, au moyen d'une simple attestation du supérieur de leur congrégation, et par le motif que les brevets étaient centralisés à la maison-mère.

Il est absolument impossible d'admettre cette situation irrégulière. Le brevet n'est point la propriété collective d'une association, mais bien la propriété personnelle de l'individu qui est tenu de faire la preuve des droits qu'il exerce.

Tous les instituteurs libres sont égaux devant la loi et doivent s'y soumettre : ils sont astreints, lorsqu'ils font leur déclaration d'ouverture, à déposer leur brevet de capacité (décret du 7 octobre 1850, article 1er). La même déclaration et le même dépôt sont exigibles des nouveaux maîtres en cas de changement. Enfin l'inspection primaire a toujours le droit d'exiger, dans ses tournées, la production du titre en vertu duquel les titulaires et adjoints exercent.

L'exécution de la nouvelle loi sur les titres de capacité ne serait pas assurée sans l'exacte observation de ces dispositions que je vous invite à rappeler à qui de droit.

Recevez, etc.

Le Ministre de l'instruction publique et des Beaux-Arts,
Jules FERRY.

(1) Voir, page 64, la loi du 16 juin 1881 sur les titres de capacité, — page 102, la circulaire du 17 avril 1882; — et, plus loin, la circulaire du 22 septembre 1882 qui prescrit de ne plus tolérer d'exception.

CIRCULAIRE

du 13 juin 1882,

sur les attributions des commissions scolaires.

Monsieur le Préfet,

Au moment où les commissions scolaires instituées par la loi du 28 mars 1882 (1) vont entrer en fonctions, il me paraît nécessaire de déterminer avec précision la nature de leurs attributions et la limite de leur compétence.

Ces commissions ont pour objet, aux termes de l'article 5 de la loi, de surveiller et d'encourager la fréquentation des écoles. A cet effet, elles concourent, avec les maires, à la confection annuelle de la liste des enfants de six à treize ans (art. 8); — elles apprécient les motifs d'absence (art. 10); — elles prononcent certaines pénalités (art. 12 et 13) ou saisissent d'une plainte, dans les cas prévus, le juge de paix (art. 14); — enfin elles accordent des dispenses dans les conditions et dans les limites tracées par l'article 15. Leur rôle est ainsi nettement défini, et il est d'ailleurs considérable.

Mais vous remarquerez, Monsieur le Préfet, que les commissions scolaires n'ont nullement, comme on a pu le croire, un droit d'inspection et de contrôle sur les écoles. La loi du 28 mars 1882 n'a rien innové sur ce point, et hormis le maire, l'inspecteur primaire et les délégués cantonaux et communaux, nul n'a qualité pour pénétrer dans les salles de classe. Les membres des commissions scolaires, autres que les personnes ci-dessus désignées, ne sauraient donc être admis à visiter les écoles.

Les commissions exercent la surveillance spéciale dont elles sont chargées en consultant l'extrait du registre d'appel que l'instituteur est tenu d'adresser, à la fin de chaque mois, au maire ou à l'inspecteur primaire, extrait où doivent se trouver mentionnés, avec le nombre des absences constatées, les motifs invoqués et soumis à l'appréciation de la commission.

Recevez, etc.

(1) Voir ci-dessus, pages 93 et suiv.

CIRCULAIRE

du 3 juillet 1882,

relative à des cours spéciaux de gymnastique pour les instituteurs (1).

Monsieur le Préfet,

Je vous ai informé, par ma circulaire du 21 mars dernier, que j'avais l'intention de faire faire, dès cette année, à l'époque des vacances, dans toutes les écoles normales, des cours spéciaux à l'usage des instituteurs en exercice non encore familiarisés avec l'enseignement de la gymnastique et capables de s'y livrer.

Il importe, Monsieur le Préfet, que vous preniez, dès à présent, les mesures nécessaires pour organiser ces réunions et en assurer le succès.

Vous voudrez bien, après vous être reporté aux prescriptions de la circulaire précitée, vous entendre avec M. l'inspecteur d'académie pour toutes les questions qu'il est utile de régler à l'avance.

Vous devrez vous assurer le concours du professeur de gymnastique de l'école normale, grouper en séries les instituteurs dont l'instruction gymnastique et militaire a besoin d'être complétée et peut l'être avec succès, et prévenir, en temps utile, les instituteurs intéressés de la date de la convocation et de la durée de leur séjour à l'école normale.

Les maîtres seront nourris et logés dans l'établissement. Une indemnité destinée à couvrir leurs frais de voyage, leur sera allouée. Le professeur recevra une indemnité que vous aurez à fixer.

Le montant des dépenses occasionnées par ces réunions devra être avancé par l'économe de l'école normale, auquel elles seront ultérieurement remboursées, sur la production de mémoires justificatifs visés par M. l'inspecteur d'académie.

Il me paraît difficile que l'étude de la gymnastique et des exercices militaires occupe tout le temps que les maîtres passeront à l'école normale. Il pourrait être utile de profiter de leur présence dans l'établissement pour leur faire quelques conférences pédagogiques. Veuillez inviter M. l'inspecteur d'académie à examiner les questions sur lesquelles il

---

(1) Voir la loi du 27 janvier 1880 sur l'enseignement obligatoire de la gymnastique (page 48), et le § 2 du programme du 27 juillet 1882, — page 132.

lui paraîtrait utile d'appeler plus particulièrement l'attention des instituteurs pendant les prochaines vacances.

Je vous prie, Monsieur le Préfet, de m'accuser réception de la présente circulaire, en me faisant connaître, dans le délai d'un mois, les mesures que vous aurez prises.

Recevez, Monsieur le Préfet, l'assurance de ma considération très distinguée.

Le Ministre de l'instruction publique et des Beaux-Arts,
Jules FERRY.

CIRCULAIRE
du 4 juillet 1882,
relative aux maîtrises.

(Extrait.)

..... Les maîtrises sont astreintes à *toutes les dispositions des lois scolaires*, notamment à l'inspection académique, à moins toutefois qu'elles ne se composent que de simples classes de plain-chant.

Dès 1819, le ministre de l'intérieur reconnaissait que « des ecclésiastiques réunissent près d'eux huit, dix et quelquefois trente élèves de tous âges, qu'ils instruisent gratuitement ou moyennant une rétribution, sont de véritables instituteurs rentrant de droit dans la classe commune, comme ils y rentrent de fait. Ils doivent se munir de diplômes ou cesser des fonctions que les instituteurs légalement autorisés peuvent seuls remplir. »

La Cour de cassation, d'autre part, n'a jamais varié dans la jurisprudence inaugurée par ses arrêts célèbres des 15 décembre 1834 et 23 mars 1835, où elle reconnaissait que le législateur n'a jamais entendu dispenser de la soumission à l'Université des élèves destinés, à quelque titre que ce soit, aux services des autels; que cette soumission tenait à l'un des principes constitutifs de l'Université, et que, ni dans les décrets impériaux ni dans les ordonnances royales, il ne se trouvait aucune disposition exceptionnelle à ces principes.

DÉCRET

du 6 juillet 1882,

relatif à l'instruction militaire et à la création de bataillons scolaires dans les établissements d'instruction primaire ou secondaire.

Le Président de la République française,

Sur les rapports des ministres de la guerre, de l'instruction publique et des beaux-arts, et de l'intérieur,

Vu l'article 1er de la loi du 28 mars 1882 (1), qui met la gymnastique et les exercices militaires au nombre des matières d'enseignement des écoles primaires publiques de garçons ;

Vu la loi du 27 janvier 1880, qui rend l'enseignement de la gymnastique obligatoire dans tous les établissements d'instruction publique de garçons (2);

Vu le décret du 29 juillet 1881 et l'arrêté du 3 août, fixant le programme de cet enseignement dans les écoles normales supérieures d'instituteurs ;

Vu l'article 6 de la loi du 27 juillet 1872 sur le recrutement de l'armée ;

Vu les articles 8 et 10 de la loi du 24 juillet 1873, relative à l'organisation générale de l'armée ;

Vu l'article 54 de la loi du 13 mars 1875, relative à la constitution des cadres et des effectifs de l'armée active et de l'armée territoriale;

Vu le décret du 2 avril 1875, relatif à l'organisation militaire des douaniers;

Vu le décret du 2 avril 1875, relatif à l'organisation militaire du corps forestier;

Vu le décret du 29 décembre 1875, sur l'organisation des corps de sapeurs-pompiers ;

Vu les procès-verbaux de la commission mixte formée de délégués des trois ministères de la guerre, de l'intérieur et de l'instruction publique, chargée de préparer un règlement relatif à l'instruction militaire dans les établissements d'instruction,

Décrète :

Art. 1er. — Tout établissement public d'instruction primaire ou secon-

(1) Voir cette loi, page 95. — (2) Voir cette loi, page 48.

daire, ou toute réunion d'écoles publiques comptant de deux cents à six cents élèves âgés de douze ans et au-dessus pourra, sous le nom de *bataillon scolaire*, rassembler ses élèves pour les exercices gymnastiques et militaires pendant toute la durée de leur séjour dans les établissements d'instruction.

Art. 2. — Aucun bataillon scolaire ne sera constitué sans un arrêté d'autorisation rendu par le préfet. Cette autorisation ne pourra être accordée qu'après que le groupe d'enfants, destiné à former le bataillon, aura été reconnu capable d'exécuter l'école de compagnie.

Il sera procédé à cette constatation par les soins d'une commission de trois membres, savoir : deux officiers désignés par l'autorité militaire et l'inspecteur d'académie ou son délégué.

Art. 3. — Tout bataillon scolaire, après sa constitution, devra être inspecté, au moins une fois par an, par la commission désignée à l'article 2.

Art. 4. — Tout bataillon scolaire recevra du ministre de l'instruction publique un drapeau spécial qui sera déposé, chaque année, dans celle des écoles dont les enfants auront obtenu, au cours de l'année, les meilleures notes d'inspection militaire.

Art. 5. — Chaque bataillon scolaire se composera de 4 compagnies, dont chacune comprendra au moins 50 enfants.

Art. 6. — Ne pourront faire partie du bataillon les élèves que le médecin attaché à l'établissement aura déclarés hors d'état de participer aux exercices gymnastiques et militaires du bataillon.

Art. 7. — Tout bataillon scolaire est placé sous les ordres d'un instructeur en chef et d'instructeurs adjoints désignés par l'autorité militaire.

La répartition des élèves dans les diverses compagnies est faite sur la proposition des chefs d'établissements par l'instructeur en chef.

Art. 8. — Un maître au moins de chaque établissement scolaire, dont les élèves font partie du bataillon, devra assister aux réunions du bataillon. Ces réunions auront lieu, sans autorisation spéciale de l'inspecteur d'académie, en dehors des heures de classe réglementaires.

Art. 9. — Le bataillon scolaire ne pourra être armé que de fusils conformes à un modèle adopté par le ministre de la guerre et poinçonnés par l'autorité militaire. Ces fusils, dont la fabrication sera abandonnée à l'industrie privée, devront présenter les trois conditions suivantes : n'être pas trop lourds pour l'âge des enfants ; comporter tout le mécanisme du fusil de guerre actuel; n'être pas susceptibles de faire feu, même à courte portée.

Les fusils seront déposés à l'école.

Art. 10. — Pour les exercices du tir à la cible, les élèves des bataillons scolaires âgés de 14 ans au moins et que l'instructeur en chef aura désignés comme aptes à y prendre part, seront conduits au stand ou au champ de tir et y seront exercés avec le fusil scolaire spécial dans les conditions qui seront réglées par un arrêté des ministres de la guerre et de l'instruction publique.

Art. 11. — Aucun uniforme ne sera obligatoire. Les uniformes qui pourraient être adoptés par les bataillons scolaires devront être autorisés par le ministre de l'instruction publique.

Les caisses des écoles pourront seules être autorisées par le préfet à fournir aux élèves, dans des conditions à déterminer par des règlements locaux, tout ou partie des objets d'habillement jugés nécessaires.

Art. 12. — Les établissements libres d'instruction primaire et secondaire, qui déclareront se soumettre à toutes les prescriptions du présent décret, sont autorisés, soit à incorporer leurs élèves dans le bataillon scolaire du canton, soit, si leur effectif est suffisant, à former des bataillons scolaires distincts qui seront à tous égards assimilés à ceux des écoles publiques.

Art. 13. — Les ministres de la guerre, de l'instruction publique et de l'intérieur sont chargés, chacun en ce qui le concerne, de l'exécution du présent décret.

JULES GRÉVY.

Par le Président de la République :

Le ministre de l'instruction publique,
JULES FERRY.

Le ministre de la guerre,
BILLOT.

Le ministre de l'intérieur,
RENÉ GOBLET.

ARRÊTÉ
du 6 juillet 1882,
portant règlement sur l'exécution des exercices de tir dans les établissements d'instruction primaire ou secondaire.

Les ministres de la guerre, de l'instruction publique et de l'intérieur,
Vu le décret en date du 6 juillet 1882 (1),

ARRÊTENT :

Dispositions générales.

Art. 1er. — Les fusils scolaires, destinés aux exercices scolaires et mis en service en raison de trois par école, seront, ainsi que les munitions, déposés soit dans les casernes de gendarmerie, soit dans les magasins des corps de troupe, suivant les ordres de l'autorité militaire.

Art. 2. — Ces armes ne seront délivrées que les jours d'exercice de tir réduit, et, exceptionnellement, les jours des exercices préparatoires ayant pour but de démontrer le maniement du fusil devant la cible, le pointage et les positions du tireur.

Art. 3. — Les fusils et les munitions nécessaires pour le tir de la journée seront remis à l'instructeur militaire, sur sa demande écrite et motivée.

Art. 4. — L'instructeur militaire prendra, de concert avec les chefs des établissements scolaires, les dispositions nécessaires pour faire transporter, dans de bonnes conditions, les armes et les cartouches sur le terrain de tir, et pour les faire rapporter à la caserne, et, s'il y a lieu, pour faire transporter les cartouches du centre de fabrication à la caserne de gendarmerie.

Art. 5. — Les armes seront nettoyées et réintégrées au lieu de dépôt, le jour même de chaque exercice, par les soins de l'instructeur militaire; remise sera faite, en même temps, des cartouches non consommées.

Art. 6. — Dans chaque subdivision de région, l'autorité militaire désignera les corps de troupes chargés de fournir les cartouches aux groupes scolaires qui désireront pratiquer le tir réduit. Après les tirs, les étuis vides seront rapportés aux corps désignés pour être rechargés par leurs soins, s'il y a lieu.

(1) Voir ce décret, page 109.

Art. 7. — Le prix de cession de l'étui est fixé à 0 fr. 04. Celui du chargement, y compris le nettoyage des étuis et la fourniture des divers éléments qui le composent, est de 0 fr. 009 par cartouche.

Ces dépenses, ainsi que les frais de transport, seront à la charge des établissements scolaires.

Art. 8. — Il sera alloué aux corps par cartouche livrée aux écoles une somme de 0 fr. 002, dont 0 fr. 001 pour les frais de combustible, etc., et 0 fr. 001 pour le personnel subalterne qui procèdera au chargement. Cette allocation sera payée sur les fonds de l'armement et devra être comprise dans le relevé des dépenses annuelles effectuées pour ce service par les corps.

Art. 9. — Les demandes de délivrance de cartouches scolaires ou de chargement d'étuis vides, établies en triple expédition et conforme au modèle ci-contre, seront adressées par les inspecteurs d'académie aux généraux commandant les subdivisions de région, qui les transmettront pour exécution aux corps désignés à cet effet.

L'une de ces expéditions sera conservée au corps, la seconde sera envoyée à l'inspecteur d'académie, et la troisième au ministre de la guerre. Toutes les trois porteront le récépissé de l'instructeur militaire.

Art. 10. — Ces demandes seront totalisées par les soins de l'administration de la guerre ; la dépense totale sera indiquée au ministère de l'instruction publique, qui en remboursera le montant annuellement.

Exécution du tir.

Art. 11. — Le tir réduit avec le fusil scolaire s'exécute en employant trois lignes de mire, savoir :

De 10 à 20 mètres : employer la ligne de mire qui passe par le sommet du guidon et le cran du talon de la hausse couchée (ce cran porte l'indication 10 à 20).

A 30 mètres : employer la ligne de mire qui passe par le sommet du guidon et le cran inférieur de la planche de la hausse levée (ce cran porte l'indication 30).

A 40 mètres : employer la ligne de mire qui passe par le sommet du guidon et le cran du curseur abaissé, la planche de hausse étant levée (un trait, affleurant le bord supérieur du curseur abaissé, est tracé sur le côté droit de la planche, et l'indication 40 est incrite au-dessus).

Art. 12. — La cartouche de tir réduit pour fusil scolaire comprend :

1° Un étui vide de cartouche modèle 1874, raccourci de $0^m,01$;

2° Les divers éléments nécessaires au chargement :

1 amorce ;

1 couvre-amorce ;

1 balle sphérique en plomb de 8 gr. 70 ;

1 charge de poudre de 0 gr. 4.

Cette cartouche est chargée exactement comme la cartouche de tir réduit ordinaire.

Art. 13. — Chaque enfant susceptible de prendre part aux exercices de tir réduit, dans les écoles où ces exercices auront été organisés, pourra tirer au maximum cinq séries de 6 balles, soit 30 cartouches par an. Il ne sera jamais tiré, dans la même séance, plus de 6 cartouches par enfant.

Art. 14. — Avant de commencer une série de six coups, on aura soin d'huiler fortement l'intérieur du canon, afin de faciliter le glissement de la balle ; cette précaution est indispensable.

L'expérience a montré que le graissage de la balle nuisait à la justesse ;

Si, dans le tir, une balle restait dans le canon, on l'enlèverait avec la baguette et on huilerait de nouveau le canon.

L'intérieur du canon, la chambre et la culasse mobile seront soigneusement nettoyés après chaque séance de tir.

Art. 15. — Les plus grandes précautions seront recommandées pendant l'exécution des tirs. Il sera toujours préférable de construire un stand peu coûteux, analogue à ceux qui sont décrits dans l'instruction ministérielle du 27 janvier 1882, sur la confection et le mode d'emploi des cartouches de tir réduit.

L'établissement d'un stand sera obligatoire pour les tirs au delà de 20 mètres, exécutés soit dans les cours, soit près des habitations.

Les généraux commandant les subdivisions de région donneront aux corps de troupe sous leurs ordres des instructions pour qu'ils fournissent aux directeurs des écoles, qui le demanderont, tous les renseignements nécessaires sur la construction de ces stands.

Art. 16. — Le tir réduit pourra exceptionnellement être exécuté en rase campagne : dans ce cas, la direction de tir ne devra rencontrer, à moins de 450 mètres de la cible, ni route, ni canal, ni voie ferrée, ni habitation. On tirera, s'il est possible, contre une butte en terre naturelle ou artificielle.

Les habitants devront être prévenus avant chaque séance, par les soins de l'autorité municipale, du jour, de l'heure et de l'endroit choisis pour l'exercice.

Art. 17. — Les généraux commandant les subdivisions mettront autant que possible les champs de tir à la disposition du bataillon scolaire (1).

BILLOT, JULES FERRY, RENÉ GOBLET.

UN ARRÊTÉ

du 18 juillet 1882

institue trois comités permanents auprès du ministre de l'Instruction publique, pour l'examen des deux projets relatifs à la décoration des écoles, à l'imagerie scolaire, et à la création des petits musées scolaires.

RÈGLEMENT SCOLAIRE MODÈLE

du 18 juillet 1882,

pour servir à la rédaction des règlements départementaux relatifs aux écoles primaires publiques.

Le Ministre de l'instruction publique et des Beaux-Arts,

Vu la loi du 28 mars 1882;

Le conseil supérieur de l'instruction publique entendu,

Arrête:

Le règlement scolaire modèle pour servir à la rédaction des règle-

---

(1) Voir la circulaire du 21 mars 1882 relative aux drapeaux scolaires, page 93; — et, page 112, l'arrêté du ministre de la guerre du 30 juillet 1882 sur les bataillons scolaires.

ments départementaux des écoles primaires publiques, en date du 6 janvier 1881, est modifié ainsi qu'il suit :

Art. 1ᵉʳ. — Pour être admis dans une école, les enfants doivent avoir plus de six ans et moins de quatorze. En dehors de ces limites, ils ne pourront être admis sans autorisation spéciale de l'inspecteur d'académie.

Dans les communes qui n'ont pas de salle d'asile, l'âge d'admission sera abaissé à cinq ans.

Art. 2. — Tout enfant qui demandera son admission dans une école devra présenter un bulletin de naissance.

L'instituteur s'assurera qu'il a été vacciné ou qu'il a eu la petite vérole, et qu'il n'est pas atteint de maladies ou d'infirmités de nature à nuire à la santé des autres élèves.

Art. 3. — La garde de la classe est commise à l'instituteur : il ne permettra pas qu'on la fasse servir à aucun usage étranger à sa destination (1), sans une autorisation spéciale du préfet.

Art. 4. — Pendant la durée de la classe, l'instituteur ne pourra, sous aucun prétexte, être distrait de ses fonctions professionnelles, ni s'occuper d'un travail étranger à ses devoirs scolaires.

Art. 5. — Les enfants ne pourront, sous aucun prétexte, être détournés de leurs études pendant la durée des classes.

Ils ne seront envoyés à l'église (2) pour les catéchismes ou pour les exercices religieux, qu'en dehors des heures de classe. L'instituteur n'est pas tenu de les y surveiller. Il n'est pas tenu davantage de les y conduire, sauf le cas prévu au paragraphe 3 de l'article 7 ci-après.

Toutefois, pendant la semaine qui précède la première communion, l'instituteur autorisera les élèves à quitter l'école aux heures où leurs devoirs religieux les appellent à l'église.

Art. 6. — L'entrée de l'école est formellement interdite à toute personne autre que celles qui sont proposées par la loi à la surveillance de l'enseignement (3).

Art. 7. — Les classes dureront trois heures le matin et trois heures lo

---

(1) Une circulaire ministérielle du 30 août 1882 (voir 147), permet de mettre les salles d'école à la disposition des notaires, pour les adjudications, moyennant 2 fr. 50 ou 5 fr. de rétribution.
(2) Voir, plus haut, l'art. 2 de loi du 28 mars 1882, sur l'enseignement primaire obligatoire.
(3) Voir l'art. 3 de la loi du 28 mars 1882 sur l'enseignement obligatoire.

soir. Celle du matin commencera à 8 heures, et celle de l'après-midi à 1 heure; elles seront coupées par une récréation d'un quart d'heure.

Suivant les besoins des localités, les heures d'entrée et de sortie pourront être modifiées par l'inspecteur d'académie, sur la demande des autorités locales et l'avis de l'inspecteur primaire.

Les enfants qui ne seront pas rendus à leur famille dans l'intervalle des classes demeurent sous la surveillance de l'instituteur jusqu'à l'heure où ils quittent définitivement la maison d'école.

Art. 8. — Les enfants se présenteront à l'école dans un état de propreté convenable.

La visite de propreté sera faite par l'instituteur, au commencement de chaque classe.

Art. 9. — Quand l'instituteur prendra la direction d'une école, il devra, de concert avec le maire ou son délégué, faire le récolement du mobilier scolaire, des livres de la bibliothèque, des archives scolaires, et, s'il y a lieu, de son mobilier personnel et de celui de ses adjoints.

Le procès verbal de cette opération, signé par les deux parties, constituera l'instituteur responsable des objets désignés à l'inventaire.

En cas de changement de résidence, l'instituteur provoquera, avant son départ, un nouveau récolement du mobilier.

Art. 10. — Un tableau portant le prix de tous les objets que l'instituteur sera autorisé à fournir aux élèves sera affiché dans l'école, après avoir été visé par l'inspecteur primaire.

Art. 11. — La classe sera blanchie ou lessivée tous les ans, et tenue dans un état constant de propreté et de salubrité. A cet effet, elle sera balayée et arrosée tous les jours; l'air y sera fréquemment renouvelé; même en hiver, les fenêtres seront ouvertes pendant l'intervalle des classes.

Art. 12. — Le français sera seul en usage dans l'école.

Art. 13. — Toute représentation théâtrale est interdite dans les écoles publiques.

Art. 14. — Aucun livre ni brochure, aucun imprimé ni manuscrit étrangers à l'enseignement ne peuvent être introduits dans l'école, sans l'autorisation de l'inspecteur d'académie.

Art. 15. — Toute pétition, quête, souscription ou loterie y est également interdite.

Art. 16. — Les seules punitions dont l'instituteur puisse faire usage sont :

Les mauvais points;
La réprimande;
La privation partielle de la récréation;
La retenue après la classe, sous la surveillance de l'instituteur;
L'exclusion temporaire.

Cette dernière peine ne pourra dépasser trois jours. Avis sera donné immédiatement par l'instituteur aux parents de l'enfant, aux autorités locales et à l'inspecteur primaire.

Une exclusion de plus longue durée ne pourra être prononcée que par l'inspecteur d'académie.

Art. 17. — Il est absolument interdit d'infliger aucun châtiment corporel.

Art. 18 — Les jours de congé extraordinaires sont:

Une semaine à l'occasion des fêtes de Pâques;

Le premier jour de l'an, ou le lendemain, si ce jour est un dimanche ou un jeudi;

Le lundi de la Pentecôte;

Le lendemain de la Toussaint, le matin seulement;

Les jours de fêtes patronales;

Les jours de fêtes nationales.

Art. 19. — L'époque et la durée des vacances seront fixées chaque année par le préfet, en conseil départemental.

Art. 20. — L'instituteur ne pourra ni intervertir les jours de classe, ni s'absenter, sans y avoir été autorisé par l'inspecteur primaire, et sans avoir donné avis de cette autorisation aux autorités locales.

Si l'absence doit durer plus de trois jours, l'autorisation de l'inspecteur d'académie est nécessaire.

Un congé de plus de huit jours ne peut être donné que par le préfet. Dans les circonstances graves et imprévues, l'instituteur pourra s'absenter sans autre condition que de donner immédiatement avis de son absence aux autorités locales et à l'inspecteur primaire.

Art. 21. — Les dispositions de ce règlement sont applicables aux écoles de filles.

Art. 22. — *Le règlement-modèle en date du 17 août 1851 est et demeure abrogé.*

Art. 23. — Les autorités préposées par la loi à la surveillance de l'instruction primaire sont chargées de l'exécution du présent règlement.

Jules FERRY.

DÉCRET
du 27 juillet,

portant modification des articles 4 et 5 du décret du 4 janvier 1881, relatif aux examens du brevet supérieur et du brevet simple (1).

Le Président de la République française,

Sur le rapport du ministre de l'instruction publique et des Beaux-Arts;

Vu le décret du 4 janvier 1881, relatifs aux brevets de capacité ;

Le conseil supérieur de l'instruction publique entendu,

Décrète :

Article premier. — Les articles 4 et 5 du décret du 4 janvier 1881 sont modifiés ainsi qu'il suit :

« Art. 4. — Pour se présenter devant une commission d'examen en vue d'obtenir le brevet supérieur, tout candidat doit justifier de la possession du brevet élémentaire, et d'avoir *dix-sept ans* à la date de l'ouverture de la session

« Art. 5. — Pour se présenter aux examens du brevet simple, le candidat doit avoir au moins *seize ans* à la date de l'ouverture de la session. »

Art. 2. — Le ministre de l'instruction publique et des Beaux-Arts est chargé de l'exécution du présent décret.

Jules GRÉVY.

Par le Président de la République :

Le ministre de l'instruction publique et des Beaux-Arts,

Jules FERRY.

(1) En ce qui concerne les titres de capacité; voir : — la loi du 16 juin 1881, — page 64 ; — la circulaire du 17 avril 1882, — page 102 ; — la circulaire du 22 septembre 1882, — page?

DÉCRET

du 27 juillet 1882,

relatif à l'examen du certificat d'études (1).

Le Président de la République française,

Sur le rapport du ministre de l'instruction publique et des Beaux-Arts,

Vu l'article 6 de la loi du 28 mars 1882;

Le conseil supérieur de l'instruction publique entendu,

Décrète :

Article premier. — L'examen public auquel doivent se présenter les enfants qui désirent obtenir le certificat d'études institué par l'article 6 de la loi du 28 mars 1882 aura lieu à l'expiration de chaque année scolaire.

Art. 2. — Pour être admis à subir cet examen, les enfants devront avoir au moins *onze ans* à l'époque où il aura lieu.

Art. 3. — Les dispositions de l'arrêté ministériel, du 16 juin 1880, relatives au mode de l'examen pour le certificat d'études primaires élémentaires, à la nature des épreuves et aux conditions d'admission sont applicables à l'examen dont il s'agit.

Art. 4. — Le ministre de l'instruction publique et des Beaux-Arts est chargé de l'exécution du présent décret.

JULES GRÉVY.

Par le Président de la République :

*Le ministre de l'instruction publique et
des Beaux-Arts,*

JULES FERRY.

---

(1) Voir, page 57, l'arrêté du 16 juin 1880, — et l'article 6 de la loi du 28 mars 1882, page 95.

ARRÊTÉ

du 27 juillet 1882,

réglant l'organisation pédagogique et le plan d'études des écoles primaires publiques.

Le Ministre de l'Instruction publique et des Beaux-Arts,

Vu la loi du 28 mars 1882, relative à l'enseignement primaire obligatoire ;

Vu les lois du 15 mars 1850 et du 10 avril 1867 ;

Vu les lois du 11 décembre 1880, relative à l'enseignement primaire complémentaire et professionnel ; du 6 juin 1879, relative à l'enseignement de l'agriculture ; du 27 janvier 1880, relative à l'enseignement obligatoire de la gymnastique ;

Vu la loi du 16 juin 1881, relative à la gratuité de l'enseignement primaire public ;

Vu le règlement-modèle en date du 6 janvier 1881, modifié le 18 juillet 1882 ;

Le conseil supérieur de l'instruction publique entendu,

Arrête :

Article 1er. — L'enseignement primaire dans les écoles publiques est partagé en trois cours :

Cours élémentaire ;

Cours moyen ;

Cours supérieur.

La constitution de ces trois cours est obligatoire dans toutes les écoles, quel que soit le nombre des classes et des élèves.

Article 2. — Dans toute commune où, à défaut d'école maternelle, les enfants au-dessous de l'âge scolaire sont reçus à l'école primaire par application de l'article 2 du règlement-modèle, il pourra être établi une classe enfantine dans les conditions prévues par l'article 7 de la loi du 16 juin 1881.

Si dans une école il se trouve plus de dix élèves munis du certificat d'études qui, après avoir terminé le cours supérieur, désirent continuer leur instruction, il pourra être établi un cours complémentaire d'une année, conformément aux prescriptions des décret et arrêté du 15 janvier 1881.

Article 3. — La durée des études se divise comme il suit :

Classe enfantine : un ou deux ans, suivant que les enfants entrent à 6 ans ou à 5 ans.

Cours élémentaire : deux ans, de 7 à 9 ans.

Cours moyen : deux ans, de 9 à 11 ans.

Cours supérieur : deux ans, de 11 à 13 ans.

Cours complémentaire d'enseignement primaire supérieur : un an.

Article 4. — Dans les écoles qui n'ont qu'un maître et qu'une classe, il ne pourra être établi aucune division ni dans le cours moyen ni dans le cours supérieur; il n'en pourra être établi plus de deux pour les enfants au-dessous de 9 ans.

Article 5. — Dans les écoles qui n'ont que deux maîtres, l'un sera chargé du cours moyen et du cours supérieur, l'autre du cours élémentaire, y compris, s'il y a lieu, la division des enfants au-dessous de 7 ans.

Article 6. — Dans les écoles qui ont trois maîtres, chaque cours forme une classe distincte.

Article 7. — Dans les écoles à quatre classes, le cours élémentaire comptera deux classes, chacun des deux autres cours une seule classe.

Article 8. — Dans les écoles à cinq classes, le cours élémentaire comptera deux classes, le cours moyen deux, le cours supérieur une.

Article 9. — Dans les écoles à six classes, chacun des trois cours formera deux classes, à moins que le nombre des élèves du cours supérieur ne permette de les réunir en une seule classe.

Article 10. — Toutes les fois qu'un même cours comprendra deux classes, l'une formera la première année du cours, l'autre la seconde.

Ces deux classes suivront le même programme, mais les leçons et les exercices seront gradués de telle sorte que les élèves puissent dans la seconde année revoir, approfondir et compléter les études de la première.

Article 11. — Au-dessus de six classes, quel que soit le nombre des maîtres, aucun cours ne devra former plus de deux années. Les classes en plus du nombre de six, non compris la classe enfantine, seront des classes parallèles destinées à dédoubler l'effectif soit de la première, soit de la seconde année.

Article 12. — Chaque année, à la rentrée, les élèves, suivant leur degré d'instruction, sont répartis par le directeur dans les diverses classes des trois cours, sous le contrôle de l'inspecteur primaire.

Le certificat d'études donne droit à l'entrée dans le cours supérieur.

Article 13. — Chaque élève, à son entrée à l'école, recevra un cahier spécial qu'il devra conserver pendant toute la durée de sa scolarité. Le premier devoir de chaque mois dans chaque ordre d'études sera écrit sur ce cahier par l'élève, en classe et sans secours étranger, de telle sorte que l'ensemble de ces devoirs permette de suivre la série des exercices et d'apprécier les progrès de l'élève d'année en année. Ce cahier restera déposé à l'école.

Article 14. — Tout concours entre les écoles publiques auquel ne participerait pas l'ensemble des élèves de l'un au moins des trois cours est formellement interdit.

Article 15. — L'enseignement donné dans les écoles primaires publiques se rapporte à un triple objet : *éducation physique, éducation intellectuelle, éducation morale*. Les leçons et exercices gradués qu'il comporte sont répartis dans le cours d'études, conformément aux programmes annexés au présent arrêté (1).

Article 16. — Au commencement de chaque année scolaire, le tableau de l'emploi du temps par jour et par heure est dressé par le directeur de l'école, et, après approbation de l'inspecteur primaire, il est affiché dans les salles de classe.

La répartition des exercices doit satisfaire aux conditions générales ci-après déterminées :

I. Chaque séance doit être partagée en plusieurs exercices différents, coupés soit par la récréation réglementaire, soit par des mouvements et des chants.

II. Les exercices qui demandent le plus grand effort d'attention, tels que les exercices d'arithmétique, de grammaire, de rédaction, seront placés de préférence le matin.

III. Toute leçon, toute lecture, tout devoir, sera accompagné d'explications orales et d'interrogations.

IV. La correction des devoirs et la récitation des leçons ont lieu pendant les heures de classe auxquelles se rapportent ces devoirs et ces leçons. Dans la règle, les devoirs sont corrigés au tableau noir en même temps que se fait la visite des cahiers. Les rédactions sont corrigées par le maître en dehors de la classe.

V. Les trente heures de classe par semaine (non compris le temps que les élèves peuvent consacrer, soit à domicile, soit dans des études surveillées, à la préparation des devoirs et des leçons) devront être réparties d'après les indications suivantes :

(1) Voir pages 124 et 133.

1° Il y aura chaque jour dans les deux premiers cours, au moins une leçon qui, sous la forme d'entretien familier, ou au moyen d'une lecture appropriée, sera consacrée à l'instruction morale; dans le cours supérieur, cette leçon sera, autant que possible, le développement méthodique du programme de morale.

2° L'enseignement du français (exercices de lecture, lectures expliquées, leçons de grammaire, exercices orthographiques, dictées, analyses, récitations, exercices de composition, etc.) occupera tous les jours environ deux heures.

3° L'enseignement scientifique occupera en moyenne, et suivant les cours, d'une heure à une heure et demie par jour, savoir : trois quarts d'heure ou une heure pour l'arithmétique et les exercices qui s'y rattachent, le reste pour les sciences physiques et naturelles (avec leurs applications), présentées d'abord sous la forme de leçons de choses, et plus tard étudiées méthodiquement.

4° L'enseignement de l'histoire et de la géographie, auquel se rattache l'instruction civique, comportera environ une heure de leçon tous les jours.

5° Le temps consacré aux exercices d'écriture proprement dite sera d'une heure au moins par jour dans le cours élémentaire et se réduira graduellement à mesure que les divers devoirs dictés ou rédigés pourront en tenir lieu.

6° L'enseignement du dessin, commencé par des leçons très courtes dès le cours élémentaire, occupera dans les deux autres cours deux ou trois leçons chaque semaine.

7° Les leçons de chant occuperont de une à deux heures par semaine, indépendamment des exercices de chant, qui auront lieu tous les jours, soit dans les intervalles qui séparent les autres exercices scolaires, soit à la rentrée et à la sortie des classes.

8° La gymnastique, outre les évolutions et les exercices sur place qui peuvent accompagner les mouvements de classe, occupera tous les jours ou au moins tous les deux jours une séance dans le courant de l'après-midi.

En outre, dans les communes où les bataillons scolaires sont constitués, les exercices de bataillon ne pourront avoir lieu que le jeudi et le dimanche ; le temps à y consacrer sera déterminé par l'instructeur militaire, de concert avec le directeur de l'école.

9° Enfin, pour les garçons aussi bien que pour les filles, deux ou trois heures par semaine seront consacrées aux travaux manuels.

Art. 17. Les conditions que devront remplir les locaux scolaires seront déterminées par une instruction spéciale rédigée par la commission des bâtiments scolaires du ministère de l'instruction publique. Cette instruction tiendra lieu du règlement du 17 juin 1880, lequel est rapporté.

Jules FERRY.

PROGRAMMES

Annexés au règlement d'organisation pédagogique des écoles primaires publiques.

I

Éducation physique et préparation à l'éducation professionnelle.
Objet. — Méthode. — Programme.

1° OBJET DE L'ÉDUCATION PHYSIQUE.

L'éducation physique a un double but :

D'une part, fortifier le corps, affermir le tempérament de l'enfant, le placer dans les conditions hygiéniques les plus propices à son développement physique en général.

D'autre part, lui donner de bonne heure ces qualités d'adresse et d'agilité, cette dextérité de la main, cette promptitude et cette sûreté de mouvements qui, précieuses pour tous, sont plus particulièrement nécessaires aux élèves des écoles primaires, destinés pour la plupart à des professions manuelles.

Sans perdre son caractère essentiel d'établissement d'éducation, et sans se changer en atelier, l'école primaire peut et doit faire aux exercices du corps une part suffisante pour préparer et prédisposer, en quelque sorte, les garçons aux futurs travaux de l'ouvrier et du soldat, les filles aux soins du ménage et aux ouvrages de femmes.

2° MÉTHODE.

Les exercices du corps faisant diversion à l'ensemble des travaux scolaires et des leçons proprement dites, il sera généralement facile d'obtenir que les élèves y apportent de la bonne volonté et de l'entrain, qu'ils les considèrent comme une véritable récréation.

La marche de l'enseignement est réglée avec le plus grand détail, pour la gymnastique et les exercices militaires, par les *Manuels* en usage, ainsi que par les directions que donnent les professeurs et instructeurs spéciaux.

Pour le travail manuel des garçons, les exercices se répartissent en deux groupes : l'un comprend les divers exercices destinés d'une façon générale à délier les doigts et à faire acquérir la dextérité, la souplesse, la rapidité et la justesse des mouvements ; l'autre groupe comprend les exercices gradués de modelage qui servent de complément à l'étude correspondante du dessin, et particulièrement du dessin industriel.

Le travail manuel des filles, outre les ouvrages de couture et de coupe, comporte un certain nombre de leçons, de conseils, d'exercices au moyen desquels la maîtresse se proposera, non pas de faire un cours régulier d'économie domestique, mais d'inspirer aux jeunes filles, par un grand nombre d'exemples pratiques, l'amour de l'ordre, de leur faire acquérir les qualités sérieuses de la femme de ménage et de les mettre en garde contre les goûts frivoles ou dangereux.

3° PROGRAMME.

Voir le tableau ci-après pour les trois cours (élémentaire, moyen et supérieur). Le programme de la *classe enfantine* est identique à celui de la section des enfants de 5 à 7 ans dans les écoles maternelles.

PROGRAMME

	COURS ÉLÉMENTAIRE DE 7 A 9 ANS.	COURS MOYEN DE 9 A 11 ANS.	COURS SUPÉRIEUR DE 11 A 13 ANS.
1° Soins d'hygiène et de propreté (1).	Inspection des enfants à leur arrivée et à leur rentrée en classe. — Exiger une absolue propreté. — Surveiller leurs jeux. — Conseils pratiques et donnés soit en commun, soit en particulier, sur l'alimentation, le vêtement, la tenue du corps et des habits.	Suite des mêmes moyens d'instruction et d'éducation.	Suite des mêmes moyens d'instruction et d'éducation.
2° Gymnastique. (Suivre les *Manuels* distincts, pour les garçons et pour les filles, publiés par le Ministère.)	Exercices préparatoires. — Nouvements de flexion des bras et des jambes. — Exercice des haltères et de la barre. — Course cadencée. — Évolutions.	Suite des exercices de flexion et d'extension des bras et des jambes. — Exercices avec haltères. — Exercices de la barre, des anneaux, de l'échelle, de la corde à nœuds, des barres à suspension, des barres parallèles fixes, de la poutre horizontale, des perches, du trapèze. — Évolutions.	Suite des mêmes exercices. — Exercices d'équilibre sur un pied. — Mouvements des bras combinés avec la marche. — Exercices à deux avec la barre. — Courses. — Sauts, exercice de la canne (pour les garçons).
3° Exercices militaires. (Pour les garçons.)	Exercices de marche, d'alignement, de formation des pelotons, etc. — Préparation à l'exercice militaire.	Exercice militaire : École du soldat sans armes. — Principes des différents pas. — Alignements. — Marches, contre-marches et haltes. — Changement de direction.	Exercice militaire : révision de l'école du soldat sans armes. — Mécanisme des mouvements en ordre dispersé. — Marches militaires et topographiques. Exercices préparatoires au tir : notions sur les lignes de tir. — Étude pratique sur le mécanisme du fusil.
4° Travaux manuels. (Pour les garçons.)	Exercices manuels destinés à développer la dextérité de la main. Découpage de carton carte en forme de solides géométriques. Vannerie : assemblage de brins de couleur diverses. Modelage : reproduction de solides géométriques et d'objets très simples.	Construction d'objets de cartonnage revêtus de dessins coloriés et de papier de couleur. Petits travaux en fil de fer; treillage. Combinaison du fil de fer et de bois : cages. Modelage : ornements simples d'architecture. Notions sur les outils les plus usuels.	Exercices combinés de dessin et de modelage : croquis cotés d'objets à exécuter et construction de ces objets d'après les croquis, ou *vice versa*. Étude des principaux outils employés dans le travail du bois. — Exercices pratiques gradués. — Rabotage, sciage des bois, assemblages simples. — Boîtes clouées ou assemblées sans pointes. Tour à bois, tournage d'objets très simples. Étude des principaux outils employés dans le travail du fer, exercices de lime, ébarbage ou finissage d'objets bruts de forge ou venus de fonte.
5° Travaux manuels (2). (Pour les filles.)	Tricot et étude du point; mailles à l'endroit, à l'envers, côtes, augmentations, diminutions. Point de marque sur canevas. Éléments de couture : ourlets et surjets. Exercices manuels destinés à développer la dextérité de la main, découpage et application de pièces de papier de couleur. Petits essais de modelage.	Tricot et remmaillage. Marque sur canevas. Éléments de la couture : point devant, point de côté, point arrière, point de surjet. — Couture simple, ourlet, couture double, sujets sur lisières, sur plis rentrés. Confection d'ouvrages de couture simples et faciles (essuie-mains, serviettes, mouchoirs, tabliers, chemises), rapiéçage.	Tricot de jupons, gilets, gants. Marque sur la toile. Figures, froncés, boutonnières, raccommodage des vêtements, reprises. Notions de coupe et confection des vêtements les plus faciles. Notions très simples d'économie domestique et application à la cuisine, — au blanchissage et à l'entretien du linge, — à la toilette, — aux soins du ménage, du jardin, de la basse-cour. — Exercices pratiques à l'école et à domicile.

(1) *Leçons d'hygiène*, par Desrieux. — 1 vol. (Libr. Paul Dupont.)
(2) *Premiers principes pour la coupe et l'assemblage*, par Mme Manon. — 1 cahier. (Ibid.) (*Note de l'éditeur.*)

II

Éducation intellectuelle. — Objet. — Méthode. — Programme.

1° OBJET DE L'ÉDUCATION INTELLECTUELLE.

L'éducation intellectuelle, telle que peut la faire l'école primaire publique, est facile à caractériser.

Elle ne donne qu'un nombre limité de connaissances. Mais ces connaissances sont choisies de telle sorte, que non seulement elles assurent à l'enfant tout le savoir pratique dont il aura besoin dans la vie, mais encore elles agissent sur ses facultés, forment son esprit, le cultivent, l'étendent et constituent vraiment une éducation.

L'idéal de l'école primaire n'est pas d'enseigner beaucoup, mais de bien enseigner. L'enfant qui en sort sait peu, mais sait bien ; l'instruction qu'il a reçue est restreinte, mais elle n'est pas superficielle. Ce n'est pas une demi-instruction, et celui qui la possède ne sera pas un demi-savant ; car, ce qui fait qu'une instruction est dans son genre complète ou incomplète, ce n'est pas l'étendue plus ou moins vaste du domaine qu'elle cultive, c'est la manière dont elle l'a cultivé.

L'instruction primaire, en raison de l'âge des élèves et des carrières auxquelles ils se destinent, n'a ni le temps ni les moyens de leur faire parcourir un cycle d'études égal à celui de l'enseignement secondaire ; ce qu'elle peut faire pour eux, c'est que leurs études leur profitent autant et leur rendent, dans une sphère plus humble, les mêmes services que les études secondaires aux élèves des lycées : c'est que les uns comme les autres emportent de l'enseignement public, d'abord une somme de connaissances appropriées à leurs futurs besoins, ensuite et surtout de bonnes habitudes d'esprit, une intelligence ouverte et éveillée, des idées claires, du jugement, de la réflexion, de l'ordre et de la justesse dans la pensée et dans le langage. « L'objet de l'enseignement « primaire, — comme on l'a très justement dit (1), n'est pas d'embras- « ser sur les diverses matières auxquelles il touche tout ce qu'il est pos- « sible de savoir, mais de bien apprendre dans chacune d'elles ce qu'il « n'est pas possible d'ignorer. »

(1) Gréard, *Rapport sur la situation de l'enseignement primaire de la Seine en 1875.*

2° MÉTHODE.

L'objet de l'enseignement étant ainsi défini, la méthode à suivre s'impose d'elle-même : elle ne peut consister, ni dans une suite de procédés mécaniques, ni dans le seul apprentissage de ces premiers instruments de communication : la lecture, l'écriture, le calcul, ni dans une froide succession de leçons exposant aux élèves les différents chapitres d'un cours.

La seule méthode qui convienne à l'enseignement primaire est celle qui fait intervenir tour à tour le maître et les élèves, qui entretient pour ainsi dire entre eux et lui un continuel échange d'idées sous des formes variées, souples et ingénieusement graduées. Le maître part toujours de ce que les enfants savent, et, procédant du connu à l'inconnu, du facile au difficile, il les conduit, par l'enchaînement des questions orales ou des devoirs écrits, à découvrir les conséquences d'un principe, les applications d'une règle, ou inversement les principes et les règles qu'ils ont déjà inconsciemment appliqués.

En tout enseignement, le maître, pour commencer, se sert d'objets sensibles, fait voir et toucher les choses, met les enfants en présence de réalités concrètes, puis peu à peu il les exerce à en dégager l'idée abstraite, à comparer, à généraliser, à raisonner sans le secours d'exemples matériels.

C'est donc par un appel incessant à l'attention, au jugement, à la spontanéité intellectuelle de l'élève que l'enseignement primaire peut se soutenir. Il est essentiellement intuitif et pratique : *intuitif*, c'est-à-dire qu'il compte avant tout sur le bon sens naturel, sur la force de l'évidence, sur cette puissance innée qu'a l'esprit humain de saisir du premier regard et sans démonstration non pas toutes les vérités, mais les vérités les plus simples et les plus fondamentales ; *pratique*, c'est-à-dire qu'il ne perd jamais de vue que les élèves de l'école primaire n'ont pas de temps à perdre en discussions oiseuses, en théories savantes, en curiosités scolastiques et que ce n'est pas trop de cinq à six années de séjour à l'école pour les munir du petit trésor d'idées dont ils ont strictement besoin et surtout pour les mettre en état de le conserver et de le grossir dans la suite.

C'est à cette double condition que l'enseignement primaire peut entreprendre l'éducation et la culture de l'esprit; c'est, pour ainsi dire, la nature seule qui le guide : il développe parallèlement les diverses facultés de l'intelligence par le seul moyen dont il dispose, c'est-à-dire en les exerçant d'une manière simple, spontanée, presque instinctive : il forme le jugement en amenant l'enfant à juger, l'esprit d'observation en faisant beaucoup observer, le raisonnement en aidant l'enfant à raisonner de lui-même et sans règles de logique.

Cette confiance dans les forces naturelles de l'esprit qui ne demandent qu'à se développer et cette absence de toute prétention à la science proprement dite conviennent à tout enseignement rudimentaire, mais s'imposent surtout à l'école primaire publique qui doit agir non sur quelques enfants pris à part, mais sur la masse de la population enfantine. L'enseignement y est nécessairement collectif et simultané; le maître ne peut se donner à quelques-uns, il se doit à tous; c'est par les résultats obtenus sur l'ensemble de sa classe et non pas sur une élite seulement, que son œuvre pédagogique doit être appréciée. Quelles que soient les inégalités d'intelligence que présentent ses élèves, il est un minimum de connaissances et d'aptitudes que l'enseignement primaire doit communiquer, sauf des exceptions très rares, à tous les élèves; ce niveau sera très facilement dépassé par quelques-uns, mais, le fût-il, s'il n'est pas atteint par tout le reste de la classe, le maître n'a pas bien compris sa tâche ou ne l'a pas entièrement remplie.

3° PROGRAMME.

Voir les tableaux ci-après pour les trois cours (élémentaire, moyen et supérieur). Le programme de la *classe enfantine* est identique à celui de la section des enfants de 5 à 7 ans dans les écoles maternelles.

PROGRAMME (1)

---

(1) Sous ce titre : APPLICATION DES NOUVEAUX PROGRAMMES, le *Journal des Instituteurs* a commencé, dans son n° du 8 octobre 1882, une série d'articles dus à la plume de l'un de nos auteurs les plus compétents en matière pédagogique.

Ils contiennent des éclaircissements, des conseils pratiques et une méthode qui, nous n'en doutons pas, seront très utiles à tous les maîtres et aux instituteurs, auxquels nous les recommandons. (*Notes de l'éditeur.*)

	COURS ÉLÉMENTAIRE DE 7 A 9 ANS.	COURS MOYEN DE 9 A 11 ANS.	COURS SUPÉRIEUR DE 11 A 13 ANS.
1º Lecture (1)..........	Lecture courante avec explication des mots.	Lecture courante avec explications (1)...	Lecture expressive (1).
2º Écriture (1).........	Écriture en gros, en moyen et en fin (2).	Écriture cursive ordinaire (2)..........	Cursive, ronde, bâtarde (2).
3º Langue française (2)...	Notions premières données oralement sur le nom (le nombre, le genre), l'adjectif, le pronom, le verbe (premiers éléments de la conjugaison). Idée de la formation du pluriel et du féminin ; — de l'accord de l'adjectif avec le nom, du verbe avec le sujet. Idée de la proposition simple. 1º Exercices oraux. — Questions et explications notamment au cours de la leçon de lecture, ou de la correction des devoirs. Interrogations sur le sens, l'emploi, l'orthographe des mots du texte lu. — Epellation de mots difficiles. Reproduction orale de petites phrases lues et expliquées ; puis de récits ou de fragments de récits faits par le maître. 2º Exercices de mémoire .... Récitations de poésies d'un genre très simple. 3º Exercices écrits. Dictées graduées d'orthographe usuelle et d'orthographe de règles. Petits exercices grammaticaux de forme très variée. Reproduction écrite (au tableau noir, sur l'ardoise, sur cahier) de quelques phrases expliquées précédemment. Composition de petites phrases avec des éléments donnés.	Grammaire élémentaire. — Les dix parties du discours. — Conjugaisons. — Notions de syntaxe. Règles générales du participe passé. Notions sur les familles de mots, les mots dérivés et composés. Principes de la ponctuation. 1º Exercices oraux. — Élocution et prononciation. Interrogations grammaticales. Reproduction de récits faits de vive voix ; résumé de morceaux lus en classe. 2º Exercices de mémoire : Récitation de fables, de petites poésies, de quelques morceaux de prose. 3º Exercices écrits : Dictées prises autant que possible dans les auteurs classiques et sans recherche des difficultés grammaticales. Exercices d'invention, de construction de phrases; homonymes, synonymes. Correction mutuelle des dictées et des exercices par les élèves. Reproduction écrite et non littérale de morceaux lus en classe ou à domicile, et de récits faits de vive voix par le maître. Premiers exercices de rédaction sur les sujets les plus simples et les mieux connus des enfants.	Revision de la grammaire et de la syntaxe. Étude de la proposition et des principales sortes de propositions. Fonctions des mots dans la phrase. Principales règles relatives à l'emploi des mots et à la concordance des temps. Cas difficiles que présente l'orthographe de certains noms, pronoms, adjectifs, verbes irréguliers. Notions d'étymologie usuelle et de dérivation. 1º Exercices oraux. — Suite et développement des exercices d'élocution. Compte rendu de lectures, de leçons, de promenades, d'expériences, etc. Exposé de vive voix par l'élève d'un morceau historique ou littéraire qu'il a été chargé de lire et d'analyser. 2º Exercices de mémoire : Récitation expressive de morceaux choisis, en prose et en vers, de dialogues, de scènes empruntées aux classiques. 3º Exercices écrits : Dictées prises dans les auteurs classiques et sans recherche des difficultés grammaticales. Exercices sur la dérivation et la composition des mots, sur l'étymologie, sur l'application des règles les plus importantes de la syntaxe. Rédaction sur des sujets simples. — Comptes rendus de leçons et de lectures.

(1) *Méthode Taïclet* (adoptée à Paris).
(2) Pour les trois cours : *Cours d'études pour les écoles primaires*, par J.-J. Rapet.
(3) *Premiers exercices de rédaction française*, par J. Georgin, inspecteur primaire de la Seine. — Ouvrage adopté pour les Écoles de Paris.

(1) *Dessin, écriture et lecture*, par Mlle Matrat, inspectrice générale. (Librairie Paul Dupont, deux petits volumes, adoptés pour les Écoles de Paris).
(2) *Méthode Taïclet.* (*Notes de l'éditeur.*)

(1) *Simples lectures pour les écoles*, par Théry, ancien recteur. (Librairie Paul Dupont.)
(2) *Méthode Taïclet.*

(1) *Morceaux choisis*, par Jeannetas. (Librairie Paul Dupont.) — *Poésies de la jeunesse*, par Naudet. (Librairie Paul Dupont.)
(2) *Méthode Taïclet.* (*Notes de l'éditeur.*)

	COURS ÉLÉMENTAIRE DE 7 A 9 ANS.	COURS MOYEN DE 9 A 11 ANS.	COURS SUPÉRIEUR DE 11 A 13 ANS.
3° Langue française (Suite) (1)	4° Exercices d'analyse.............. Analyse grammaticale (le plus souvent orale, quelquefois écrite). Décomposition de la proposition en ses termes essentiels. 3° Lecture à haute voix par le maître, deux fois par semaine d'un morceau propre à intéresser les enfants.	4° Exercices d'analyse : Analyse grammaticale, surtout orale. Analyse logique, bornée aux distinctions fondamentales. 5° Lecture à haute voix par le maître deux fois par semaine de morceaux empruntés aux auteurs classiques.	4° Exercices d'analyse grammaticale à propos de cas difficiles rencontrés dans la lecture. Exercices oraux d'analyse logique. 5° Lectures par le maître, avec le concours des élèves, sujets littéraires, dramatiques, historiques.
4° Histoire........	Récits et entretiens familiers sur les plus grands personnages et les faits principaux de l'histoire nationale, jusqu'au commencement de la guerre de Cent ans (1).	Cours élémentaire d'histoire de France, insistant exclusivement sur les faits essentiels de la guerre de Cent ans (1). *Exemple de répartition trimestrielle.* 1ᵉʳ trimestre : De 1328 à 1610. 2ᵉ trimestre : De 1610 à 1789. 3ᵉ trimestre : De 1789 à nos jours. 4ᵉ trimestre : Revision.	Notions très sommaires d'histoire générale : pour l'antiquité, l'Égypte, les Juifs, la Grèce, Rome; pour le moyen âge et les temps modernes, grands événements étudiés surtout dans leurs rapports avec l'histoire de France. Revision méthodique de l'histoire de France; étude plus approfondie de la période moderne.
5° Géographie (2)........	Suite et développement des exercices du premier âge. Les points cardinaux non appris par cœur, mais trouvés sur le terrain dans la cour, dans les promenades, d'après la position du soleil. Exercices d'observation : les saisons, les principaux phénomènes atmosphériques, l'horizon, les accidents du sol, etc. Explication des termes géographiques (montagnes, fleuves, mers, golfes, isthmes, détroits, etc.), en partant toujours d'objets vus par l'élève et en procédant par analogie. Préparation à l'étude de la géographie (2), par la méthode intuitive et descriptive : 1° La géographie locale (maison, rue, hameau, commune, canton, etc.). 2° La géographie générale (la terre, sa forme, son étendue, ses grandes divisions, leurs subdivisions). Idée de la représentation cartographique : éléments de la lecture des plans et cartes. Globe terrestre, continents et océans. Entretiens sur le lieu natal.	Géographie de la France et de ses colonies : Géographie physique (2); Géographie politique et avec étude plus approfondie du canton, du département, de la région. Exercices de cartographie au tableau noir et sur cahier, sans calque.	Revision et développement de la géographie de la France. Géographie physique et politique de l'Europe. Géographie plus sommaire des autres parties du monde. Les colonies françaises. Exercices cartographiques de mémoire.

(1) Pour les trois cours : *Cours classique de langue française*, par Guerrier de Haupt (adopté à Paris). — (Librairie Paul Dupont.)
(2) *Géographie élémentaire de la France*, par P. Lehugeur. (Notes de l'éditeur.)

(1) *Histoire de France*, par Zidler (11ᵉ édition).
(2) *Géographie élémentaire*, par Zidler.

(1) *Récits de l'histoire de France*, par Hubault et Marguerin.
(2) *Géographie élémentaire de la France*, par P. Lehugeur, professeur au lycée Charlemagne.

	COURS ÉLÉMENTAIRE DE 7 A 9 ANS.	COURS MOYEN DE 9 A 11 ANS.	COURS SUPÉRIEUR DE 11 A 13 ANS.
6º Instruction civique, droit usuel, notions d'économie politique......	Explications très familières, à propos de la lecture, des mots pouvant éveiller une idée nationale tels que : citoyen, soldat, armée, patrie ; — commune, canton, département, nation ; — loi, justice, force publique, etc.	Notions très sommaires sur l'organisation de la France. Le citoyen, ses obligations et ses droits ; l'obligation scolaire, le service militaire, l'impôt, le suffrage universel. La commune, le maire et le conseil municipal. Le département, le préfet et le conseil général. L'État, le pouvoir législatif, le pouvoir exécutif, la justice.	Notions plus approfondies sur l'organisation politique, administrative et judiciaire de la France : La Constitution, le Président de la République, le Sénat, la Chambre des députés, la loi ; — l'administration centrale, départementale et communale, les diverses autorités ; — la justice civile et pénale ; — l'enseignement, ses divers degrés ; — la force publique, l'armée. Notions très élémentaires de droit pratique : L'état civil, la protection des mineurs ; — la propriété, les successions ; — les contrats les plus usuels : vente, louage, etc. Entretiens préparatoires à l'intelligence des notions les plus élémentaires d'économie politique : l'homme et ses besoins ; la société et ses avantages ; les matières premières, le capital, le travail et l'association. La production et l'échange ; l'épargne : les sociétés de prévoyance, de secours mutuels, de retraite.
7º Calcul, arithmétique............	Principes de la numération parlée et de la numération écrite. Calcul mental : Les quatre règles appliquées intuitivement d'abord à des nombres de 1 à 10; puis de 1 à 20; puis de 1 à 100. Étude de la table d'addition et de la table de multiplication. Calcul écrit : L'addition, la soustraction, la multiplication ; règles générales des trois opérations sur les nombres entiers. La division bornée aux nombres de deux chiffres au diviseur. Petits problèmes oraux ou écrits portant sur les sujets les plus usuels ; exercices de raisonnement sur les problèmes et sur les opérations exécutés. Notions du mètre, du litre, du franc, du gramme, de ses multiples et sous-multiples. (1) *Éléments de calcul*, par A. Rebière. *Premiers exercices de calcul*, par M. Clerc, Inspecteur primaire de la Seine.	(1) Revision du cours précédent. La division des nombres entiers. Idée générale des fractions. Les fractions décimales. Application des quatre règles aux nombres décimaux. Règle de trois, règle d'intérêt simple. Système légal des poids et mesures. Problèmes et exercices d'application. — Solutions raisonnées. Suite et développement des exercices de calcul mental appliqués à toutes ces opérations. (1) *Cours d'études*, par J.-J. Rapet. — *Éléments de calcul*, par A. Rebière.	(1) Revision avec développement, d'une part, pour la théorie et le raisonnement ; d'autre part, pour la recherche des procédés rapides, soit de calcul mental, soit de calcul écrit. Nombres premiers. Caractères de divisibilité les plus importants. — Principes de la décomposition d'un nombre en ses facteurs premiers. — Plus grand commun diviseur. — Méthode de réduction à l'unité appliquée à la résolution des problèmes d'intérêt, d'escompte, de partage, de moyennes, etc. Système métrique, applications à la mesure des volumes et à leurs rapports avec les poids. Premières notions de comptabilité. (1) *Cours d'études*, par J.-J. Rapet. — *Éléments d'arithmétique*, par A. Rebière et G. Nonniat. (*Notes de l'éditeur.*)

	COURS ÉLÉMENTAIRE DE 7 A 9 ANS.	COURS MOYEN DE 9 A 11 ANS.	COURS SUPÉRIEUR DE 11 A 13 ANS.
8° Géométrie (1).............	Simples exercices pour faire reconnaître et désigner les figures régulières les plus élémentaires : carré, rectangle, triangle, cercle. Différentes sortes d'angles. Idée des trois dimensions. Notions sur les solides au moyen de modèles en relief. Exercices fréquents de mesure et de comparaison des grandeurs par le coup d'œil ; appréciation approximative des distances et leur évaluation en mesures métriques.	Étude et représentation graphique au tableau noir des figures de géométrie plane et de leurs combinaisons les plus simples. Notions pratiques sur le cube, le prisme, le cylindre, la sphère, sur leurs propriétés fondamentales ; applications au système métrique.	Notions sommaires sur la géométrie plane et sur la mesure des volumes. *Pour les garçons :* Application aux opérations les plus simples de l'arpentage. Idée du nivellement.
9° Dessin d'ornement (2)............ (Arrêté du 14 janvier 1881.)	Tracé des lignes droites et leur division en parties égales. Évaluation des rapports des lignes entre elles. Reproduction et évaluation des angles. Premiers principes du dessin d'ornement. Circonférences, polygones réguliers, rosaces étoilées.	*Dessin à main levée* (1). Courbes géométriques usuelles ; ellipses, spirales, etc. Courbes empruntées au règne végétal : tiges, feuilles, fleurs. Copie de plâtres représentant des ornements plans d'un faible relief. Premières notions de dessin géométral et éléments de perspective. Représentation géométrale au trait et représentation perspective, au trait, puis avec les ombres, de solides géométriques et d'objets usuels simples. *Dessin géométrique.*—Emploi (au tableau) des instruments servant au tracé des lignes droites et des circonférences : Règle, compas, équerre et rapporteur. Se borner, dans cette partie du cours, à faire comprendre aux élèves l'usage de ces instruments dont ils acquerront le maniement dans le cours supérieur.	*Dessin à main levée.* — Dessin, d'après l'estampe et d'après le relief, d'ornements purement géométriques : moulures, oves, raies de cœur, perles, denticules, etc. Dessin, d'après l'estampe et d'après le relief, d'ornements empruntant leurs éléments au règne végétal : feuilles, fleurs et fruits, palmettes, rinceaux, etc. Notions élémentaires sur les ordres d'architecture données au tableau par le maître (3 leçons). Dessin de la tête humaine : ses parties, ses proportions. *Dessin géométrique.* — Exécution sur le papier, avec l'aide des instruments, des tracés géométriques qui ont été faits au tableau dans le cours moyen. Principes du lavis à teintes plates. Dessins reproduisant des motifs de décoration de surfaces planes ou d'un faible relief : carrelages, parquetages, vitraux, panneaux, plafonds. Lavis à l'encre de Chine et à la couleur de quelques-uns de ces dessins.

(1) Pour les trois cours : *Premières notions de géométrie*, par A. Reblère. — 500 figures dans le texte.
(2) Pour le premier et le second cours : *Cahiers de dessin linéaire et d'ornement*, par A. Le Bèalle. — 400 figures.

(Note de l'éditeur.)

(1) Pour le 1er et le 2e cours. *Cahiers de dessin linéaire et d'ornement*, par A. Bèalle. — 400 figures.

	COURS ÉLÉMENTAIRE DE 7 A 9 ANS.	COURS MOYEN DE 9 A 11 ANS.	COURS SUPÉRIEUR DE 11 A 13 ANS.
9° Dessin d'ornement (Suite)....... (Arrêté du 14 janvier 1881.)	....	....	Relevé avec cotes, et représentation géométrale au trait, de solides géométriques et d'objets simples, tels que : assemblages de charpente et de menuiserie, dispositions extérieures d'appareils de pierre de taille, grosses pièces de serrurerie, meubles les plus ordinaires, etc. — Emploi du lavis pour exprimer la nature des matériaux. — Lavis des plans et des cartes.
10° Éléments usuels des sciences physiques et naturelles (	Leçons (1) de choses, graduées d'après un plan que le maître choisira, mais qui, une fois adopté, devra être suivi régulièrement : (L'homme, les animaux, les végétaux, les minéraux), observation d'objets et de phénomènes usuels avec des explications simples. Notions sommaires sur la transformation des matières premières en matières ouvrées d'usage courant (aliments, tissus, papiers, bois, pierres, métaux). Petites collections faites par les élèves, notamment au cours des promenades scolaires.	Notions très élémentaires (1) de sciences naturelles. *L'homme.* — Description sommaire du corps humain et idée des principales fonctions de la vie. *Les animaux.* — Notions des grands embranchements et de la division des vertébrés en classes, à l'aide d'un animal pris comme type de chaque groupe. *Les végétaux.* — Étude, sur quelques types choisis, des principaux organes de la plante : notion des grandes divisions du règne végétal, indication de plantes utiles et nuisibles (surtout dans les promenades scolaires). Les trois états des corps. Notions sur l'air et l'eau et sur la combustion : Petites démonstrations expérimentales.	Notions de sciences naturelles (1), revision avec extension du cours moyen. *L'homme.* — Notions sur la digestion, la circulation, la respiration, le système nerveux, les organes des sens. Conseils pratiques d'hygiène. Abus de l'alcool, du tabac, etc. *Les animaux.* — Grands traits de la classification. Animaux utiles et animaux nuisibles. *Les végétaux.* — Parties essentielles de la plante ; principaux groupes. Herborisations. *Les minéraux.* — Notions sommaires sur le sol, les roches, les fossiles, les terrains : exemples tirés de la contrée. Excursions et petites collections. *Premières notions de physique.* — Pesanteur. Levier. Premiers principes de l'équilibre des liquides. Pression atmosphérique : baromètre. Notions très élémentaires et expériences les plus faciles sur la chaleur, la lumière, l'électricité, le magnétisme (thermomètre, machine à vapeur, paratonnerre, télégraphe, boussole). *Premières notions de chimie.* — Idée des corps simples, des corps composés. Métaux et sels usuels.
	(1) Pour le cours supérieur, voir : *Premières notions de sciences expérimentales*, par M. Séguin, ancien recteur. (*Notes de l'éditeur.*)	(1) *Éléments usuels*, par G. Bonnier et A. Seignette (cours élémentaire). — Ouv. adopté à Paris.	(1) *Éléments usuels*, par G. Bonnier et A. Seignette (cours moyen). — Ouvrage adopté.	(1) *Éléments usuels*, par J. Bonnier et A. Seignette ; cours supérieur.

	COURS ÉLÉMENTAIRE DE 7 A 9 ANS.	COURS MOYEN DE 9 A 11 ANS.	COURS SUPÉRIEUR DE 11 A 13 ANS.
11° Agriculture et Horticulture. (Loi du 15 juin 1879, art. 10.)	Premières leçons (1) dans le jardin de l'École.	Notions (1), à propos des lectures, des leçons de choses et des promenades, sur les principales espèces de sols, les engrais, les travaux et les instruments usuels de culture (bêche, hoyau, charrue, etc.).	Notions plus méthodiques (1) sur les travaux agricoles, les outils aratoires, le drainage, les engrais naturels et artificiels, les semailles et les récoltes; — sur les animaux domestiques, — sur la comptabilité agricole. Notions d'horticulture : principaux procédés de multiplication des végétaux les plus utiles de la contrée. Notions d'arboriculture : greffes les plus importantes.
12° Chant (1)............	Chants appris tout d'abord exclusivement par l'audition. Lecture des notes.	Chants d'ensemble à une et à deux voix appris par l'audition. Connaissance des notes, portée, clef de sol; lecture, premiers exercices d'intonation, durée, ronde, blanche, noires, croches, silences, mesures à deux, trois et quatre temps; lecture des notes avec la durée en battant la mesure. Exercices les plus simples de solfèges; dictées orales.	Continuation du cours moyen. Exercices d'intonation. Clef de sol et clef de fa. Gamme diatonique majeure, intervalles naturels, signes altératifs. Principaux tons majeurs et mineurs. Durée. Exercices de solfège, dictées orales, exécution de morceaux d'ensemble à une et à deux parties.

(1) Pour les trois cours : L'Orphéon des écoles primaires, par Lapglet (3e édition), 1 vol. — (1) L'École et la Ferme, par Gueff; — Le Jardin potager, par Ysabeau. — (1) Terres cultivables, par Baron. — Notions élémentaires, par Chevalier. (Notice de l'éditeur.) — (1) Dictées, leçons et problèmes agricoles, par Astier. — Cours d'agriculture pratique, par Ysabeau. (Notes de l'éditeur.)

III

Éducation morale. — Objet. — Méthode. — Programme.

1° OBJET DE L'ENSEIGNEMENT MORAL.

L'éducation morale se distingue profondément par son but et par ses caractères essentiels des deux autres parties du programme.

But et caractères essentiels de cet enseignement. — L'enseignement moral est destiné à compléter et à relier, à relever et à ennoblir tous les enseignements de l'école. Tandis que les autres études développent chacune un ordre spécial d'aptitudes et de connaissances utiles, celle-ci tend à développer, dans l'homme, l'homme lui-même, c'est-à-dire un cœur, une intelligence, une conscience.

Par là même, l'enseignement moral se meut dans une tout autre sphère que le reste de l'enseignement. La force de l'éducation morale dépend bien moins de la précision et de la liaison logique des vérités enseignées que de l'intensité du sentiment, de la vivacité des impressions et de la chaleur communicative de la conviction. Cette éducation n'a pas pour but de faire *savoir*, mais de faire *vouloir*; elle émeut plus qu'elle ne démontre; devant agir sur l'être sensible, elle procède plus du cœur que du raisonnement; elle n'entreprend pas d'analyser toutes les raisons de l'acte moral, elle cherche avant tout à le produire, à le répéter, à en faire une habitude qui gouverne la vie. A l'école primaire surtout, ce n'est pas une science, c'est un art, l'art d'incliner la volonté libre vers le bien.

Rôle de l'instituteur dans cet enseignement. — L'instituteur est chargé de cette partie de l'éducation, en même temps que des autres, comme représentant de la société; la société laïque et démocratique a, en effet, l'intérêt le plus direct à ce que tous ses membres soient initiés de bonne heure et par des leçons ineffaçables au sentiment de leur dignité et à un sentiment non moins profond de leur devoir et de leur responsabilité personnelle.

Pour atteindre ce but, l'instituteur n'a pas à enseigner de toutes pièces une morale théorique suivie d'une morale pratique, comme s'il s'adressait à des enfants dépourvus de toute notion préalable du bien et du mal: l'immense majorité lui arrive, au contraire, ayant déjà reçu ou recevant un enseignement religieux qui les familiarise avec l'idée d'un Dieu auteur de l'univers et père des hommes, avec les traditions, les croyances, les pratiques d'un culte chrétien ou israélite; au moyen de ce culte et sous les formes qui lui sont particulières, ils ont déjà reçu les notions fondamentales de la morale éternelle et universelle; mais ces notions sont encore chez eux à l'état de germe naissant et fragile, elles n'ont pas pénétré profondément en eux-mêmes; elles sont fugitives et confuses, plutôt entrevues que possédées, confiées à la mémoire bien plus qu'à la conscience à peine exercée encore. Elles attendent d'être mûries et développées par une culture convenable. C'est cette culture que l'instituteur public va leur donner.

Sa mission est donc bien délimitée: elle consiste à fortifier, à enraciner dans l'âme de ses élèves, pour toute leur vie, en les faisant passer dans la pratique quotidienne, ces notions essentielles de moralité humaine, communes à toutes les doctrines et nécessaires à tous les hommes civilisés. Il peut remplir cette mission sans avoir à faire personnellement ni adhésion, ni opposition à aucune des diverses croyances confessionnelles auxquelles ses élèves associent et mêlent les principes généraux de la morale.

Il prend ces enfants tels qu'ils lui viennent, avec leurs idées et leur langage, avec les croyances qu'ils tiennent de la famille, et il n'a d'autre souci que de leur apprendre à en tirer ce qu'elles contiennent de plus précieux au point de vue social, c'est-à-dire les préceptes d'une haute moralité.

Objet propre et limites de cet enseignement. — L'enseignement moral laïque se distingue donc de l'enseignement religieux sans le contredire. L'instituteur ne se substitue ni au prêtre, ni au père de famille; il joint ses efforts aux leurs pour faire de chaque enfant un honnête homme. Il doit insister sur les devoirs qui rapprochent les hommes et non sur les dogmes qui les divisent. Toute discussion théologique et philosophique lui est manifestement interdite par le caractère même de ses fonctions, par l'âge de ses élèves, par la confiance des familles et de l'État; il concentre tous ses efforts sur un problème d'une autre nature, mais non moins ardu, par cela même qu'il est exclusivement pratique : c'est de faire faire à tous ces enfants l'apprentissage effectif de la vie morale.

Plus tard, devenus citoyens, ils seront peut-être séparés par des opinions dogmatiques, mais du moins ils seront d'accord dans la pratique pour placer le but de la vie aussi haut que possible, pour avoir la même horreur de tout ce qui est bas et vil, la même admiration de ce qui est noble et généreux, la même délicatesse dans l'appréciation du devoir, pour aspirer au perfectionnement moral, quelques efforts qu'il coûte, pour se sentir unis, dans ce culte général du bien, du beau et du vrai, qui est aussi une forme, et non la moins pure du sentiment religieux.

2° MÉTHODE.

Caractères de la méthode en ce qui concerne l'élève. — Pour que la culture morale, entendue comme il est dit plus haut, soit possible et soit efficace dans l'enseignement primaire, une condition est indispensable : c'est que cet enseignement atteigne au vif de l'âme ; qu'il ne se confonde ni par le ton, ni par le caractère, ni par la forme, avec une leçon proprement dite. Il ne suffit pas de donner à l'élève des notions correctes et de le munir de sages maximes, il faut arriver à faire éclore en lui des sentiments assez vrais et assez forts pour l'aider un jour, dans la lutte de la vie, à triompher des passions et des vices. On demande à l'instituteur non pas d'orner la mémoire de l'enfant, mais de toucher son cœur, de lui faire ressentir, par une expérience directe, la majesté de la loi morale ; c'est assez dire que les moyens à employer ne peuvent être semblables à ceux d'un cours de science ou de grammaire. Ils doivent être non seulement plus souples et plus variés, mais plus intimes, plus émouvants, plus pratiques, d'un caractère tout ensemble moins didactique et plus grave.

L'instituteur ne saurait trop se représenter qu'il s'agit pour lui de former chez l'enfant le sens moral, de l'aiguiser, de le redresser parfois, de l'affermir toujours ; et, pour y parvenir, le plus sûr moyen dont dispose un maître qui n'a que si peu de temps pour une œuvre si longue, c'est d'exercer beaucoup, et avec un soin extrême, ce délicat instrument de la conscience. Qu'il se borne aux points essentiels, qu'il reste élémentaire, mais clair, mais simple, mais impératif et persuasif tout ensemble. Il doit laisser de côté les développements qui trouveraient leur place dans un enseignement plus élevé ; pour lui la tâche se borne à accumuler, dans l'esprit et dans le cœur de l'enfant qu'il entreprend de façonner à la vie morale, assez de beaux exemples, assez de bonnes impressions, assez de saines idées, d'habitudes salutaires et de nobles aspirations pour que cet enfant emporte de l'école, avec son petit patrimoine de connaissances élémentaires, un trésor plus précieux encore : une conscience droite.

Caractères de la méthode en ce qui concerne le maître. — Deux choses sont expressément recommandées aux maîtres : d'une part, pour que l'élève se pénètre de ce respect de la loi morale, qui est à lui seul toute une éducation, il faut premièrement que par son caractère, par sa conduite, par son langage, il soit lui-même le plus persuasif des exemples. Dans cet ordre d'enseignement, ce qui ne vient pas du cœur ne va pas au cœur. Un maître qui récite des préceptes, qui parle du devoir sans conviction, sans chaleur, fait bien pis que perdre sa peine, il est en faute : un cours de morale régulier, mais froid, banal et sec, n'enseigne pas la morale, parce qu'il ne la fait pas aimer. Le plus simple récit où l'enfant pourra surprendre un accent de gravité, un seul mot sincère vaut mieux qu'une longue suite de leçons machinales.

D'autre part, — et il est à peine besoin de formuler cette prescription, — le maître devra éviter comme une mauvaise action tout ce qui, dans son langage ou dans son attitude, blesserait les croyances religieuses des enfants confiés à ses soins, tout ce qui porterait le trouble dans leur esprit, tout ce qui trahirait de sa part envers une opinion quelconque un manque de respect ou de réserve.

La seule obligation à laquelle il soit tenu, — et elle est compatible avec le respect de toutes les croyances, — c'est de surveiller d'une façon pratique et paternelle le développement moral de ses élèves avec la même sollicitude qu'il met à suivre leurs progrès scolaires; il ne doit pas se croire quitte envers aucun d'eux s'il n'a fait autant pour l'éducation du caractère que pour celle de l'intelligence. A ce prix seulement l'instituteur aura mérité le titre d'*éducateur*, et l'instruction primaire le nom d'*éducation libérale*.

3° PROGRAMME.

(Voir les tableaux ci-après.)

	COURS ÉLÉMENTAIRE DE 7 A 9 ANS.	COURS MOYEN DE 9 A 11 ANS	COURS SUPÉRIEUR DE 11 A 13 ANS.
1° Morale (1)	Entretiens familiers. Lectures avec explications (récits, exemples, préceptes, paraboles et fables). Enseignement par le cœur. Exercices pratiques tendant à mettre la morale en action dans la classe même : 1° Par l'observation individuelle des caractères (tenir compte des prédispositions des enfants pour corriger leurs défauts avec douceur ou développer leurs qualités). 2° Par l'application intelligente de la discipline scolaire comme moyen d'éducation (distinguer soigneusement le manquement au devoir de la simple infraction au règlement, faire saisir le rapport de la faute à la punition, donner l'exemple dans le gouvernement de la classe d'un scrupuleux esprit d'équité, inspirer l'horreur de la délation, de la dissimulation, de l'hypocrisie, mettre au-dessus de tout la franchise et la droiture et pour cela ne jamais décourager le franc-parler des enfants, leurs réclamations, leurs demandes, etc.). 3° Par l'appel incessant au sentiment et au jugement moral de l'enfant lui-même (faire souvent les élèves juges de leur propre conduite, leur faire estimer surtout chez eux et chez les autres l'effort moral et intellectuel, savoir les laisser dire et les laisser faire, sauf à les amener ensuite à découvrir par eux-mêmes leurs erreurs ou leurs torts). 4° Par le redressement des notions grossières (préjugés et superstitions populaires, croyances aux sorciers, aux revenants, à l'influence de certains nombres, terreurs folles, etc.). 5° Par l'enseignement à tirer des faits observés par les enfants eux-mêmes ; à l'occasion, leur faire voir les tristes suites des vices dont ils ont parfois l'exemple sous les yeux ; de l'ivrognerie, de la paresse, du désordre, de la cruauté, des appétits brutaux, etc., en leur inspi-	Entretiens, lectures avec explications, exercices pratiques. — Même mode et mêmes moyens d'enseignement que précédemment, avec un peu plus de méthode et de précision. — Coordonner les leçons et les lectures de manière à n'omettre aucun point important du programme ci-dessous : I. — *L'enfant dans la famille. Devoirs envers les parents et les grands-parents.* — Obéissance, respect, amour, reconnaissance. — Aider les parents dans leurs travaux ; les soulager dans leurs maladies ; venir à leur aide dans leurs vieux jours. *Devoirs des frères et sœurs.* — S'aimer les uns les autres ; protection des plus âgés à l'égard des plus jeunes ; action de l'exemple. *Devoirs envers les serviteurs.* — Les traiter avec politesse, avec bonté. *L'enfant dans l'école.* — Assiduité, docilité, travail, convenance. — Devoirs envers l'instituteur. — Devoirs envers les camarades. *La patrie.* — La France, ses grandeurs et ses malheurs. — Devoirs envers la patrie et la société. II. — *Devoirs envers soi-même.* — *Le corps.* — propreté, sobriété et tempérance ; dangers de l'ivresse ; gymnastique. *Les biens extérieurs.* — Économie (conseils de Franklin) ; éviter les dettes ; funestes effets de la passion du jeu ; ne pas trop aimer l'argent et le gain ; avarice.) Le travail (ne pas perdre de temps, obligation du travail pour tous les hommes, noblesse du travail manuel). *L'âme.* — Véracité et sincérité ; ne jamais mentir. — Dignité personnelle, respect de soi-même. — Modestie : ne point s'aveugler sur ses défauts. — Éviter l'orgueil, la vanité, la coquetterie, la frivolité. — Avoir honte de l'ignorance et de la paresse. — Courage dans le péril et	Entretiens, lectures, exercices pratiques, comme dans les deux cours précédents. Celui-ci comprend de plus, en une série régulière de leçons dont le nombre et l'ordre pourront varier, un enseignement élémentaire de la morale en général et plus particulièrement de la *Morale sociale*, d'après le programme ci-après : 1° *La Famille.* Devoirs des parents et des enfants ; devoirs réciproques des maîtres et des serviteurs ; 2° *La Société.* Nécessité et bienfaits de la société. La justice, condition de toute société. La solidarité, la fraternité humaine. Applications et développements de l'idée de justice : respect de la vie et de la liberté humaine, respect de la propriété, respect de la parole donnée, respect de l'honneur et de la réputation d'autrui. La probité, l'équité, la délicatesse. Respect des opinions et des croyances. Applications et développements de l'idée de charité ou de fraternité. Ses divers degrés, devoir de bienveillance, de reconnaissance, de tolérance, de clémence, etc. Le dévouement, forme suprême de la charité : montrer qu'il peut trouver place dans la vie de tous les jours. 3° *La Patrie.* Ce que l'homme doit à la patrie : l'obéissance aux lois, le service militaire, discipline, dévouement, fidélité au drapeau. — L'impôt (condamnation de toute fraude envers l'État). — Le vote (il est moralement obligatoire, il doit être libre, consciencieux, désintéressé, éclairé). — Droits qui correspondent à ces devoirs : liberté individuelle, liberté de conscience, liberté du travail, liberté d'association. Garantie de la sécurité de la vie et des biens de tous. La souveraineté nationale. Explication de la devise républicaine : Liberté, Égalité, Fraternité. Dans chacun de ces chapitres du cours de morale sociale, on fera remarquer à l'élève,

(1) Voir dans le *Journal des Instituteurs* une série de leçons sous ce titre : *Application des nouveaux programmes*, par M. Georgin, instituteur primaire de la Seine. (A partir d'octobre 1882.) (*Note de l'éditeur*.)

	COURS ÉLÉMENTAIRE DE 7 A 9 ANS.	COURS MOYEN DE 9 A 11 ANS.	COURS SUPÉRIEUR DE 11 A 13 ANS.
1° Morale (*Suite*)	rant autant de compassion encore pour les victimes du mal, que d'horreur pour le mal lui-même; — procéder de même par voie d'exemples concrets et d'appels à l'expérience immédiate des enfants pour les initier aux émotions morales, les élever, par exemple, au sentiment d'admiration pour l'ordre universel et au sentiment religieux en leur faisant contempler quelques grandes scènes de la nature; au sentiment de la charité, en leur signalant une misère à soulager, en leur donnant l'occasion d'un acte effectif de charité à accomplir avec discrétion, aux sentiments de la reconnaissance et de la sympathie par le récit d'un trait de courage, par la visite à un établissement de bienfaisance, etc.	dans le malheur; patience, esprit d'initiative. — Dangers de la colère. Traiteries animaux avec douceur; ne point les faire souffrir inutilement. — Loi Grammont, sociétés protectrices des animaux. *Devoirs envers les autres hommes.* — Justice et charité (ne faites pas à autrui ce que vous ne voudriez pas qu'on vous fît; faites aux autres ce que vous voudriez qu'ils vous fissent). — Ne porter atteinte ni à la vie, ni à la personne, ni aux biens, ni à la réputation d'autrui. — Bonté, fraternité. — Tolérance, respect de la croyance d'autrui. *N. B.* Dans tout ce cours, l'instituteur prend pour point de départ l'existence de la conscience, de la loi morale et de l'obligation. Il fait appel au sentiment et à l'idée du devoir, au sentiment et à l'idée de la responsabilité; il n'entreprend pas de les démontrer par exposé théorique. *Devoirs envers Dieu.* — L'instituteur n'est pas chargé de faire un cours *ex professo* sur la nature et les attributs de Dieu; l'enseignement qu'il doit donner à tous indistinctement se borne à deux points. D'abord, il leur apprend à ne pas prononcer légèrement le nom de Dieu; il associe étroitement dans leur esprit à l'idée de la Cause première et de l'Être parfait un sentiment de respect et de vénération; et il habitue chacun d'eux à environner du même respect cette notion de Dieu, alors même qu'elle se présenterait à lui sous des formes différentes de celles de sa propre religion. Ensuite, et sans s'occuper des prescriptions spéciales aux diverses communions, l'instituteur s'attache à faire comprendre et sentir à l'enfant que le premier hommage qu'il doit à la divinité c'est l'obéissance aux lois de Dieu, telles que les lui révèlent sa conscience et sa raison.	sans entrer dans des discussions métaphysiques : 1° La différence entre le devoir et l'intérêt, même lorsqu'ils semblent se confondre, c'est-à-dire le caractère impératif et désintéressé du devoir; 2° La distinction entre la loi écrite et la loi morale: l'une fixe un minimum de prescriptions que la société impose à tous ses membres sous des peines déterminées, l'autre impose à chacun dans le secret de sa conscience un devoir que nul ne le contraint à remplir, mais auquel il ne peut faillir sans se sentir coupable envers lui-même et envers Dieu.

CIRCULAIRE

du 28 juillet 1882,

et instructions relatives à la construction des établissements scolaires (1).

Monsieur le Préfet,

Depuis que le règlement du 17 juin 1880 a été publié de notables améliorations ont été apportées à l'installation des maisons d'école. Les projets soumis au comité des bâtiments scolaires témoignent, de la part des administrations locales, une sollicitude plus grande pour les besoins de l'enseignement, et, de la part des architectes, une étude plus approfondie des questions qui se rattachent à l'organisation matérielle des divers services.

Toutefois, il a paru qu'à côté de principes qui sont d'une application générale, ce règlement contenait certaines prescriptions trop rigoureuses lorsqu'il s'agit surtout de la construction d'écoles dans les communes rurales ou dans les hameaux. Le Conseil supérieur, à qui j'ai soumis la question, a partagé mon avis. J'ai donc fait préparer, par le Comité des bâtiments scolaires, une instruction spéciale pour la construction des écoles maternelles et des écoles primaires élémentaires. Cette instruction tiendra lieu, désormais, du règlement du 17 juin 1880, qui est rapporté. Elle n'indique que les conditions les plus indispensables à l'établissement des écoles, quelle qu'en soit l'importance, notamment celles qui se rapportent à l'hygiène, à l'éclairage des classes, à l'espace à donner à chaque élève. On y a atténué les prescriptions relatives à certains services, tels que vestiaire, préau couvert, galerie et autres annexes dont l'installation est parfois très onéreuse. Il n'est pas besoin, en effet, pour doter les communes rurales de maisons d'école convenables, de leur imposer des sacrifices qui ne sont pas toujours en rapport avec les ressources dont elles disposent.

J'ai joint à ce document un résumé présentant l'ensemble des instructions et ayant pour objet de faciliter aux administrations municipales la préparation de leurs projets. Il sera nécessaire de donner à ce document

---

(1) Voir l'Instruction du 25 janvier 1882, relative à la création des écoles primaires, page 73.

la plus grande publicité par voie d'insertion au *Bulletin des actes administratifs* et même par une circulaire aux maires.

Il arrive trop souvent que les dossiers transmis au ministère ne contiennent pas les renseignements qui ont été demandés par la circulaire du 20 avril 1881, et que MM. les inspecteurs primaires étaient spécialement chargés de fournir. Pour que ces renseignements ne soient pas négligés désormais, et qu'ils soient donnés avec précision, j'ai décidé qu'ils seraient consignés sur un questionnaire qui tiendra lieu du rapport de l'inspecteur primaire.

Je vous adresse, ci-joint, plusieurs exemplaires de ce questionnaire ainsi que de l'instruction nouvelle. Vous voudrez bien les mettre à la disposition des membres de la commission départementale des bâtiments scolaires, de MM. les inspecteurs de l'enseignement et des architectes.

Je vous prie de veiller, Monsieur le Préfet, à ce qu'il soit tenu grand compte des dispositions que contiennent ces divers documents. Dans le cas où les dossiers ne m'arriveraient pas complets, je me verrais obligé de les renvoyer sans examen, ce qui serait une cause de retard préjudiciable à l'expédition des affaires.

Recevez, Monsieur le Préfet, etc.

Le Ministre de l'instruction publique et des Beaux-Arts,

Jules FERRY.

UNE CIRCULAIRE

du 30 juillet 1882

prescrit, pour l'exécution de la loi du 28 mars 1882, l'emploi des formules suivantes dont il sera fait usage dans les mairies (1):

Registre-matricule des enfants de 6 à 13 ans (art. 7 et 8 de la loi)
Liste nominative, pour l'année, de 6 à 13 ans (art. 8);
Invitation à comparaître devant la commission scolaire;

(1) Ces imprimés peuvent être demandés à l'Imprimerie administrative et classique Paul Dupont, Paris.

Ordre d'affichage (art. 13);
Requête au juge de paix (art. 14).

ARRÊTÉ

du 30 juillet 1882,

sur les armes des bataillons scolaires.

Le Ministre de la guerre,

Vu l'article 9 du décret du 6 juillet 1882 (1), relatif à l'organisation des bataillons scolaires, ainsi conçu :

« Les bataillons scolaires ne pourront être armés que de fusils conformes à un modèle adopté par le Ministre de la guerre et poinçonnés par l'autorité militaire. Ces fusils, dont la fabrication sera abandonnée à l'industrie privée, devront présenter les conditions suivantes : n'être pas trop lourds pour l'âge des enfants, comporter tout le mécanisme du fusil de guerre actuel, n'être pas susceptibles de faire feu même à courte portée. »

Arrête les dispositions suivantes :

1° Les armes achetées dans le commerce que possèdent aujourd'hui certains établissements d'instruction, celles qui ont été fabriquées pour cet usage et qui se trouvent encore dans les magasins des fabricants, celles enfin qui sont en ce moment en cours de fabrication, seront, quel que soit leur modèle, admises au poinçonnage jusqu'au 31 décembre 1882, sous les conditions de ne pas pouvoir faire feu et de ne pas pouvoir être mises facilement en état de faire feu. Celles qui ne rempliraient pas ces conditions ne pourront être poinçonnées qu'après avoir été convenablement modifiées. A partir du 1er janvier 1883, la conformité des armes présentées au poinçonnage, avec le type adopté, sera obligatoire ;

2° Des spécimens du modèle adopté seront établis par l'entrepreneur de la manufacture de Tulle, poinçonnés et tenus contre payement, à partir du 1er septembre prochain, à la disposition des industriels qui désireront s'en procurer ;

(1) Voir page 110.

3° Les demandes tendant à faire poinçonner des lots d'armes déjà en service dans un établissement d'instruction, ou destinés par les fabricants à être vendus, devront être adressées au Ministère de la guerre (3e direction, — 2º bureau, — 4e section), qui déléguera un contrôleur d'armes à cet effet.

Les demandes concernant des armes déjà en service devront être parvenues au Ministère de la guerre le 1er septembre prochain au plus tard.

Le Ministre de la guerre,
BILLOT.

CIRCULAIRE

du 30 août 1882,

concernant l'usage des salles d'école pour les adjudications.

Monsieur le Préfet,

Mon attention a été appelée sur les difficultés que rencontrent souvent, dans les communes rurales, les notaires qui demandent à faire usage des salles d'école pour les adjudications publiques.

Je ne vois aucun inconvénient à ce que ces officiers ministériels aient à leur disposition les salles d'école, pourvu que les adjudications n'aient lieu que les jeudis et dimanches ou, à la rigueur, les autres jours après 4 heures.

Les communes bénéficieront au contraire de cette tolérance, car elles auront le droit d'exiger des notaires, au bénéfice de la caisse des écoles, une redevance fixée ainsi qu'il suit par séance :

5 francs pour une adjudication de 1,000 francs et au-dessus, quel que soit le nombre des lots ;

2 fr. 50 c. si la somme est inférieure à 1,000 francs.

Veuillez porter à la connaissance de MM. les maires ces dispositions, concertées avec mes collègues de la justice et de l'intérieur.

Recevez, Monsieur le Préfet, etc.

Le Ministre de l'instruction publique et des beaux-arts,
DUVAUX.

CIRCULAIRE

du 7 septembre 1882,

relative à l'application de l'article 7 de la loi sur l'enseignement primaire obligatoire.

Monsieur le Préfet,

Depuis la promulgation de la loi du 28 mars 1882, relative à l'instruction primaire obligatoire, mon administration vous a successivement envoyé les instructions que comportaient les diverses périodes par lesquelles doit passer l'application de cette loi.

Dès le 29 mars, vous avez été invité à procéder à la constitution des commissions scolaires municipales.

Aussitôt après leur nomination, la circulaire du 13 juin vous a rappelé les attributions précises et spéciales de ces commissions.

Enfin, le 30 juillet, vous avez reçu les modèles de tous les imprimés à faire préparer pour les diverses constatations prescrites par la loi.

Aujourd'hui, à l'approche de la rentrée des classes, je dois appeler votre attention toute particulière sur celles des prescriptions de la loi du 28 mars dont il importe d'assurer en ce moment l'exécution, c'est-à-dire sur les formalités relatives à la déclaration des parents en ce qui concerne le mode d'instruction de leurs enfants.

Les commissions municipales scolaires, nommées dans chaque commune et complétées par la nomination du délégué de l'inspecteur d'académie, vont avoir à accomplir le premier acte de leur mandat : il leur appartient, d'après l'article 8 de la loi, d'aider le maire à dresser la liste de tous les enfants âgés de six à treize ans.

Les éléments essentiels de ce travail sont fournis par les listes même du dernier recensement officiel de la population. Mais des changements de domicile et diverses autres circonstances ont pu modifier dans quelques communes le nombre des enfants à inscrire. Pour prévenir toute chance d'erreur ou d'omission, la loi a remis aux commissions locales le soin de reviser annuellement la liste nominative des enfants en âge scolaire, et je vous ai adressé, à cet effet, un modèle de cadres.

Si, par impossible, quelques commissions, soit par négligence, soit pour tout autre motif, refusaient leur concours pour la confection de ces listes, il vous appartiendrait, Monsieur le Préfet, de les faire dresser d'office, et dans le plus bref délai, par le maire, ou à son défaut par le délégué de l'inspecteur d'académie ou par l'inspecteur primaire; on prendrait pour base du relevé, jusqu'à nouvel ordre, les listes mêmes du recensement quinquennal, dont les minutes sont déposées dans chaque mairie.

Aussitôt ce travail fait, il restera à constater, ainsi que le veut la loi, si et comment il est pourvu à l'instruction de chacun des enfants recensés.

La liberté du père de famille, vous le savez, est entière; il peut choisir entre trois modes d'instruction : à l'école publique, à l'école libre ou à domicile.

La loi exige seulement qu'avant le commencement de l'année scolaire il fasse savoir au maire quel est de ces trois moyens d'instruction celui qu'il aura adopté.

Pour l'immense majorité des familles, le choix est déjà fait longtemps avant l'époque de la rentrée, et il est dès à présent connu des autorités compétentes, ce qui permet de simplifier considérablement les formalités de la déclaration exigée par l'article 7.

Si la famille envoie ou continue d'envoyer ses enfants à l'école publique, l'inscription au registre de l'école dispense de toute autre forme de déclaration.

Si elle les confie à une école libre, l'inscription au registre de cette école, dûment communiquée à la commission scolaire municipale, tient également lieu de déclaration.

Quant aux parents qui veulent instruire ou faire instruire leurs enfants à domicile, ils n'ont qu'à faire connaître leur intention, pour éviter que leurs enfants ne soient considérés comme privés de moyen d'instruction.

Afin d'épargner aux familles qui se trouveraient dans cette troisième catégorie tout embarras ou tout dérangement inutile, le maire, président de la commission municipale, procédera de la façon suivante :

Après avoir relevé sur la liste générale des enfants d'âge scolaire les noms de tous ceux qui sont instruits dans une école quelconque, publique ou privée, il dressera l'état nominatif de tous ceux qui ne figurent sur aucun registre d'école, et il adressera à leurs parents, conformément à l'article 8 de la loi, un avis dont je vous envoie, ci-inclus, la teneur (modèle de lettre n° 1). Les parents mis en demeure par cet avis seront tenus de faire savoir comment ils entendent pourvoir à l'instruction de leurs enfants. Afin de leur faciliter la réponse, le maire aura joint à sa lettre un bulletin préparé d'avance et que les familles devront lui retourner (modèle n° 2), si elles veulent s'épargner un déplacement.

Au reçu de la réponse faite par les familles, de vive voix ou par écrit, si les parents déclarent se charger eux-mêmes de l'instruction de leurs enfants, le maire leur délivrera l'accusé de réception ci-joint (modèle n° 3).

S'ils négligeaient de répondre et après une deuxième lettre de rappel (modèle n° 4), le maire inscrirait d'office dans une école publique, conformément à l'article 8, les enfants dont l'instruction n'est pas assurée et pour lesquels la commission n'a pas admis de motifs d'empêchement.

J'ai été consulté sur la question de savoir si une déclaration collective des pères de famille d'une commune ou section de commune pouvait tenir lieu de réponse à la demande adressée par le maire. Il est évident que chaque déclaration doit s'appliquer à un enfant individuellement et faire partie en quelque sorte de son dossier personnel. Dès lors, il est impossible de dégager à la fois, en prévision de toute éventualité ultérieure, et la responsabilité du père de famille et celle du maire et de la commission municipale sans exiger qu'il reste à la mairie une trace écrite de la déclaration relative à chaque enfant. Il sera nécessaire, plusieurs années de suite, de se reporter à cette déclaration initiale ; il est donc indispensable qu'elle subsiste, soit sous la forme d'une réponse écrite du père de famille pour chacun de ses enfants, soit sous celle d'inscription dans un registre à souche dont je vous ai envoyé le modèle, inscription faite par le maire après la déclaration verbale de la famille.

Tel est, Monsieur le Préfet, l'ensemble des opérations, en somme assez simples, auxquelles donnera lieu l'application de la loi du 28 mars. De cette vaste enquête qui, pour la première fois, va nous faire connaître l'exacte vérité sur notre situation scolaire, il est un point sur lequel j'appelle d'avance toute votre attention : c'est la constatation authentique du nombre des enfants d'âge scolaire qui demeurent privés d'instruction par le seul fait qu'ils habitent une commune ou une section dépourvue d'école.

Je vous demanderai, aussitôt que vous aurez ces renseignements, de m'en transmettre le relevé complet pour votre département, en me faisant connaître les points sur lesquels des créations scolaires sont urgentes.

C'est ma ferme intention de consacrer, avant tout autre objet, les fonds du budget de l'instruction publique à doter d'établissements scolaires les communes ou les hameaux dans lesquels la loi ne peut s'appliquer faute de locaux.

Cet obstacle matériel est, vous le savez, le seul qui s'oppose à l'application entière et immédiate de la loi ; le seul, dis-je, car, non plus que personne en France, je n'ai jamais pris au sérieux l'annonce d'une insurrection en masse contre la loi qui veut que tout citoyen sache lire et écrire.

Ce qui est sérieux, mon prédécesseur l'a dit, c'est qu'il manque des écoles à nos enfants et non des enfants à nos écoles. Mais cette lacune est de celles qui se peuvent combler à bref délai dans un pays où, d'une part, le gouvernement est armé par la loi contre toutes les résistances, et où, d'autre part, les Chambres se montrent en toute occasion énergiquement résolues à ne reculer devant aucun sacrifice pour compléter l'œuvre de l'éducation nationale.

Je vous envoie avec la présente circulaire, et en nombre suffisant, tous les imprimés que vous avez à faire distribuer (1), afin qu'aucun retard ne se produise dans l'exécution des mesures que je viens de prescrire.

Veuillez m'accuser réception de cette dépêche et recevoir l'assurance de ma considération très distinguée (2).

Le Ministre de l'Instruction publique et des Beaux-Arts,
J. DUVAUX.

---

(1) A la suite de cette circulaire, le *Journal officiel* a publié les modèle qu'on trouve à la page suivante :
(2) Voir pages 164 et 165 un arrêt de la Cour de cassation et un arrêt du Conseil d'État sur l'application de la loi du 28 mars 1882.

Modèle n° 1. — Lettre du maire au père de famille.

M

La loi du 28 mars 1882 a rendu l'instruction primaire obligatoire pour les enfants des deux sexes âgés de six ans révolus à treize ans révolus.

Pour obéir aux prescriptions de cette loi, j'ai l'honneur de vous informer qu'aux termes de l'article 7, « le père, le tuteur ou le patron de tout enfant de six à treize ans est tenu de faire savoir au maire de la commune s'il entend faire donner à l'enfant l'instruction dans la famille ou dans une école publique ou privée ; dans ces derniers cas, il indiquera l'école choisie. »

Je vous prie de me faire connaître sans retard quel est de ces trois moyens d'instruction celui que vous adoptez pour vos enfants.

Pour éviter toute cause de confusion et de retard, je vous adresse, avec prière de les remplir, autant de bulletins que vous avez d'enfants, revêtus de votre signature, soit par la poste, soit par toute autre voie, à moins que vous ne préfériez me faire tenir votre réponse verbalement à la mairie, où vous me trouverez le. . . . . , ...

Recevez, M. . . . . . . , l'assurance de ma considération distinguée.

Le maire,
président de la commission
municipale scolaire.

Modèle n° 2. — Réponse du père de famille au maire.

Le soussigné déclare que le jeune (1). . . . ., né le. . . . ., à. . . . ., recevra l'instruction à (2). . . . . . .

(Le père, tuteur ou patron.)

---

(1) Mettre les prénoms de l'enfant.
(2) Dire si l'instruction sera donnée à domicile ou dans une école, et donner le nom et l'adresse de cette école.

Modèle n° 3. — Lettre du maire accusant réception de la déclaration du père de famille.

M

J'ai reçu la réponse en date du. . . . ., par laquelle vous m'annoncez que v. . . . fil. . . . ., né le. . . . . ., recevr. . . . l'instruction à. . . . . . .

En vous donnant acte de cette déclaration, je crois devoir vous rappeler qu'aux termes de l'article 16, les enfants inscrits dans la famille doivent, chaque année, à partir de la fin de la deuxième année d'instruction obligatoire, subir un examen qui portera sur les matières de l'enseignement correspondant à leur âge dans les écoles publiques. Vous serez avisé ultérieurement de la date et du lieu de cet examen.

Recevez, M. . . . . ., l'assurance de ma considération distinguée.

Le maire,
président de la commission
municipale scolaire.

Modèle n° 4. — Lettre de rappel du maire.

M

Par ma lettre en date du. . . . ., j'ai eu l'honneur de vous inviter à me faire savoir, conformément à la loi du 28 mars 1882, si vous entendez faire donner l'instruction à vos enfants dans la famille, dans l'école publique ou privée.

Je n'ai pas reçu de réponse à cette demande, que je vous adressais au nom de la loi.

Je vous réitère mon invitation et je dois vous prévenir qu'aux termes de l'article 8 de la loi, « en cas de non-déclaration de la part des parents, le maire inscrit d'office dans une des écoles publiques les enfants à l'instruction desquels il n'a pas été pourvu. »

Recevez, M. . . . . ., l'assurance de ma considération distinguée.

Le maire,
président de la commission
municipale scolaire.

(*) Pour avoir les quantités nécessaires de ces quatre formules, s'adresser à l'Imprimerie administrative et classique Paul Dupont. Paris.
(*Note de l'éditeur.*)

JURISPRUDENCE.

L'application de la loi du 28 mars 1882 sur l'enseignement obligatoire est nouvelle. La jurisprudence n'est donc pas encore fixée sur bien des points de cette loi.

Il nous a paru très utile de placer ici, à titre de documents, un arrêt de la Cour de cassation et un arrêt du Conseil d'État, qui sont relatifs aux pénalités encourues et au fonctionnement des commissions scolaires :

ARRÊT

de la Cour de cassation.

La Cour de cassation a été saisie, pour la première fois, de l'application de la loi du 28 mars 1882 sur l'enseignement scolaire. Voici à la suite de quels faits :

M. le juge de paix de Sablé, a condamné M. X..., industriel de Sablé, à quinze jours de prison et 15 francs d'amende, ce par trois jugements successifs, pour n'avoir pas comparu à la barre de la commission scolaire. M. X... n'avait pas fait les déclarations prescrites par la loi.

Le tribunal de la Flèche, saisi de l'appel interjeté par M. X..., avait infirmé les trois jugements du juge de paix de Sablé. Cette sentence reposait sur un double motif :

Le sieur X... n'a jamais été informé par voie d'avis individuel, de l'époque de la rentrée des classes de l'école communale, et par suite n'est pas coupable de ne pas y avoir envoyé ses enfants. C'est ce qui résulte de l'article 8 de la loi du 28 mars 1882 ;

2° En tout cas, le sieur X... ne pouvait être frappé d'une condamnation à l'amende et à la prison, car aux termes de l'article 14 de la loi, cette condamnation ne peut jamais être infligée qu'à celui qui est en état de deuxième récidive. Or, d'après les principes du droit criminel auxquels la loi du 28 mars 1882 n'a dérogé ni explicitement ni implicitement, celui-là seul est en état de deuxième récidive qui a déjà subi deux condamnations définitives.

Pourvoi fut formé contre ce jugement par M. le procureur de la République de la Flèche.

La Cour de cassation vient (en mai 1883), de rejeter ce pourvoi, par ce motif que l'article 8 de la loi du 28 mars 1882, sur l'enseignement scolaire, qui prescrit de donner avis au père de famille de l'époque de la rentrée des classes, *a entendu prescrire un avis individuel; la publication par voie d'affiche ne peut suppléer à l'avis prescrit*

ARRÊT

du Conseil d'État,

annulant, pour excès de pouvoirs, une décision de la commission scolaire de Lavaur.

Au nom du peuple français.

Le Conseil d'État statuant au contentieux, sur le rapport de la section du contentieux,

Vu le recours du Ministre de l'instruction publique, enregistré au secrétariat du contentieux du Conseil d'État le 20 janvier 1883, ledit recours tendant à ce qu'il plaise au Conseil annuler comme entachée d'excès de pouvoirs, la décision, en date du 15 décembre 1882, par laquelle la commission municipale scolaire de Lavaur a déclaré justifiée l'absence du jeune D..., élève tenu de fréquenter l'école du Pramel;

Ce faire, attendu qu'en donnant la publicité à sa séance, ladite commission a violé les formes prévues par la loi; qu'en admettant le motif d'absence allégué par le sieur D... père, et tiré de ce que l'enseignement portait sur le manuel d'éducation morale et civique de M. Compayré, la commission s'est attribué l'exercice d'un pouvoir qui ne lui appartenait pas; qu'ainsi elle a excédé ses pouvoirs;

Vu la décision attaquée;

Vu les pièces produites et jointes au dossier, notamment le rapport de l'inspecteur primaire joint au recours susvisé;

Vu la loi du 28 mars 1882;

Vu les lois des 7 et 14 octobre 1790 et 24 mai 1872;

Ouï M. Bousquet, maître des requêtes, en son rapport;

Ouï M. Marguerite, maître des requêtes, commissaire du gouvernement, en ses conclusions;

Sur la recevabilité du recours:

Considérant qu'aux termes de l'article 9 de la loi du 24 mai 1872, « le Conseil d'État statue souverainement sur les demandes d'annulation pour excès de pouvoirs formés contre les actes des diverses autorités administratives »;

Considérant que les commissions municipales scolaires, instituées par la loi du 28 mars 1882 pour surveiller et encourager la fréquentation des écoles, exercent des attributions d'ordre administratif pour l'exécution de la loi précitée;

Que, d'autre part, il appartient au Ministre de l'instruction publique, chargé de veiller à l'observation des lois et au maintien des compétences parmi les autorités ressortissant à son département, de poursuivre l'annulation des décisions qu'il croirait entachées d'excès de pouvoirs; qu'ainsi le recours dudit Ministre contre la décision ci-dessus visée de la commission municipale scolaire de Lavaur est recevable;

Au fond :

Sur le moyen tiré de ce que la commission aurait fait procéder à des débats publics sur la demande d'excuse présentée par le sieur D....

Considérant qu'en l'absence de dispositions spéciales de la loi, il n'appartient pas aux corps administratifs d'ordonner la publicité de leurs séances; qu'aucune disposition de la loi du 28 mars 1882 ne prescrit ni n'autorise la publicité des séances dans lesquelles les commissions scolaires exercent leurs attributions; qu'ainsi, en procédant à des débats publics sur la question d'excuse qui lui était soumise par le sieur D..., la commission scolaire de Lavaur a statué en dehors des formes prévues par la loi, et que sa décision doit être annulée de ce chef;

Sur le moyen tiré de ce que la commission aurait statué sur un objet étranger à ses attributions :

Considérant que l'article 10 de la loi du 28 mars 1882 dispose : « Les motifs d'absence seront soumis à la commission scolaire. Les seuls motifs réputés légitimes sont les suivants : maladie de l'enfant, décès d'un membre de la famille, empêchements résultant de la difficulté accidentelle des communications. Les autres circonstances exceptionnellement invoquées seront également appréciées par la commission »;

Considérant que si, par application dudit article, les commissions scolaires statuent sur les cas d'excuses personnelles invoquées par l'enfant ou par sa famille, aucune disposition de loi ne leur donne qualité pour contrôler les matières ou les méthodes de l'enseignement et ne les autorise à accueillir des demandes d'excuse fondées sur des appréciations de cette nature;

Considérant que l'excuse du sieur D..., telle qu'elle a été formulée devant la commission, se fondait uniquement sur la nature de l'enseignement donné et des livres employés dans l'école; qu'en accueillant cette excuse, la commission s'est immiscée dans des matières étrangères à ses attributions, qu'elle a ainsi excédé sa compétence et commis un excès de pouvoirs,

Décide :

ART. 1er. — La décision sus-visée de la commission municipale scolaire de Lavaur, en date du 15 décembre 1882, est annulée pour excès de pouvoirs.

ART. 2. — Expédition de la présente décision sera transmise au Ministre de l'instruction publique.

Délibéré dans la séance du 9 mars 1883. Lu en séance publique, le 16 mars 1883.

Le Président de la Section du contentieux,

ED. LAFERRIÈRE.

CIRCULAIRE

du 22 septembre 1882,

prescrivant d'exiger le brevet de capacité (1).

(Extraits.)

Monsieur le Préfet,

La loi du 16 juin 1881 a rétabli, pour le personnel enseignant de toutes les écoles sans distinction, l'obligation de justifier du brevet de capacité. Sans ce titre, nul ne peut entrer dans la carrière de l'enseignement ; nul n'y peut rester, à l'exception de ceux qui comptaient, au 1er janvier 1881, trente-cinq ans d'âge et cinq ans d'exercice. Quant aux autres, la loi leur accorde un délai de trois ans pour se munir du titre de capacité, mais à une condition expresse : « Les personnes occupant sans brevet les fonctions d'instituteur, institutrice ou maîtresse de salle d'asile, devront, *dans le laps d'un an à partir de la promulga-*

(1) Voir page 64, la loi du 16 juin 1881 sur les titres de capacité ; — la circulaire du 17 avril 1882, page 102 ; — et celle du 22 avril 1882, page 105.

tion de la loi, se présenter devant les commissions d'examen instituées pour décerner les titres de capacité. » (Art. 3.)

Pour faciliter l'exécution de la loi, le gouvernement n'a rien négligé. Au lieu de se limiter étroitement, suivant la lettre de la loi, au « laps d'une année » à partir du 16 juin, ce qui n'eût donné aux candidats que les deux sessions règlementaires de juillet et de mars, l'administration a considéré la troisième session, celle de juillet 1882, comme comprise dans le délai légal. Elle en a ouvert une quatrième au mois de novembre 1881 dans l'intérêt des maîtres qui pouvaient avoir besoin de la période des vacances pour achever leur préparation. Enfin, pour tenir compte même des cas exceptionnels, elle a autorisé ceux qui auraient à faire valoir un motif d'empêchement à remplir leur obligation en se faisant inscrire pour une cinquième session qui va s'ouvrir le 2 octobre.

. . . .

Je vous prie, Monsieur le Préfet, de mettre fin à cette illusion : d'ici au 1ᵉʳ novembre, dernier délai, vous relèverez d'office de leurs fonctions dans les écoles communales, comme ne remplissant pas les conditions légales de capacité, les instituteurs et institutrices, titulaires ou adjoints qui, — ne bénéficiant pas de la dispense attachée aux trente-cinq ans d'âge et aux cinq ans de service, — ne justifieront pas d'un certificat de présentation à l'une des quatre dernières sessions d'examen ou, par autorisation exceptionnelle, à celle du 2 octobre. Vous les remplacerez immédiatement soit par des laïques, soit par des congrégations brevetés.

Quant aux écoles libres, vous préviendrez les chefs d'établissement que, par application des articles 29 et 30 de la loi du 15 mars 1850, vous êtes obligé de les poursuivre devant la juridiction compétente, s'ils gardent à leur service les adjoints ou adjointes en état de rébellion ouverte contre la loi.

Je vous recommande de la façon la plus expresse l'exécution rigoureuse des mesures que je viens de prescrire.

. . . .

Je vous rappelle, d'ailleurs, comme j'en ai déjà informé MM. les inspecteurs d'académie, notamment par les circulaires des 20 avril et 15 juin 1882, que, pour assurer le recrutement dans les départements même où le personnel ferait momentanément défaut, il a été organisé au ministère de l'instruction publique un bureau spécial de renseignements auquel vous pouvez vous adresser et qui est en mesure de vous fournir des informations complètes sur chaque candidature.

Recevez, Monsieur le Préfet, l'assurance de ma considération très distinguée.

Le Ministre de l'Instruction publique et des Beaux-Arts,
J. DUVAUX.

CIRCULAIRE

du 20 octobre 1882,

relative à l'envoi et à la répartition du matériel destiné à l'enseignement de la géographie et du système métrique.

Monsieur l'Inspecteur, afin d'éviter les erreurs qu'ont occasionnées les envois directs aux autorités municipales du matériel destiné à l'enseignement de la géographie et du système métrique accordé par mon administration aux écoles primaires publiques, j'ai décidé qu'à l'avenir, MM. les inspecteurs primaires seraient chargés de la réception et de la répartition de ce matériel, qui leur sera transmis en bloc et remis *franco* à domicile. . . . .
. . . .

Je compte, Monsieur l'Inspecteur, sur votre bonne volonté habituelle pour que les écoles de votre circonscription sur lesquelles vous avez appelé tout spécialement mon attention soient pourvues aussitôt que possible des moyens d'instruction que l'État consent à leur accorder.

Vous voudrez bien, d'autre part, ne pas négliger de me tenir au courant des besoins que vous auriez à constater; à cet effet, je continuerai à mettre à votre disposition, dès que vous m'en aurez exprimé le désir, les imprimés relatifs aux demandes de matériel géographique.

Veuillez, je vous prie, m'accuser réception de la présente circulaire.

Recevez, Monsieur l'Inspecteur, l'assurance de ma considération très distinguée.

Le Ministre de l'Instruction publique et des Beaux-Arts,
DUVAUX.

CIRCULAIRE

du 24 octobre 1882,

relative aux loyers de maisons d'école.

Cette circulaire indique aux préfets les règles à suivre pour le payement des loyers ou des indemnités de logement aux instituteurs et institutrices, soit au moyen des fonds communaux, soit à l'aide des subventions de l'État.

CIRCULAIRE.

du 2 novembre 1882,

relative aux emblèmes religieux existant dans les écoles.

Monsieur le Préfet,

Depuis quelques semaines plusieurs de vos collègues m'ont signalé l'insistance avec laquelle on les presse de se prononcer dans une question qui, à première vue, ne semblait pas comporter un aussi vif intérêt. Il s'agit de savoir si l'on enlèvera immédiatement les emblèmes religieux qui se trouvent encore dans un certain nombre de locaux scolaires.

Assurément la loi du 28 mars, prise dans sa rigueur, implique la suppression de tout ce que donnerait ou conserverait à l'école publique un caractère confessionnel. Mais dans l'exécution de cette loi et en particulier dans les mesures d'ordre matériel qui en doivent dériver, il est naturel de distinguer celles qui s'appliquent aux écoles nouvelles et celles qui ont pour objet la modification d'installations anciennes. Dans les écoles qui s'ouvrent ou vont s'ouvrir sous le régime de la neutralité, devenu le seul légal, nul ne songera à demander l'introduction d'emblèmes religieux d'aucune nature. Quant à ceux qui se trouveraient dans des écoles anciennes, le législateur n'en a pas fait l'objet d'une prescription expresse et impérative. Le gouvernement à qui le silence de la loi laisse à cet égard le choix des voies et moyens d'exécution, ferait-il sagement de procéder d'urgence et par mesure générale à l'enlèvement de ces emblèmes ?

Si je croyais que cette mesure fût nécessaire ou même utile à la mise en vigueur du régime nouveau, je n'hésiterai pas à la prescrire, quelque difficulté qu'elle pût soulever. Mais je crois précisément le contraire.

J'estime, en effet, que le principal objet de l'acte législatif qui a séparé l'école de l'Église, que son résultat à la fois le plus efficace doit être, non la transformation des locaux scolaires, mais celle des programmes, des leçons, des exercices, de tout ce qui est l'esprit de l'enseignement et la valeur de l'éducation. La loi du 28 mars n'est pas un accident, un fait isolé dans notre législation ; en sécularisant l'école, elle ne fait qu'étendre le droit commun, et en quelque sorte les principes même de notre Constitution, à l'organisation de l'instruction nationale, c'est-à-dire au seul des services publics qui, jusqu'ici, par une étrange contradiction, eût conservé l'attache confessionnelle. Par conséquent, tout ce qui tendrait à rapetisser cette loi, à la présenter au pays comme une sorte de règlement de police des locaux scolaires, à en inaugurer l'application par un semblant de croisade iconoclaste, pourrait bien servir les desseins de ses adversaires mais en altérerait la notion même et risquerait d'en faire méconnaître par les populations le véritable caractère et la haute portée. Il n'y a qu'une manière de la bien appliquer, c'est de l'appliquer dans l'esprit même où elle a été votée, dans l'esprit des déclarations réitérées du gouvernement, non comme une loi de combat dont il faut violemment enlever le succès, mais comme une de ces grandes lois organiques qui sont destinées à vivre avec le pays, à entrer dans ses mœurs, à faire partie de son patrimoine.

Je vous autorise donc, Monsieur le Préfet, à ne prescrire l'enlèvement des emblèmes que quand et comme vous le jugerez à propos. Il ne faut pas que la rigueur de la logique, les injonctions des uns, les pétitions des autres vous forcent à prendre des mesures intempestives et vous exposent à porter le trouble dans les familles ou dans les écoles pour hâter l'exécution d'une réforme tout accessoire. Je vous donne toute latitude pour tenir compte, à cet égard, du vœu des populations en recourant, pour le connaître, à tous les moyens d'information dont vous disposez. J'ajoute, comme l'avait déjà dit mon honorable prédécesseur, que dans le cas où vous croiriez devoir ordonner la suppression des emblèmes, il conviendra, à moins de raison grave, de reporter l'exécution de cette mesure à l'une des époques règlementaires de vacances et de ne jamais la laisser accomplir d'une façon qui puisse froisser la conscience ou favoriser l'agitation factice qu'on voudrait créer.

Quant aux instituteurs et aux institutrices, je vous prie de leur adresser en mon nom une seule recommandation, mais *absolument formelle. Je leur interdis de la manière la plus expresse une intervention, une initiative quelconque en cette matière.* Ils s'abstiendront également soit d'établir, soit d'enlever des emblèmes *proprio motu*, soit de prendre

172 CIRCULAIRE DU 3 NOVEMBRE 1882.

part à des pétitions ou manifestations pour ou contre le maintien de ces objets.

A cet égard, et en général en tout ce qui touche aux questions religieuses, c'est un devoir strict pour l'instituteur de rester scrupuleusement étranger à toutes les polémiques et d'attendre les ordres de ses chefs Si — en dehors des heures de classe et des locaux scolaires — la loi lui laisse la libre disposition de son temps, s'il a même le droit de donner dans ces conditions telles leçons privées qu'il jugera convenable, sans en excepter les répétitions de catéchisme, quelques inconvénients que puisse avoir cet usage de sa liberté, du moins, en classe et dans l'exercice de ses fonctions, lui est-il rigoureusement interdit, et par la loi et par les règlements, de se faire ou l'agent ou l'adversaire déclaré de quelque doctrine, de quelque croyance confessionnelle que ce soit.

La ligne de conduite que je vous trace, Monsieur le Préfet, à l'occasion de cette question des emblèmes, est évidemment la même que vous aurez à suivre, le cas échéant, pour toutes les difficultés analogues qui pourraient surgir. Vous n'accorderez sous aucun prétexte, ni atermoiement, ni concession qui puisse porter atteinte au principe même de la loi ; mais quant aux mesures, indifférentes en elles-mêmes, quant aux délais qui vous seront demandés, non pour éluder la loi mais pour en mieux assurer le fonctionnement, vous êtes seul juge des ménagements à garder ; et pour en marquer la limite dans chaque espèce vous vous rappellerez toujours que le gouvernement, plein de confiance dans le bon sens public, a la prétention, tout en faisant respecter la loi, de la faire comprendre et de la faire aimer.

Recevez, Monsieur le Préfet, l'assurance de ma considération très distinguée.

Le Ministre de l'Instruction publique et des Beaux-Arts.
DUVAUX.

CIRCULAIRE
du 3 novembre 1882,
relative aux appareils de gymnastique dans les écoles primaires.

Monsieur le Préfet,

Depuis le vote de la loi du 27 janvier 1880, qui a rendu obligatoire l'enseignement de la gymnastique dans les écoles primaires(1), le crédit

(1) Voir, page 48, ci-dessus.

mis à la disposition de mon département pour la concession aux écoles d'appareils et d'agrès est devenu insuffisant. Les demandes se multiplient dans une telle proportion qu'il m'est absolument impossible de donner suite à un grand nombre d'entre elles.

J'ai donc dû penser aux moyens de restreindre la dépense tout en venant en aide, dans la mesure du possible, aux communes qui désirent installer des gymnases dans leurs écoles, et j'ai l'honneur de vous faire part des dispositions que j'ai prises à cet effet.

Les écoles de garçons seules pourront obtenir une concession. Il ne sera fait aucun envoi, ni aux écoles de filles, ni aux écoles mixtes, tant que les écoles de garçons n'auront pas été pourvues.

Aux termes de la circulaire du 5 novembre 1872, toute commune qui sollicite une concession du ministère doit avoir fait des sacrifices pour être admise à prendre part au bénéfice des crédits spéciaux inscrits au budget pour l'enseignement de la gymnastique.

Jusqu'ici le seul sacrifice qui ait été demandé aux communes est l'établissement d'un portique. Outre le portique, j'exigerai à l'avenir l'acquisition et l'installation des appareils suivants :

    1 petit mât pour le portique ;
    1 gros mât pour le portique ;
  Des barres parallèles :
    12 haltères de 1 kilogramme ;
    12 haltères de 2 kilogrammes ;

Le transport de ce matériel volumineux et lourd augmentait considérablement son prix et imposait à l'administration des sacrifices onéreux. De plus les appareils en bois peuvent être facilement et convenablement établis partout dans des conditions de bon marché que l'administration ne saurait réaliser à Paris, où le prix de main-d'œuvre est élevé.

Vous trouverez dans une feuille ci-incluse des indications suffisantes pour guider les charpentiers ou menuisiers que les communes chargeraient de ces fournitures.

Les concessions faites par l'administration se borneront à l'avenir aux agrès mobiles dont la confection exige un soin particulier et qu'il serait peut-être difficile de se procurer partout dans des conditions satisfaisantes.

Ces agrès sont les suivants :

    1 corde à consoles ;
    1 corde à nœuds ;
    1 corde lisse ;
    1 échelle de corde ;

1 paire d'anneaux avec cordes;
1 trapèze à base ferrée;
Les crochets nécessaires pour fixer ces agrès.

La valeur de cette concession est de 67 francs, prix fort.

Je vous prie, Monsieur le Préfet, de vouloir bien prendre les mesures nécessaire pour faire parvenir ces instructions à la connaissance de MM. les maires de votre département et de ne m'adresser à l'avenir que les demandes des communes qui y auront satisfait.

Je vous rappellerai, à cette occasion, Monsieur le Préfet, que le crédit de l'exercice 1882 affecté à l'enseignement de la gymnastique est épuisé. Vous devrez en conséquence, ne me faire de nouvelles propositions qu'au commencement de l'année prochaine.

Recevez, Monsieur le Préfet, l'assurance de ma considération très distinguée.

Le Ministre de l'Instruction publique et des Beaux-Arts,

DUVAUX.

ARRÊTÉ

du 22 décembre 1882,

relatif aux examens imposés aux enfants qui reçoivent l'instruction dans leur famille.

Le ministre de l'Instruction publique et des Beaux-Arts;

Vu l'article 16 de la loi du 28 mars 1882, dont suit la teneur : « Les enfants qui reçoivent l'instruction dans la famille doivent, chaque année, à partir de la fin de la deuxième année d'instruction obligatoire, subir un examen qui portera sur les matières de l'enseignement correspondant à leur âge dans les écoles publiques, dans des formes et suivant les programmes qui seront déterminés par arrêtés ministériels rendus en conseil supérieur.

« Le jury d'examen sera composé de l'inspecteur primaire ou son délégué, président : un délégué cantonal ; une personne munie d'un diplôme universitaire ou d'un brevet de capacité. Les juges seront choisis par l'inspecteur d'académie. Pour l'examen des filles, la personne brevetée devra être une femme.

« Si l'examen de l'enfant est jugé insuffisant et qu'aucune excuse ne soit admise par le jury, les parents sont mis en demeure d'envoyer leur enfant dans une école publique ou privée dans la huitaine de la notification, et de faire savoir au maire quelle école ils ont choisie.

« En cas de non-déclaration, l'inscription aura lieu d'office comme il est dit à l'article 8 » ;

Le conseil supérieur de l'instruction publique, entendu,

Arrête :

Article premier. — L'examen que doivent subir, chaque année, à partir de la fin de la deuxième année d'instruction obligatoire jusqu'à l'âge de 13 ans révolus, les enfants qui reçoivent l'instruction dans la famille, a lieu à la maison commune ou dans une salle d'école.

Art. 2. — La liste des enfants astreints à subir l'examen est dressée par le maire et envoyée à l'inspecteur d'académie avant le 1er mai.

Art. 3. — L'examen est subi soit dans le mois qui suit la rentrée des classes, soit dans celui qui la précède. La date en est fixée, pour chaque localité, par l'inspecteur d'académie.

Art. 4. — La convocation tant du jury d'examen que des enfants à examiner se fait, quinze jours au moins à l'avance, par les soins de l'inspecteur primaire.

Art. 5. — L'examen consiste en épreuves écrites: il n'y a lieu à épreuves orales qu'autant que les premières auraient été jugées insuffisantes. En ce cas, les deux séries d'épreuves ont lieu le même jour.

Art. 6. — Les épreuves écrites consistent soit en devoirs écrits sous la dictée et sous le contrôle du jury, soit dans les devoirs faits à domicile et communiqués avec une attestation d'authenticité par le père de famille conformément à la formule ci-annexée.

Le jury a toujours le droit de faire procéder à de nouvelles épreuves en sa présence.

Dans le cas où les épreuves écrites se font en présence du jury, elles portent sur les matières ci-après :

De 8 à 9 ans : Écriture.

De 9 à 10 ans : Écriture. — Premiers éléments d'arithmétique (addition, soustraction).

De 10 à 11 ans : Dictée d'orthographe usuelle. — Éléments d'arithmétique : les quatre règles, opérations sur des nombres entiers.

De 11 à 12 ans : Dictée d'orthographe usuelle. — Notions du système métrique. — La géographie de la France.

De 12 à 13 ans : Dictée d'orthographe usuelle. — Éléments d'arithmétique et de système métrique. — Les grands faits et les grands hommes de l'histoire de France.

Art. 7. — Les épreuves orales comprennent une épreuve de lecture et de courtes interrogations sur tout ou partie des matières énumérées dans l'article 6.

L'épreuve de lecture se fera dans les recueils de morceaux choisis en usage dans les écoles publiques ou dans les classes élémentaires des lycées.

Art. 8. — Les enfants dont les parents en feront la demande pourront être examinés sur toutes les autres parties du programme des écoles primaires, tel qu'il résulte du règlement d'organisation pédagogique du 27 juillet 1882.

Fait à Paris, le 22 décembre 1882.

Jules DUVAUX.

MODÈLE

de la formule d'attestation d'authenticité des devoirs produits pour justifier de l'instruction donnée à domicile. (Annexe à l'arrêté du 22 décembre 1882.)

Je soussigné (*nom et prénoms*) :   père (ou tuteur) de (*nom et prénoms* de l'enfant)   , né le   et que je me suis engagé, par ma déclaration en date du   à faire instruire à domicile, conformément aux prescriptions de la loi du 28 mars 1882, atteste que les cahiers ci-joints sont les cahiers de l'enfant et contiennent des devoirs écrits par lui seul dans le cours de la présente année. En foi de quoi il a signé avec moi la présente déclaration.

Fait à   , le   .   188

(*Signature du père.*)

(*Signature de l'enfant.*)

DÉCRET

du 23 décembre 1882,

relatif à l'examen pour le certificat d'aptitude aux fonctions d'inspecteur primaire, de directeur et de directrice d'école normale.

Le Président de la République française,

Sur le rapport du ministre de l'Instruction publique et des Beaux-Arts;

Vu les lois des 15 mars 1850 et 9 août 1879 ;

Vu l'article 5 de l'ordonnance du 18 novembre 1845;
Vu les décrets des 29 juillet 1850 et 5 juillet 1880;
Le conseil supérieur de l'instruction publique entendu,

Décrète :

Article 1er. — Nul ne peut être nommé inspecteur de l'enseignement primaire, directeur ou directrice d'école normale, s'il n'a été déclaré apte à ces fonctions après un examen spécial dont le programme sera déterminé par arrêté du ministre de l'instruction publique pris en conseil supérieur.

Art. 2. — Ne peuvent être admis à cet examen que les candidats qui justifient:

1° De vingt-cinq ans d'âge ;

2° D'un certificat d'aptitude au professorat des écoles normales, à moins qu'ils ne possèdent, soit le titre d'agrégé ou de licencié ès lettres ou ès sciences, soit les diplômes de bachelier ès lettres et de bachelier ès sciences complet. Ce dernier peut être remplacé par le baccalauréat de l'enseignement secondaire spécial.

Art. 3. — Pendant les trois années qui suivront la publication du présent décret, les maîtres adjoints et les maîtresses adjointes d'écoles normales comptant au moins cinq ans d'exercice comme titulaires, ainsi que les professeurs des collèges et lycées ayant le même temps d'exercice, pourront, par décision ministérielle rendue sur le rapport du comité consultatif, être dispensés de produire le certificat d'aptitude au professorat. La même disposition s'applique aux candidats qui ont été déclarés admissibles à l'une des sessions postérieures au décret du 5 juin 1880.

Art. 4. — Les femmes peuvent être admises aux examens du certificat d'aptitude à l'inspection de l'enseignement primaire aux conditions ci-dessus déterminées. Les personnes pourvues de ce certificat pourront seules être chargées par le ministre de fonctions, délégations ou missions relatives à l'inspection spéciale des écoles de filles et des écoles maternelles.

Art. 5. — Sont rapportées toutes les dispositions antérieures contraires au présent décret, notamment les articles 38, 39 et 40 du décret du 29 juillet 1850, le décret du 5 juin 1880 et l'article 9 du décret du 2 août 1881 sur les écoles maternelles.

Art. 6. — Le ministre de l'instruction publique et des beaux-arts est chargé de l'exécution du présent décret.

JULES GRÉVY.

Par le Président de la République :
Le Ministre de l'instruct   publique,
et des beaux-arts,

DUVAUX.

ARRÊTÉ

du 23 décembre 1882,

relatif au même objet.

Le ministre de l'instruction publique et des beaux-arts,
Vu le décret du 23 décembre 1882 ;
Le conseil supérieur de l'instruction publique entendu,

Arrête :

Article 1er. — Une commission est nommée, chaque année, par le ministre de l'instruction publique, pour examiner l'aptitude des candidats aux fonctions d'inspecteur de l'enseignement primaire, d'inspectrice des écoles de filles ou des écoles maternelles, de directeur ou directrice d'école normale.

Art. 2. — Cette commission est composée de cinq membres au moins, auxquels sont adjointes, avec voix délibérative, deux directrices d'écoles normales pour l'examen des aspirantes.

Art. 3. — Les candidats sont tenus de se faire inscrire, du 1er au 16 juillet, au secrétariat de l'inspection académique, d'indiquer les lieux où ils ont résidé et les fonctions qu'ils ont remplies depuis dix ans, et de faire les justifications exigées par l'article 2 du décret du 23 décembre 1882.

Art. 4. — L'examen a lieu dans le courant du mois d'octobre. L'ouverture de la session est fixée par le ministre.

Art. 5. — L'examen se compose :
D'épreuves écrites, lesquelles sont éliminatoires ;
D'épreuves orales ;
D'épreuves pratiques.

Art. 6. — Les épreuves écrites sont subies au chef-lieu du département, sous la surveillance de l'inspecteur d'académie ou d'un délégué agréé par le recteur. Elles ont lieu en deux jours consécutifs, les mêmes pour toute la France.

Elles comprennent deux compositions : l'une sur un sujet de pédagogie, l'autre sur un sujet d'administration scolaire ; les deux sujets sont envoyés par l'administration centrale ; quatre heures sont accordées pour chaque rédaction.

Les compositions sont adressées, avec le procès-verbal de la séance, par l'inspecteur d'académie, au ministre.

Art. 7. — La commission prononce l'admission aux épreuves orales et pratiques.

Ces épreuves ont lieu à Paris.

Art. 8. — Les épreuves orales portent sur les matières énumérées *dans le programme détaillé annexé au présent arrêté;* elles comprennent :

1° L'explication d'un passage pris dans un des auteurs qui auront été désignés pour l'examen de l'année par le ministre, sur la proposition de la commission ;

2° L'exposé de vive voix d'une question relative à un des points du programme. Cette question, tirée au sort, sera traitée par le candidat après trois heures de préparation à huis clos. Cet exposé ne durera pas plus d'une demi-heure.

Art. 9. — L'épreuve pratique consiste dans l'inspection d'une classe d'école normale, d'une école primaire supérieure, d'une école élémentaire ou d'une école maternelle, inspection suivie d'un compte rendu verbal.

Art. 10. — Après la clôture des examens, la commission dresse la liste des candidats qu'elle juge dignes d'obtenir le certificat d'aptitude à l'inspection primaire et à la direction des écoles normales.

Cette liste est soumise à l'approbation du ministre qui délivre les certificats.

Art. 11. — Sont rapportées toutes les dispositions antérieures contraires au présent arrêté, et notamment les arrêtés des 16 décembre 1850, 5 juin 1880 et 27 juillet 1882 relatif aux inspectrices des écoles maternelles.

DUVAUX.

PROGRAMME

annexé à l'arrêté du 23 décembre 1882, relatif au certificat d'aptitude à l'inspection primaire et à la direction des écoles normales.

I. — PÉDAGOGIE.

1° L'ÉDUCATION (Principes généraux).

Éducation physique. — Hygiène générale. — Jeux et exercices de l'enfant. — Gymnastique.

Éducation des sens. — Petits exercices d'observations.

Éducation intellectuelle. — Notions sur les facultés intellectuelles. — Leur développement aux divers âges. — Leur culture et leur application aux divers ordres de connaissances. — Rôle de la mémoire, du jugement, du raisonnement, de l'imagination. — La méthode ; ses différents procédés ; analyse et synthèse ; induction et déduction.

Éducation morale. — Volonté. — Liberté de l'homme étudiée dans l'enfant. — Conscience morale ; responsabilité ; devoirs. — Rapports des devoirs et des droits. — Culture de la sensibilité dans l'enfant. — Modification des caractères et formation des habitudes. — Diversité naturelle des instincts et des caractères.

2° L'ÉCOLE (Éducation et instruction en commun).

Écoles. — École maternelle (salle d'asile). — Écoles primaires, élémentaires et supérieures. — Cours complémentaires. Organisation matérielle. — Locaux et mobiliers ; matériel d'enseignement. — Collections. — Bibliothèques.

Organisation pédagogique. — Classement des élèves ; emploi du temps ; journal de classe.

Formes de l'enseignement ; intuition ; enseignement par l'aspect ; exposition ; interrogations ; exercices oraux ; devoirs écrits et corrections ; promenades scolaires.

Études des procédés particuliers applicables à l'enseignement de chacune des parties du programme.

Examens. — Certificats d'études primaires. — Compositions et concours.

Discipline. — Récompenses ; punitions ; émulation ; sentiment de la dignité chez l'enfant. — Action personnelle du maître et conditions de son autorité ; ses rapports avec les élèves et les familles.

3° HISTOIRE DE LA PÉDAGOGIE. — Principaux pédagogues. De leurs doctrines. — Analyse des ouvrages les plus importants.

N. B. — Les lectures et les interrogations à l'examen porteront sur les ouvrages pris dans la liste ci-après :

Rabelais, *Gargantua*, livre Ier, chap. XIV, XV, XXI, XXIII, et XXIV ; *Pantagruel*, livre II, chap. V, VI, VII, VIII. — Montaigne, *Essais*, liv. Ier, chap. XXIV, XXV ; livre II, chap. VIII, X ; livre III, chap. VIII. — Fénelon, *De l'éducation des filles.* — Locke, *Pensées sur l'éducation.* — Rollin, *Traité des études.* Discours préliminaire, livre V, 1re partie, livres VI et VII, et Appendice sur l'éducation des filles. — Rousseau, *Émile*, les quatre premiers livres. — Condorcet, *Rapport sur l'organisation de l'instruction publique*. — Pestalozzi, *Manuel des mères. Comment Gertrude instruit ses enfants*. — Mme Necker de Saussure, *L'Éducation progressive*. — Le Père Girard, *De l'enseignement de la langue maternelle*. — Channing (trad. Laboulaye), *De l'éducation personnelle*. — Horace Mann (trad. Laboulaye), *De l'importance de l'éducation dans une République*. — Guizot, *Méditations et études morales* (2ᵉ partie). — Dupanloup, *L'Enfant*. — Herbert Spencer, *De l'éducation intellectuelle, morale et physique*.

II. — LÉGISLATION ET ADMINISTRATION.

Lois, décrets, règlements, principales circulaires.

Écoles normales primaires. — Condition d'établissement, recrutement ; programme des études ; enseignement : régime intérieur : gestion économique, budget ; commission de surveillance.

Écoles primaires. — L'enseignement primaire obligatoire. — Gratuité et laïcité de l'enseignement primaire public. Différentes sortes d'écoles publiques ; dispositions relatives à la création et à l'entretien des écoles communales ; écoles mixtes quant au sexe ; admission des enfants dans les écoles. Constructions ; aménagement et hygiène des locaux scolaires. Pensionnats annexés aux écoles publiques. Écoles primaires supérieures ; bourses nationales. Comptabilité des écoles publiques ; comptabilité communale et départementale se rapportant au service de l'instruction primaire ; registres scolaires.

Établissements d'instruction primaire libres.

Classes enfantines.

Écoles maternelles. — Leurs rapports avec la classe élémentaire ; leur histoire ; leur réglementation spéciale.

Annexes de l'école. — Bibliothèque populaire des écoles ; autres bibliothèques populaires ; cours d'adultes et d'apprentis ; conférences et cours publics ; musées scolaires ; caisses des écoles ; caisses d'épargne scolaires ; atelier de travail manuel ; gymnastique et exercices militaires ; bataillons scolaires.

Personnel. — Instituteurs et institutrices titulaires et adjoints, publics et libres ; nomination ; situation légale ; devoirs professionnels ; engagement décennal ; traitements ; pensions de retraite.

Associations vouées à l'enseignement; personnes civiles; libéralités faites aux personnes civiles en vue de l'instruction primaire.

Autorités préposées à la surveillance et à la direction de l'enseignement primaire.

Inspecteurs; leurs attributions et leurs rapports avec les autorités, avec le personnel enseignant.

Bibliothèques pédagogiques.

Conférences pédagogiques.

PRÉPARATION AUX CERTIFICATS D'APTITUDE.

Liste des sujets à traiter, pour le mois de février 1883, par les candidats aux certificats d'aptitude, conformément à l'avis inséré au n° 46 (année 1880) du Journal général de l'instruction publique.

I. — CERTIFICAT D'APTITUDE A L'INSPECTION PRIMAIRE ET A LA DIRECTION DES ÉCOLES PRIMAIRES.

A. — *Sujet de pédagogie.*

De l'induction et de la déduction. — A quelles branches d'enseignement conviennent spécialement l'une et l'autre ? Donner des exemples.

B. — *Sujet d'administration scolaire.*

Caractériser, en s'appuyant sur les lois et règlements, les diverses catégories d'écoles primaires.

II. — CERTIFICAT D'APTITUDE AU PROFESSORAT DES ÉCOLES NORMALES (LETTRES).

A. — La méthode interrogative. Usages et abus.

B. — Apprécier le passage de La Bruyère sur les enfants dans le chapitre de « l'Homme » commençant par ces mots : « les enfants sont hautains, dédaigneux, colères, etc. », et finissant par ceux-ci : « et ne se gâtent pas moins par des peines mal ordonnées que par l'impunité. »

III. — CERTIFICAT D'APTITUDE AU PROFESSORAT DES ÉCOLES NORMALES (SCIENCES).

A. — Tracer le plan d'une leçon générale sur la structure des tissus végétaux faite en s'aidant des appareils de projection. — Préparation des objets à projeter. Expériences.

B. — Vents réguliers ; — vents irréguliers.

Quelques expériences simples qui permettent d'en concevoir la production dans l'atmosphère.

DÉCRET

du 23 décembre 1882,

relatif au certificat d'études primaires supérieures.

Le Président de la République française,
Sur le rapport du ministre de l'instruction publique et des beaux-arts;
Vu le décret du 3 janvier 1882 ;
Le conseil supérieur de l'instruction publique entendu,

Décrète :

Article 1er. — Il est institué un certificat d'études primaires supérieures.

Art. 2. — Le certificat d'études primaires supérieures est obtenu à la suite d'un examen dont les conditions seront déterminées par un arrêté ministériel rendu sur l'avis du conseil supérieur de l'instruction publique.

Art. 3. — Tous les élèves qui ont été titulaires d'une bourse de l'État dans une école primaire supérieure et qui ont suivi le cours d'études complet sont tenus de se présenter à la fin de leur scolarité à l'examen du certificat d'études primaires supérieures. Tout établissement public ou libre, qui demande à recevoir des boursiers de l'État doit s'engager à les présenter avant leur sortie à cet examen.

Art. 4. — Le ministre de l'instruction publique et des beaux-arts est chargé de l'exécution du présent décret.

JULES GRÉVY.

Par le Président de la République :
Le Ministre de l'instruction publique
et des beaux-arts,
DUVAUX.

ARRÊTÉ

du 23 décembre 1882,

pour l'exécution du décret ci-dessus.

Le ministre de l'instruction publique et des beaux-arts,
Vu le décret du 23 décembre 1882 ;
Le conseil supérieur de l'instruction publique entendu,

Arrête :

Article 1er. — A la fin de chaque année scolaire s'ouvrira, dans chaque département, une session d'examen pour l'obtention du certificat d'études primaires supérieures.

Les centres d'examen sont fixés par le ministre.

La date de cette session est fixée par le ministre ; elle est la même pour tous les départements. Elle est annoncée un mois au moins à l'avance.

Art. 2. — Les sujets de composition sont adressés par le ministre, sous pli cacheté, à l'inspecteur d'Académie quatre jours au moins avant l'ouverture de l'examen. Tous les sujets d'épreuves sont pris dans le programme des écoles primaires supérieures de trois ans (art. 4 de l'arrêté du 15 janvier 1881).

Art. 3. — Les commissions d'examen sont nommées dans chaque département par le recteur d'Académie.

Elles se composent de cinq membres choisis parmi les inspecteurs primaires, les professeurs de l'enseignement secondaire ou supérieur, et les professeurs et maîtres adjoints d'école normale en exercice ou en retraite.

Pour l'examen des filles, deux membres au moins seront des femmes.

Le président est autorisé à adjoindre, s'il y a lieu, à la commission, pour les épreuves professionnelles dont il est parlé à l'article 10 du présent arrêté, un examinateur spécial.

En cas de partage, la voix du président est prépondérante.

Art. 4. — L'examen se compose d'épreuves écrites, d'épreuves orales et d'épreuves pratiques.

Art. 5. — Les épreuves écrites, qui sont éliminatoires, comprennent quatre compositions qui ont lieu en deux jours consécutifs :

1° Composition française (lettre, récit, compte rendu, développement d'une maxime, etc.) ;

2° Composition d'histoire et de géographie ;

3° Composition de mathématiques et de sciences physiques et naturelles;

4° Composition de dessin géométrique ou de dessin d'ornement.

Art. 6.—Il est accordé trois heures pour chacune de ces compositions.

Art. 7. — L'admissibilité sera prononcée d'après l'ensemble des compositions écrites.

Art. 8. — Les épreuves orales comprennent nécessairement un examen de langue vivante.

Ces épreuves ne peuvent excéder la durée d'une heure.

Art. 9. — Les épreuves pratiques comprennent le travail manuel, le chant, et pour les garçons, la gymnastique et les exercices militaires.

Art. 10. — Les candidats peuvent demander à être, en outre, interrogés et éprouvés sur des matières de l'enseignement professionnel qui excèdent le programme des écoles primaires supérieures proprement dites.

Ces épreuves facultatives ne peuvent durer plus de trois quarts d'heure.

Le résultat de ces épreuves professionnelles est mentionné au certificat d'études primaires supérieures.

Art. 11. — Après la clôture des examens, la commission dresse, par ordre de mérite, la liste des candidats qu'elle juge dignes d'obtenir le certificat d'études primaires supérieures. Le dossier complet de l'examen de chaque candidat est transmis au recteur qui délivre les certificats.

Art. 12. — Il pourra être accordé par le ministre, à titre de récompense exceptionnelle, à des élèves qui auront obtenu avec le plus de succès le certificat d'études primaires supérieures, une bourse de voyage à l'étranger en vue de se fortifier dans la connaissance des langues vivantes.

DUVAUX.

ARRÊTÉ
du 26 décembre 1882,
relatif à l'examen pour le certificat d'aptitude au professorat dans les écoles normales.

Le ministre de l'instruction publique et des beaux-arts,
Vu le décret du 5 juin 1880 (1);
Le conseil supérieur de l'instruction publique entendu,

Arrête :

Art. 1er. — Deux commissions sont nommées chaque année par le ministre de l'instruction publique pour examiner des candidats aux fonctions de l'enseignement dans les écoles normales, l'une pour l'ordre des sciences, l'autre pour l'ordre des lettres.

Art. 2. — Chacune de ces deux commissions est composée de cinq membres, auxquels sont adjointes, avec voix délibérative pour l'examen des aspirantes, deux dames directrices ou professeurs d'école normale.

Art. 3. — Les candidats sont tenus de se faire inscrire du 1er au 30 juin, au secrétariat de l'inspection académique, d'indiquer les lieux où ils ont résidé et les fonctions qu'ils ont remplies depuis dix ans, et de

(1) Voir plus loin à la 3e partie : *Écoles normales.*

faire les justifications exigées par l'article 2 du décret du 5 juin 1880.

Art. 4. — L'examen a lieu du 1ᵉʳ juillet au 15 août, aux jours fixés par le ministre.

Art. 5. — L'examen se compose :
D'épreuves écrites, lesquelles sont éliminatoires ;
D'épreuves orales ;
D'épreuves pratiques.

Art. 6. — Les épreuves écrites ont lieu au chef-lieu du département, sous la surveillance de l'inspecteur d'Académie ou d'un délégué agréé par le recteur.

Elles comprennent, pour les lettres : 1° une composition sur un sujet de littérature, de grammaire ou d'histoire et de géographie ; 2° une composition sur un sujet de psychologie ou de morale ; 3° une composition sur une question de pédagogie.

Pour les sciences : 1° une composition sur une question de mathématiques ; 2° une composition sur une question de physique, de chimie ou de sciences naturelles avec leurs applications ; 3° une composition sur une question de méthode appliquée à l'enseignement des sciences.

Les sujets sont tirés des programmes de l'enseignement dans les écoles normales.

Trois heures sont accordées pour chaque composition ; les trois compositions de chaque série se font en deux jours consécutifs, les mêmes pour toute la France.

Les sujets sont envoyés par l'administration centrale.

Les compositions sont adressées avec le procès-verbal de la séance, par l'inspecteur d'Académie, au ministre.

Art. 7. — La commission prononce l'admission aux épreuves orales et pratiques. Ces épreuves ont lieu à Paris.

Art. 8. — Les épreuves orales comprennent : 1° la correction raisonnée d'un devoir d'élève-maître ; 2° la lecture expliquée d'une page prise dans un des auteurs classiques portés au programme du brevet supérieur. Il sera accordé, pour la préparation à huis clos de la première épreuve, trois quarts d'heure, et pour celle de la seconde, un quart d'heure. Le devoir à corriger et la leçon à faire ne porteront pas sur le même ordre d'études. Ces épreuves réunies auront une durée de 45 minutes environ pour chaque candidat.

Art. 9. — Les épreuves pratiques consisteront dans une leçon que le candidat devra faire, en présence de la commission, à une division d'élèves-maîtres, sur un sujet tiré au sort. Cette leçon sera précédée d'une préparation à huis clos dont la durée ne dépassera pas trois heures, et pour laquelle le candidat ne devra recourir à aucun secours étranger (livres, rédactions, notes, etc.). Le candidat devra compléter sa leçon par des interrogations adressées aux élèves.

La durée totale de l'épreuve ne dépassera pas trois quarts d'heure.

Art. 10. — Les candidats qui voudront faire constater, en outre, leur aptitude à l'enseignement du chant et de la musique et à celui des langues vivantes, devront en faire la déclaration. Ils auront à faire une classe spéciale sur ces matières d'enseignement. Il en sera fait mention dans le certificat des matières facultatives pour lesquelles le candidat aura subi l'examen avec succès.

Art. 11. — Après la clôture des examens, la commission dresse, par ordre de mérite, la liste des candidats qu'elle juge dignes d'obtenir le certificat d'aptitude à l'enseignement des écoles normales.

Cette liste est soumise à l'approbation du ministre, qui délivre les certificats.

Disposition transitoire.

Art. 12. — Les maîtres adjoints d'école normale pourvus du brevet supérieur et qui comptaient dix ans d'exercice comme maîtres adjoints et 40 ans d'âge à la date du 5 juin 1880, recevront le titre de professeurs d'école normale, et jouiront du traitement qui y est attaché.

Art. 13. — L'arrêté du 5 juin 1880 est rapporté.

DUVAUX.

DÉCRET

du 26 décembre 1882,

relatif à l'inspection et à la surveillance des classes de jeunes filles dans les internats et dans les externats primaires.

Le Président de la République française ;
Sur le rapport du ministre de l'instruction publique et des beaux-arts ;
Vu les articles 50 et 53 de la loi du 15 mars 1850 ;
Vu les deux lois du 16 juin 1881 :
Vu les articles 10 et 11 de la loi du 28 mars 1882 ;
Vu les articles 10, 11 et 12 du décret du 31 décembre 1853 (1) ;
Le Conseil supérieur de l'instruction publique entendu,

(1) Les articles 10, 11 et 12 de ce décret étaient ainsi conçus :
« Art. 10. Toutes les écoles communales ou libres de filles tenues soit par des institutrices laïques, soit par des associations religieuses non cloîtrées ou même cloîtrées, sont soumises, quant à l'inspection et à la surveillance de

Décrète :

Article 1er. — Toutes les classes de jeunes filles dans les internats comme dans les externats primaires communaux et libres tenues soit par des institutrices laïques, soit par des associations religieuses cloîtrées, ou non cloîtrées, sont soumises, quant à l'inspection et à la surveillance de l'enseignement, aux autorités instituées par la loi.

Art. 2. — Dans tous les internats de jeunes filles tenus par des institutrices laïques ou par des associations religieuses cloîtrées ou non cloîtrées, l'inspection des locaux affectés aux pensionnaires et du régime intérieur du pensionnat est confiée à des dames déléguées par le ministre de l'instruction publique.

Art. 3. — Le décret du 31 décembre 1853 est et demeure abrogé.

Art. 4. — Le ministre de l'instruction publique et des beaux-arts est chargé de l'exécution du présent décret.

Jules GRÉVY.

DÉCRET

du 9 janvier 1883,

relatif aux commissions d'examen du brevet de capacité.

Le Président de la République française,
Sur le rapport du ministre de l'instruction publique et des beaux-arts ;
Vu l'article 46 de la loi du 15 mars 1850 ;
Vu la loi du 28 mars 1882 ;
Vu le décret du 4 janvier 1881 ;
Le conseil supérieur de l'instruction publique entendu,

Décrète :

Article 1er. — Les commissions d'examen chargées de juger l'aptitude des aspirants et aspirantes au brevet de capacité sont nommées,

l'enseignement, en ce qui concerne l'externat, aux autorités instituées par les articles 18 et 20 de la loi du 15 mars 1850.

« Art. 11. Le recteur de l'Académie délègue, lorsqu'il y a lieu, des dames pour inspecter, aux termes des articles 50 et 53 de la loi du 15 mars 1850, l'intérieur des pensionnats tenus par des institutrices laïques.

« Art. 12. L'inspection des pensionnats de filles tenus par des associations religieuses cloîtrées ou non cloîtrées est faite, lorsqu'il y a lieu, par des ecclésiastiques nommés par le ministre de l'instruction publique, sur la présentation de l'évêque diocésain. Les rapports constatant les résultats de cette inspection sont transmis directement au ministre. »

chaque année, par le conseil départemental. Chacune de ces commissions se compose de sept membres et choisit son président.

Un inspecteur de l'enseignement primaire et deux membres de l'enseignement public ou libre en font nécessairement partie.

Art. 2. — Le ministre de l'instruction publique et des beaux-arts est chargé de l'exécution du présent décret.

Jules GRÉVY.

CIRCULAIRE

du 15 janvier 1883,

relative au chauffage des salles de classe dans les écoles primaires publiques.

Monsieur le Préfet,

Je suis consulté sur la question de savoir à qui incombe la dépense du chauffage des salles de classe dans les écoles publiques, et si elle peut continuer, comme cela a lieu encore dans un certain nombre de localités, à être supportée, soit en nature, soit en argent, par les familles des élèves.

Avant l'établissement de la gratuité absolue, on pouvait comprendre que le chauffage fût laissé à la charge des familles des enfants qui payaient la rétribution scolaire, la commune n'intervenant pour sa quote-part que comme représentant les élèves reçus gratuitement. Ce mode de procéder avait été admis par la circulaire de l'un de mes prédécesseurs, en date du 9 août 1870. Mais aujourd'hui que la distinction des élèves payants et des élèves gratuits n'existent plus en vertu de la loi, on doit reconnaître que les frais de chauffage des salles de classe sont devenus une charge essentiellement communale.

Vous voudrez bien porter cette circulaire à la connaissance des municipalités et des instituteurs.

Recevez, Monsieur le Préfet, etc.

Le Ministre de l'instruction publique et des beaux-arts,
DUVAUX.

AVIS

relatif au fonctionnement des Caisses d'épargne scolaires.

Le *Bulletin administratif du ministère de l'instruction publique* a inséré, à la page 222 du n° 529, paru le 27 janvier 1883, une communication reproduite ci-après, relative au fonctionnement des caisses d'épargne scolaires, assuré par l'entremise obligatoire des facteurs.

L'instruction publiée dans le *Bulletin mensuel des Postes et Télégraphes* de décembre 1882 contient, sous le titre de : *Opérations des caisses d'épargne scolaires assurées par l'entremise obligatoire des facteurs*, un article sur lequel on ne saurait trop appeler l'attention de MM. les inspecteurs d'Académie et du personnel des écoles primaires.

Cet article est ainsi conçu :

« 13. — Toute école publique ou privée, dans laquelle fonctionne une caisse d'épargne scolaire, peut effectuer des opérations d'épargne par l'entremise du facteur qui la dessert, si cette école est située dans une commune dépourvue d'une recette de poste.

« A cet effet, l'instituteur peut se concerter avec le receveur des postes pour fixer un jour, par semaine ou par mois, où le facteur devra obligatoirement se présenter à l'école, afin d'approvisionner l'instituteur de timbres-poste, de formules de bulletins d'épargne, de demandes de livrets (formule n° 1) et de relevés n° 102, dont il est question ci-après.

« Le facteur recevra des mains de l'instituteur et remettra au receveur, à la fin de sa tournée, les bulletins d'épargne appartenant aux élèves, ainsi que les livrets sur lesquels les versements en timbres-poste devront être constatés.

« Ces bulletins seront décrits sur des relevés (modèle 102) établis à l'avance, par l'instituteur, en double expédition.

« L'une de ces expéditions sera remise au facteur en même temps que les bulletins et, s'il y a lieu, les demandes de livret et les livrets qu'elle signale; l'autre expédition, signée par le facteur, restera entre les mains de l'instituteur et lui servira, ultérieurement, à contrôler l'exécution des opérations d'épargne confiées au facteur.

« Les récépissés détachés des journaux à souche n°s 4 et 10 seront, dès le lendemain de l'encaissement des bulletins d'épargne, remis par le facteur à l'instituteur.

« Les livrets appartenant aux élèves, sur lesquels des versements en timbres-poste auront été constatés à la diligence d'un facteur, seront, au fur et à mesure, rapportés à l'instituteur par le facteur, à qui l'instituteur rendra, dûment quittancés par lui, les récépissés afférents aux livrets distribués.

« Les relevés (modèle 102) qui se rapportent à des opérations complètement terminées sont conservés dans les archives du bureau de poste.

« Les dispositions de cet article auront, comme on le voit, pour effet de simplifier notablement le rôle des instituteurs qui ont fondé ou qui fonderont une caisse scolaire rattachée à la caisse nationale d'épargne. En effet, ils pourront désormais se borner à procurer aux élèves qui en feront la demande des timbres-poste que ces derniers colleront sur des bulletins d'épargne, et à relever sur une formule mise à leur disposition les bulletins pourvus de timbres-poste représentant la valeur d'un franc.

« Cette formule et les autres pièces nécessaires seront confiées au facteur, qui en effectuera le versement au bureau de poste et rapportera ensuite à l'instituteur les livrets sur lesquels les opérations auront été constatées.

« Les instituteurs n'auront donc plus à tenir la comptabilité des sommes recueillies des mains des élèves; ils n'auront plus la garde des fonds appartenant à ces derniers, et enfin ils seront dispensés de tout déplacement résultant des versements à opérer aux caisses des receveurs des postes.

« Il n'est pas douteux que ces facilités nouvelles n'exercent la plus heureuse influence sur le développement des caisses d'épargne scolaires.

« L'inspecteur d'Académie espère qu'en présence des mesures prises pour faciliter le bon fonctionnement des caisses d'épargne scolaires, les maîtres feront tous leurs efforts pour propager cette utile institution. »

DÉCRET

Du 13 février 1883,

relatif à l'organisation de l'instruction primaire en Algérie (1).

TITRE Ier.

OBLIGATIONS DES COMMUNES. — RESSOURCES ET DÉPENSES RELATIVES
A L'ÉTABLISSEMENT ET A L'ENTRETIEN DES ÉCOLES.

....

Art. 4. — Sont obligatoires pour toutes les communes algériennes de plein exercice ou mixtes, et doivent être inscrites à leur budget ordi-

---

(1) Nous extrayons de ce décret les articles concernant les avantages offerts aux instituteurs par la nouvelle organisation.

naire, sous le nom de *dépenses annuelles de l'enseignement primaire,* les dépenses ci-après énumérées:

1° Le traitement du personnel enseignant, calculé, jusqu'à la promulgation d'une loi spéciale, d'après les taux minima fixés par le décret du 27 mai 1878 (1).

Ce traitement est accru, s'il y a lieu, des suppléments prévus dans les articles 5 et 6 ci-après.

Le passage d'une classe à l'autre est de droit après cinq années d'exercice dans la classe inférieure ; il peut avoir lieu au bout de trois années pour les instituteurs désignés comme les plus méritants par le comité des inspecteurs primaires réunis sous la présidence de l'inspecteur d'Académie. Le nombre des promotions faites avant le délai de cinq ans ne pourra dépasser chaque année le tiers de l'effectif de la classe.

Le premier classement sera fait d'après le chiffre des traitements actuels et d'après le nombre des années de service, chaque période de quatre années donnant droit à une promotion.

2° Dans le cas où la commune ne fournit pas le logement et le mobilier personnel aux instituteurs et institutrices, une indemnité représentative de ces avantages et dont le taux est fixé par le conseil municipal, sous réserve de l'approbation du préfet.

3° Dans le cas où la commune n'est pas propriétaire de la maison d'école, le loyer des locaux scolaires.

4° Les frais de chauffage des salles de classe.

5° Les imprimés scolaires nécessaires à l'inscription des élèves et à la constatation des absences.

---

(1) Ces taux sont les suivants (article 1er du décret du 27 mai 1878) :

1° Instituteurs titulaires divisés en quatre classes......
- 4e..... 1,500 f.
- 3e..... 1,700
- 2e..... 1,900
- 1e..... 2,100

2° Institutrices titulaires divisées en trois classes...
- 3e..... 1,200
- 2e..... 1,300
- 1e..... 1,500

3° Instituteurs adjoints français divisés en trois classes.
- 3e..... 1,200
- 2e..... 1,300
- 1e..... 1,500

4° Instituteurs adjoints indigènes attachés aux écoles arabes-françaises divisés en trois classes................
- 3e..... 1,000
- 2e..... 1,200
- 1e..... 1,400

5° Institutrices adjointes divisées en deux classes........
- 2e..... 1,000
- 1e..... 1,100

Art. 5.—Par application de l'article 6 de loi du 16 juin 1881, le traitement des instituteurs et des institutrices actuellement en exercice en Algérie ne pourra, en aucun cas, devenir inférieur au plus élevé des traitements dont ils auront joui pendant les trois années qui ont précédé la publication du présent décret.

En conséquence, les traitements supérieurs aux taux minima du décret de 1878 et les divers suppléments de traitement sujets à retenue pour la retraite, constitueront une dépense obligatoire pour les communes, aussi longtemps que les titulaires actuels resteront en fonction.

Art. 6.—Une allocation annuelle de 160 francs soumise à retenue, est acquise à tout instituteur ou institutrice d'Algérie, pour la possession de chacun des titres ci-après énumérés :

Brevet supérieur ;
Certificat d'aptitude pédagogique ;
Certificat d'aptitude au professorat des écoles normales ;
Certificat d'aptitude à l'inspection.

La prime pour la connaissance de la langue arabe constitue également un supplément de traitement passible de retenue.

La possession de la médaille d'argent donne lieu à une indemnité viagère de 100 francs.

Art. 7. — Il est pourvu aux dépenses annuelles obligatoires de l'enseignement primaire :

1° A l'aide des ressources communales ;
2° A l'aide d'une subvention de l'État.

Il est fait emploi de ces deux ressources dans les proportions ci-après déterminées :

En ce qui concerne les traitements obligatoires tels qu'ils sont fixés par le paragraphe 1er de l'article 4 du présent décret, la commune est tenue de contribuer jusqu'à concurrence d'une somme représentant le sixième du produit de l'octroi de mer ; le surplus est à la charge de l'État.

Pour couvrir les autres dépenses obligatoires énumérées aux articles 4, 5 et 6 du présent décret, la contribution de la commune devra être portée du sixième au tiers de l'octroi de mer, pour que la subvention de l'État soit exigible.

Art. 8. — Par application de l'article 7 de la loi du 16 juin 1881, sont mises au nombre des écoles primaires publiques donnant lieu à une subvention de l'État après épuisement des ressources communales fixées dans l'article 7 :

1° Les écoles communales des filles qui sont ou seront établies dans les communes de plus de 400 âmes ;

2° Les écoles maternelles ou salles d'asile ;

3° Les classes intermédiaires entre l'école maternelle et l'école primaire, dites classes enfantines, comprenant des enfants des deux sexes et confiées à des institutrices pourvues du brevet de capacité ou du certificat d'aptitude à la direction des écoles maternelles.

Les directrices et sous-directrices d'écoles maternelles ou de classes enfantines sont assimilées, en ce qui concerne la nomination, le traitement et l'avancement, aux institutrices titulaires et aux institutrices adjointes (art. 9 du décret du 15 août 1875 et art. 1er du décret du 27 mai 1878). Elles ont droit aux allocations prévues par l'article 6. En outre, par application du décret du 10 octobre 1881 (art. 6), la possession du brevet de capacité joint au certificat d'aptitude leur donne droit à une augmentation de traitement de 100 francs.

Art. 9. — Nul ne peut être employé comme auxiliaire, moniteur ou monitrice dans une école primaire publique quelconque, soit à titre gratuit, soit avec traitement, s'il n'est pourvu au moins du certificat d'études primaires et agréé à cet effet par l'inspecteur d'académie, sur la proposition du directeur de l'école.

Art. 10. — Les instituteurs et institutrices seront payés mensuellement sur un mandat délivré par le préfet d'après un état dressé par l'inspecteur d'académie.

Le versement sera effectué par le receveur des contributions directes à titre de cotisations municipales, suivant le mode indiqué à l'article 8 de la loi du 19 juillet 1875.

TITRE II.

ORGANISATION DE L'ENSEIGNEMENT PRIMAIRE PUBLIC.

Art. 11. — L'enseignement primaire dans les écoles publiques d'Algérie comprend les matières énumérées dans l'article 1er de la loi du 28 mars 1882, savoir :

Art. 12. — Tout instituteur ou institutrice qui aura fait recevoir dix élèves à l'École normale ou dix indigènes au certificat d'études, pourra obtenir la médaille d'argent en dehors du contingent réglementaire, quelles que soient ses années de services et ses récompenses honorifiques antérieures.

....

Art. 13. — Les écoles primaires publiques vaqueront un jour par semaine en outre du dimanche, afin de permettre aux parents de faire donner, s'ils le désirent, à leurs enfants l'instruction religieuse en dehors des édifices scolaires.

Art. 14. — Est applicable à l'Algérie l'article 3 de la loi du 28 mars 1882.

TITRE III.

OBLIGATION DE L'ENSEIGNEMENT PRIMAIRE.

TITRE IV.

DISPOSITIONS SPÉCIALES RELATIVES A L'INSTRUCTION DES INDIGÈNES.

§ 2. — *Dispositions relatives aux communes de plein exercice et aux communes mixtes.*

Art. 38. — Dans les communes de plein exercice et les communes mixtes, les enfants indigènes sont reçus aux écoles publiques aux mêmes conditions que les Européens ; ils sont soumis aux mêmes règles d'hygiène, de propreté et d'assiduité. Nul enfant ne peut être reçu dans une école publique s'il n'est pas vacciné ou n'a pas eu la petite vérole.

Art. 39. — Dans toute école publique comptant au moins vingt-cinq élèves indigènes, l'instruction de ces élèves, pendant la durée du cours élémentaire, sera confiée de préférence à un adjoint indigène muni du brevet de capacité ou, à son défaut, à un auxiliaire ou moniteur indigène muni du certificat d'études.

L'adjoint breveté sera assimilé pour le traitement et l'avancement aux adjoints français, par dérogation du paragraphe 4 de l'article 1er du décret du 27 mai 1878.

Les moniteurs pourvus du certificat d'études recevront : 1° un traitement fixe qui pourra s'élever par augmentations successives, à un an au moins d'intervalle, de 400 à 900 francs ; 2° une allocation éventuelle de 1 franc par élève et par mois de présence.

Les adjoints et moniteurs indigènes sont nommés par le recteur dans la même forme que les adjoints français ; toutefois, cette nomination dans les communes mixtes devra être faite sur la présentation du préfet.

Art. 40. — Il pourra être créé, pour les enfants indigènes des deux sexes de quatre à huit ans, des écoles enfantines dirigées par des institutrices munies du brevet de capacité ou du diplôme des salles d'asile. Elles pourront être assistées par des monitrices indigènes rétribuées de la même façon que les moniteurs.

Art. 41. — Toutes les créations d'écoles dans les communes mixtes seront faites, après décision du conseil départemental, dans les conditions prescrites par les articles 1 et 2 du présent décret. Cette décision pourra être provoquée, à défaut de la commission municipale, soit par l'autorité administrative, soit par l'inscription académique.

§ 3. — *Dispositions relatives aux communes indigènes.*

Art. 42. — Dans les communes indigènes, des écoles peuvent être créées par décision du gouverneur général sur la proposition du général commandant la division ou à la requête de l'inspecteur d'académie, et dans les deux cas, après avis du conseil départemental.

Pour l'établissement de ces écoles, les communes pourront recevoir des subventions de la Caisse des lycées et écoles. Le traitement des instituteurs sera à la charge de l'État, les autres dépenses à la charge de la commune.

Art. 43. — L'enseignement sera donné dans les écoles des communes indigènes en français et en arabe.

Art. 44. — Les écoles des communes indigènes seront de deux sortes :
Écoles principales ou du centre dirigées par un instituteur français ;
Écoles préparatoires ou de section confiées à des adjoints ou à des moniteurs indigènes, sous la surveillance du directeur de l'école principale.

Art. 45. — Le directeur de l'école principale est nommé par le gouverneur général, sur la présentation du recteur. Il doit remplir les conditions suivantes :
Être pourvu du brevet de capacité ;
Être marié ;
Avoir résidé deux ans au moins en Algérie ;
Avoir obtenu la prime de langue arabe ;
S'engager à exercer pendant cinq ans au moins, dans une commune indigène, sauf un cas de force majeure.

Il recevra un traitement de début de 3,000 francs avec augmentation annuelle de 100 francs ; à ce traitement pourront s'ajouter les allocations prévues par l'article 6 du présent décret.

Il aura un logement avec jardin ou champ.

Il aura droit, en outre, si la résidence l'exige, au nombre de prestations en nature que l'autorité militaire locale déterminera pour assurer ses approvisionnements.

Il aura droit, tous les deux ans, à l'époque des vacances, au transport gratuit, pour lui et sa famille, sur un point quelconque de l'Algérie, ainsi qu'à l'autorisation de passage gratuit en France, et au parcours à demi-tarif sur les chemins de fer français.

Il recevra un supplément de traitement de 200 francs par an passible de retenue pour chaque école préparatoire qui s'ouvrira sous la conduite d'un de ses élèves.

Art. 46. — La mère, la femme, la fille ou la sœur de l'instituteur peut être chargée de la surveillance et du soin des plus jeunes enfants et recevoir à ce titre une allocation de 500 à 800 francs. Si elle est brevetée et peut diriger une école enfantine, elle recevra un traitement de 1,500 francs susceptible d'augmentations annuelles de 100 francs.

Art. 47. — Les adjoints et les moniteurs indigènes chargés des écoles préparatoires seront nommés et rétribués comme il est dit à l'article 39.

Art. 48. — Pour assurer la prompte exécution des mesures prescrites par le titre IV du présent décret, le Ministre de l'instruction publique mettra à la disposition du Recteur d'Alger, par une délégation temporaire, un inspecteur d'académie, et, s'il y a lieu, un ou plusieurs inspecteurs primaires, avec mission d'organiser, sous les ordres du Recteur, le service de l'instruction primaire des indigènes.

Art. 49. — Sont et demeurent rapportées les dispositions des règlements antérieurs, contraires au présent décret.

....

Jules GRÉVY.

Par le Président de la République:

Le Ministre de l'instruction   *Le Ministre des finances,*
   publique et des beaux-arts,   P. TIRARD.
          Duvaux.

DÉCRET

du 16 février 1883,

contenant une disposition additionnelle au décret du 13 février 1883, sur l'enseignement primaire en Algérie.

. . . .

« Art. 50. — *Dispositions transitoires.* — Le présent décret sera exécutoire à dater du jour de sa publication. Toutefois, les prescriptions relatives aux traitements du personnel enseignant auront leur effet pour l'exercice tout entier, et le calcul de ces traitements sera établi à compter du 1er janvier 1883 » . . . .

DÉCRET

du 17 février 1883,

relatif aux emplois de commis principaux et de commis auxiliaires dans les bureaux des inspections académiques.

Le Président de la République française,

Sur le rapport du ministre de l'instruction publique et des beaux-arts ;

Vu le décret du 24 décembre 1879 ;

Vu la loi de finances du 29 décembre 1882,

Décrète :

Art. 1er. — Les employés attachés aux bureaux de chaque inspection académique prennent le titre de commis principaux et de commis auxiliaires.

Art. 2. — Les commis principaux sont répartis en trois classes, et le traitement de chaque classe est fixé comme il suit :

    1re classe. . . . . 3,000 francs.
    2e classe. 2,500   —
    3e classe. 2,000   —

Art. 3. — Les commis auxiliaires sont divisés en trois classes, et le traitement de chaque classe est fixé ainsi qu'il suit :

    1re classe. . . . . 1,800 francs.
    2e classe. 1,600   —
    3e classe. 1,500   —

Art. 4. — Nul ne peut être nommé commis principal, s'il n'est pourvu du brevet supérieur ou du diplôme de bachelier ès lettres ou ès sciences, et s'il n'a été délégué pendant un an dans les fonctions de commis principal.

Peut être nommé directement commis principal le commis auxiliaire qui remplit les conditions de titre indiquées ci-dessus.

Art. 5. — Nul ne peut être nommé commis auxiliaire, s'il n'est pourvu du brevet supérieur ou du brevet simple, complété par le certificat d'aptitude pédagogique, et s'il n'a été délégué d'abord pendant une année au moins dans les fonctions de commis auxiliaire.

Art. 6. — Les commis principaux pourvus du certificat d'aptitude à l'inspection, institué par le décret du 5 juin 1880, peuvent être assimilés, quant aux avantages pécuniaires, aux inspecteurs de l'enseignement primaire.

Ils toucheront les traitements indiqués à l'article 2 et recevront des indemnités complémentaires.

Art. 7. — Les commis principaux et les commis auxiliaires qui débutent appartiennent à la dernière classe, à moins qu'ils n'abandonnent une position dont le traitement est supérieur à celui de la dernière classe. Dans ce dernier cas, ils peuvent être nommés à la classe correspondante au traitement qu'ils quittent.

Art. 8. — Le délégué, l'auxiliaire ou le commis principal qui renonce au service administratif peut être nommé dans le service enseignant avec un traitement égal à celui qu'il abandonne.

Art. 9. — Les commis de 1re classe actuellement en fonctions prennent le titre de commis principaux de 2e classe ; les commis de 2e classe prennent le titre de commis principaux de 3e classe.

Art. 10. — Nul commis principal ne peut être promu à une classe supérieure qu'il ne compte cinq ans de services dans la classe inférieure.

Les commis principaux assimilés aux inspecteurs primaires sont soumis aux règles d'avancement établies pour l'inspection primaire.

Art. 11. — Le décret du 24 décembre 1879 est abrogé.

Art. 12. — Le ministre de l'instruction publique et des beaux-arts est chargé de l'exécution du présent décret.

Jules GRÉVY.

Par le Président de la République :
*Le Ministre de l'instruction publique
et des beaux-arts,*
Duvaux.

CIRCULAIRE

du 17 février 1883,

relative au même objet.

Monsieur le Recteur,

Les pouvoirs publics, persuadés de l'importance de jour en jour plus grande que prend le service de l'inspection académique, ont mis, par la loi de finances du 29 décembre 1882, une nouvelle augmentation de crédit à ma disposition, à l'effet de mieux organiser les bureaux des inspecteurs.

Le décret du 17 février 1883, dont j'ai l'honneur de vous adresser ampliation, réalise plusieurs des améliorations qui ont été demandées dans ces derniers temps.

Le personnel des bureaux se compose désormais d'un commis principal et de commis auxiliaires. Le traitement maximum des commis principaux est fixé à 3,000 francs, au lieu que les commis de 1re classe n'avaient jusqu'ici que 2,200 francs. Au-dessous des commis principaux se trouvent des auxiliaires, répartis en trois classes, de 1,500 à 1,800 francs.

Il importe d'exiger, pour toute nomination définitive à ces différentes fonctions, une double condition : la première, que le titulaire ait les grades qui garantissent une instruction suffisante ; la seconde, qu'il ait fait un stage d'au moins une année, pendant lequel son aptitude spéciale au travail des bureaux aura été constatée.

Vous ne me proposerez donc que des candidats munis de grades, et vous les avertirez que leur délégation conditionnelle ne sera transformée en nomination définitive qu'après expérience faite de leur aptitude spéciale à un emploi de bureau. S'il est reconnu qu'ils n'ont pas cette aptitude, ils reprendront leur ancien poste dans l'enseignement ou un poste analogue.

Un autre principe du décret du 17 février est la facilité de passer du service de l'enseignement au service des bureaux, et réciproquement. Le fonctionnaire pourra, dans ces mutations, ne perdre aucun des avantages dont il aura joui. J'ai même voulu que les inspecteurs primaires pussent entrer dans les bureaux de l'inspection sans perdre leurs droits à l'avancement. Une disposition particulière règle dans quelles conditions ils pourront le faire.

Le brevet supérieur est exigé même pour les auxiliaires ; il ne faut pas oublier en effet qu'aujourd'hui, tous les élèves des écoles normales, à peu près sans exception, en sortent avec ce titre de capacité, qui tend à devenir indispensable à tout instituteur désireux d'avancement : il serait étrange qu'il fît défaut précisément à ceux d'entre eux qui deviendront les auxiliaires immédiats du chef de service de l'instruction publique dans le département.

Vous ferez remarquer aux candidats qu'ils pourront, s'ils font preuve de qualités sérieuses, rester peu de temps dans le poste d'auxiliaire. Dans beaucoup de départements, des indemnités votées par les conseils généraux viendront s'ajouter au traitement fixé payé par l'État.

Pour tenir compte de la situation d'un certain nombre d'instituteurs de mérite que les circonstances ont pu empêcher de prendre le brevet supérieur, j'ai décidé que le brevet élémentaire pourrait suffire pour les fonctions d'auxiliaire, s'il était complété par le certificat d'aptitude pédagogique. Toutefois, l'auxiliaire pourvu seulement du brevet simple, complété, ainsi qu'il vient d'être dit, ne pourra pas devenir commis principal. Il est donc d'un intérêt général de ne pas encourager les candidatures de cet ordre. Les dispositions de l'article 5 ont surtout pour objet de ménager des situations acquises et qui méritent un intérêt particulier.

L'exécution de toutes les parties du décret du 17 février ne se fera pas au même moment. Des arrêtés vont nommer commis principaux les commis en fonction conformément à l'article 9. Vous me proposerez un commis auxiliaire pour chacune des inspections académiques où ce poste existe déjà, rétribué par le département. Ne pourront être nommés que les candidats qui remplissent les conditions prévues à l'article 5.

Vous examinerez avec soin le mérite des candidats que vous me présenterez ; s'ils ont déjà été en fonction dans les bureaux, ils pourront être titularisés, sinon ils seront simplement délégués.

Pour les bureaux d'inspection où il n'existe pas d'auxiliaire et où ce poste doit être créé, vous établirez cette nécessité par un rapport spécial.

Quand le travail de nomination d'un auxiliaire par département aura été terminé, vous examinerez dans quels bureaux il serait tout à fait nécessaire de créer un second poste.

En règle générale, il me parait bon que les commis et les auxiliaires soient désignés à mon choix par les inspecteurs mêmes qui doivent les avoir sous leurs ordres. Les inspecteurs seront attentifs à rechercher, dans le personnel de leur circonscription, les candidats qui conviendraient le mieux au service des bureaux.

Le vote très libéral des pouvoirs publics ne suppose pas que nous puissions renoncer aux subventions des départements. Dans un certain nombre de cas, ces subventions seront seulement diminuées, à moins que les conseils généraux ne reportent libéralement sur le reste du personnel l'économie qu'ils auraient droit de faire.

Il appartient à MM. les inspecteurs de conférer de ces questions avec les représentants des départements de vous renseigner à cet égard et de faire en sorte que les sacrifices de l'État, en s'ajoutant aux indemnités données par les conseils généraux, concourent à l'excellent fonctionnement d'un service pour lequel nous n'aurons jamais trop de sollicitude, car il est appelé à exercer la plus grande influence sur le développement de l'enseignement primaire.

Recevez, Monsieur le Recteur, l'assurance de ma considération très distinguée.

Le Ministre de l'instruction publique
et des beaux-arts,
DUVAUX.

CIRCULAIRE

du 20 février 1883,

relative à l'épreuve de dessin, dans l'examen du brevet supérieur.

Monsieur le Recteur,

J'ai décidé qu'à l'avenir, l'épreuve de dessin, à l'examen du brevet supérieur, ne serait pas faite d'après un modèle lithographié, mais bien d'après un modèle en relief. Or, comme divers établissements : lycées, écoles normales, écoles municipales, possèdent des collections de plâtres, l'administration centrale n'aura pas à faire parvenir de modèles dans les chefs-lieux de département, et, pour chaque session, il suffira qu'elle indique aux inspecteurs d'académie, en temps utile, les numéros du catalogue officiel qui devront servir de sujets de composition. Les candidats se rendront pour cette épreuve dans l'établissement qui possède les modèles, soit lycées, soit écoles municipales de dessin, soit écoles normales. Toutefois, s'il s'agit des aspirantes et que l'épreuve doive être subie au lycée, elle sera toujours fixée à un jeudi.

Recevez, Monsieur le Recteur, l'assurance de ma considération très distinguée.

Le Ministre de l'instruction publique
et des beaux-arts,
DUVAUX.

CIRCULAIRE
du 20 février 1883,

relative à l'épreuve de langue vivante dans les examens du certificat d'études primaires supérieures.

Monsieur le Préfet,

Je crois devoir appeler votre attention toute particulière sur l'article 8 de l'arrêté du 23 décembre 1882 portant organisation des examens du certificat d'études primaires supérieures. Cet article décide que les épreuves orales comprennent nécessairement un examen de langue vivante. Cette disposition est justifiée par le programme du 15 janvier 1881 qui exige l'enseignement d'une langue vivante au moins dans les écoles de trois ans et plus.

Si l'on veut que les élèves puissent se préparer au certificat récemment institué et dont vous reconnaîtrez toute l'importance, il est de la plus urgente nécessité que tous les établissements d'enseignement primaire supérieur de trois ans et plus possèdent un professeur au moins de langue vivante. Le traitement de ces professeurs spéciaux a été prévu par l'article 8 du décret du 29 octobre 1881.

Je vous prie, en conséquence, de prendre sans aucun retard les mesures indispensables pour organiser l'enseignement dont il s'agit dans toutes les écoles de votre département où il est obligatoire et qui ne l'auraient pas encore donné. Vous voudrez bien me faire savoir, en outre, si les programmes déterminés par le décret du 29 octobre 1881 sont complètement et rigoureusement suivis dans tous vos établissements d'enseignement primaire supérieur et si ces écoles satisfont, par le nombre et par les titres pédagogiques des maîtres qui y enseignent, aux prescriptions du même décret.

Recevez, Monsieur le Préfet, l'assurance de ma considération très distinguée.

Le Ministre de l'instruction publique
et des beaux-arts,

DUVAUX.

CIRCULAIRE

du 26 février 1883,

Accordant à tous les mousses de 10 à 13 ans s'ils sont inscrits maritimes, et justifiant de leur embarquement, la dispense de la fréquentation scolaire d'une durée de trois mois. (Art. 15 de la loi du 28 mars 1882.)

ARRÊTÉ

du 27 février 1883,

relatif aux récompenses honorifiques.

Le président du conseil, ministre de l'instruction publique et des beaux-arts,

Vu l'arrêté du 20 juillet 1881 ;

Considérant qu'il importe de fixer une date précise et uniforme pour la concession des récompenses honorifiques faites chaque année aux instituteurs, institutrices et directrices d'écoles maternelles ;

Qu'en présence des avantages attribués à la médaille d'argent, la mesure dont il s'agit est particulièrement nécessaire en ce qui concerne cette récompense ;

Arrête :

Les médailles et mentions honorables seront décernées, chaque année, le 14 juillet, aux instituteurs, institutrices et directrices d'écoles maternelles, dans la forme prescrite par l'arrêté susvisé.

JULES FERRY.

LOI

du 20 mars 1883,

portant augmentation des fonds de subvention et d'avances mis à la disposition de la caisse des lycées, collèges et écoles primaires.

Le Sénat et la Chambre des députés ont adopté,

Le Président de la République française promulgue la loi dont la teneur suit :

TITRE Iᵉʳ.

DES SUBVENTIONS ALLOUÉES AUX COMMUNES SUR LES FONDS DE L'ÉTAT ET DES AVANCES A FAIRE AUX DÉPARTEMENTS ET AUX COMMUNES.

Art. 1ᵉʳ. — Le fonds de subvention de cent dix millions de francs (110,000,000 fr.) affecté aux écoles primaires par les lois du 1ᵉʳ juin 1878 et du 2 août 1881, est augmenté de quarante millions de francs (40,000,000 fr.), payables en trois annuités à partir de 1883.

Art. 2. — Il sera pourvu à cette dépense au moyen d'un prélèvement d'égale somme sur l'excédent de recettes de l'exercice 1880.

Art. 3. — Il est ouvert au ministre de l'instruction publique et des beaux-arts, sur l'exercice 1883, en sus des crédits accordés par la loi de finances et par les lois spéciales, un crédit extraordinaire de treize millions trois cent trente-trois mille trois cent trente-trois francs trente-trois centimes (13,333,333 fr. 33 c.), à inscrire à un chapitre spécial classé à la première section (service de l'instruction publique) sous le nº 41 et intitulé : « Complément de subvention à la caisse des lycées, collèges et écoles primaires. »

Art. 4. — La somme de 110 millions de francs, mise à titre d'avances remboursables par les deux lois précitées, à la disposition des départements et des communes dûment autorisés à emprunter, est augmentée de quatre-vingts millions de francs (80,000,000 fr.), payables en trois annuités à partir de 1883.

Art. 5. — Les départements sont admis à participer auxdites avances, à l'effet de fournir aux communes les subventions qui leur sont allouées sur le budget départemental pour la construction de leurs maisons d'école.

Art. 6. — Les dispositions des lois des 1ᵉʳ juin 1878 et 2 août 1881, relatives aux conditions de réalisation et d'emploi de subvention et des avances mises à la disposition des départements et des communes, et notamment les articles 3, 4, 5 et 6 de la loi du 1ᵉʳ juin 1878, et les articles 4, 8, 9, 12, 14, 15 et 17 de la loi du 2 août 1881, sont applicables à la dotation complémentaire de 40 millions de francs et au supplément d'avances de 80 millions de francs accordés par la présente loi.

Toutefois, la dotation complémentaire de 40 millions de francs sera versée à la caisse des lycées, collèges et écoles au moyen du crédit prévu aux articles 2 et 3 de la présente loi et ne donnera lieu à aucun décompte d'intérêts au profit du Trésor.

Art. 7. — L'annuité de 20 millions de francs pour solde des subventions et avances consenties à la caisse des lycées, collèges et écoles, dont il ne devait être fait emploi qu'en 1887, conformément à la loi du 2 août 1881, pourra être appliquée à l'année 1883, en augmentation du montant des annuités fixées pour ladite année par la loi du 3 juillet 1880 et par celle du 2 août 1881 précitée.

TITRE II.

DE L'OBLIGATION DE CONSTRUIRE DES MAISONS D'ÉCOLE DANS LES CHEFS-LIEUX DES COMMUNES ET DANS LES HAMEAUX.

Art. 8. — Toute commune est tenue de pourvoir à l'établissement de maisons d'école au chef-lieu et dans les hameaux ou centres de population éloignés dudit chef-lieu ou distants les uns des autres de 3 kilomètres, et réunissant un effectif d'au moins 20 enfants d'âge scolaire.

Art. 9. — Lorsque la création d'une école aura été décidée, conformément aux lois et règlements, les frais d'acquisition, de construction et d'appropriation des locaux scolaires ou des frais de location de l'immeuble, ainsi que les frais d'acquisition du mobilier scolaire, constituent pour la commune une dépense obligatoire.

Il est pourvu à la dépense, soit par un prélèvement sur les ressources disponibles de la commune, soit par un emprunt contracté à la caisse spéciale, soit enfin par des subventions du département et de l'État.

Art. 10. — A défaut d'un vote du conseil municipal ou sur son refus, le préfet, après avis du conseil général, et, si cet avis n'est pas favorable, en vertu d'un décret du Président de la République rendu au conseil d'État, pourvoit d'office, par un arrêté, au payement des frais de construction et d'appropriation des maisons d'école louées ou acquises et d'acquisition de mobiliers scolaires, soit par un prélèvement sur les ressources disponibles de la commune, soit par des subventions du département ou de l'État, soit enfin par un emprunt contracté à la caisse des lycées, collèges et écoles.

Lorsque, dans les conditions énoncées au paragraphe précédent, un emprunt à la caisse des lycées, collèges et écoles aura été jugé nécessaire, le maire, ou, sur son refus, un délégué spécial, nommé en exécution de l'article 15 de la loi du 18 juillet 1837, empruntera à cette caisse, après y avoir été autorisé, la somme nécessaire.

Il sera pourvu au service de l'emprunt au moyen d'une imposition spéciale établie conformément au paragraphe 4 de l'article 39 de la loi du 18 juillet 1837.

L'emplacement de l'école à construire est désigné par le conseil municipal et, à défaut, par le préfet, deux mois après que le conseil municipal aura été régulièrement mis en demeure.

Lorsque le conseil général aura refusé de classer une demande de subvention ou ne se sera pas prononcé dans la session qui suivra celle dans laquelle il aura été dûment saisi, la subvention de l'État pourra être accordée par décret rendu après avis du conseil d'État.

L'article 15 de la loi du 1ᵉʳ juin 1878 est abrogé.

Art. 11. — La somme de dix-sept millions de francs (17,000,000 fr.), accordée à la caisse des lycées, collèges et écoles primaires, à titre de subvention extraordinaire, par l'article 18 de la loi du 3 juillet 1880, pour les dépenses d'acquisition, de construction et d'appropriation des lycées et collèges, peut être appliquée par le ministre de l'instruction publique aux dépenses de même nature concernant les lycées et collèges de jeunes filles.

La présente loi, délibérée et adoptée par le Sénat et la Chambre des députés, sera exécutée comme loi de l'État.

Jules GRÉVY.

Par le Président de la République :

Le Président du Conseil,
Ministre de l'instruction publique
et des beaux-arts,   *Le Ministre des finances,*
    Jules Ferry.   P. Tirard.

CIRCULAIRE

du 20 mars 1883,

sur les dispenses militaires.

Le ministre de la guerre a adressé aux préfets des départements la circulaire suivante, au sujet de l'application de la loi du 16 juin 1881.

Paris, le 20 mars 1883.

J'ai été consulté sur la question de savoir quelles sont les pièces dont il convient de réclamer la production aux jeunes gens de la classe de 1882 qui se disposent à invoquer, devant le conseil de revision, le bénéfice de la dispense prévue à l'article 20 de la loi du 27 juillet 1872.

Il m'a été demandé si l'on doit exiger des intéressés, en outre de leur acte d'engagement décennal, la justification de la possession du brevet de capacité, ou si, au contraire, en ce qui concerne les congrégations vouées à l'enseignement, la lettre d'obédience visée par le recteur d'académie peut, comme avant la loi du 16 juin 1881, être considérée encore aujourd'hui comme un titre suffisant pour ouvrir le droit à la dispense.

La lettre d'obédience, ainsi que toutes équivalences qui avaient été admises par la loi du 15 mars 1850, ont été abolies par la loi du 16 juin 1881, et aujourd'hui, l'acte d'engagement décennal ne peut être valablement souscrit et accepté par le recteur de l'académie qu'autant que le postulant est muni du brevet de capacité. Ce titre, en effet, lui est indispensable pour exercer l'enseignement. C'est dans ce sens que s'exprime M. le ministre de l'instruction publique dans la circulaire adressée aux préfets le 22 septembre 1882, sous le timbre du 2e bureau de la direction de l'enseignement primaire, et dont le premier paragraphe contient la phrase suivante :

« La loi du 16 juin 1881 a rétabli, pour le personnel enseignant de toutes les écoles sans distinction, l'obligation de justifier du brevet de capacité. Sans ce titre, nul ne peut entrer dans la carrière de l'enseignement, nul n'y peut rester, à l'exception de ceux qui comptaient, au 1er janvier 1881, trente-cinq ans d'âge et cinq ans d'exercice. »

La question ci-dessus indiquée se trouve donc résolue, puisque les seuls jeunes gens de la classe de 1882 qui puissent produire des engagements décennaux, dûment acceptés, sont ceux qui ont obtenu le brevet de capacité.

Il m'a été également demandé si les jeunes gens de la classe de 1882 qui justifieraient en même temps d'une nomination régulière dans l'enseignement public antérieure à la promulgation de la loi du 6 juin 1881, et de leur échec aux examens, peuvent obtenir le bénéfice de la dispense conditionnelle par l'application de l'article 3 de ladite loi.

Les dispositions de l'article 3 sont exclusivement applicables aux instituteurs adjoints qui avaient souscrit antérieurement à la loi du 16 juin 1881 l'engagement décennal.

Ce privilège est donc de droit étroit et ne saurait, à aucun titre, être étendu aux jeunes gens, même munis d'une nomination régulière antérieure à la loi du 16 juin, qui n'avaient pas souscrit, à cette époque, l'engagement de se vouer, pendant dix années, à l'enseignement public.

CIRCULAIRE
concernant la concession de drapeaux aux bataillons scolaires.

Du 16 avril 1883.

Monsieur le Préfet,

L'article 4 du décret du 6 juillet 1882, relatif à l'instruction militaire et à la création de bataillons scolaires dans les établissements d'instruction primaire ou secondaire, porte que « tout bataillon scolaire recevra du ministre de l'instruction publique un drapeau spécial qui sera déposé, chaque année, dans celle des écoles dont les enfants auront obtenu, au cours de l'année, les meilleures notes d'inspection militaire. »

J'estime, monsieur le préfet, que l'envoi du drapeau de la France, fait au nom du chef de l'État à un bataillon scolaire, doit être, pour les élèves qui le composent, le plus précieux des engagements et une marque d'honneur dont ils ne sauraient trop chercher à se montrer dignes; je n'en vois pas pour moi de plus haute. Je suis donc décidé à procéder, dans la limite des ressources dont je puis disposer, à la concession de drapeaux qui seraient remis aux bataillons scolaires à l'occasion du 14 juillet prochain; mais, pour que ces récompenses conservent tout le prix qu'on y doit attacher, il faut qu'elles ne soient distribuées qu'à ceux qui ont réellement su les mériter.

Je vous prie, en conséquence, monsieur le préfet, de vouloir bien vous reporter au décret du 6 juillet dernier et me faire connaître s'il existe, dans votre département, un ou plusieurs bataillons scolaires, organisés régulièrement par un arrêté préfectoral rendu après avis de la commission instituée par l'article 2, que vous croiriez devoir me signaler pour la concession d'un drapeau. Vous auriez en ce cas à m'adresser une proposition motivée, en y joignant une délibération de la commission constatant que le bataillon proposé remplit les conditions réglementaires, fonctionne bien et mérite réellement d'obtenir un encouragement.

Si les bataillons actuellement existant ne paraissaient pas suffisamment exercés pour obtenir un drapeau, vous auriez néanmoins à m'adresser le relevé de tous ceux que vous auriez régulièrement autorisés.

Jusqu'ici, en effet, je n'ai pas été avisé de toutes les créations de bataillons scolaires qui ont pu se produire. Je désire être très exactement renseigné à ce sujet pour le passé et tenu au courant pour l'avenir.

Vous voudrez donc bien, désormais, chaque fois que vous autoriserez la création d'un bataillon scolaire, m'adresser immédiatement :

1° La délibération de la commission établissant que la demande est fondée ;

2° La copie de votre arrêté d'autorisation ;

3° Un rapport dans lequel vous me ferez connaître le nombre d'enfants composant le bataillon, l'âge des plus jeunes et celui des plus âgés, le nom de l'instructeur en chef. Vous aurez à m'indiquer si les élèves ont un uniforme, s'ils sont armés, en tout ou en partie, de fusils réglementaires (art. 9), si ceux d'entre eux qui se trouvent en âge d'être exercés au tir le sont effectivement, et à me fournir tous autres renseignements qui vous paraîtraient présenter quelque intérêt.

Je vous prie, monsieur le préfet, de vouloir bien répondre à la présente dépêche avant le 10 juin, dernier délai. Toute proposition en concession de drapeaux qui me parviendrait après ce terme serait considérée comme non avenue.

Recevez, Monsieur le Préfet, l'assurance de ma considération très distinguée.

Le Président du Conseil,
Ministre de l'instruction publique et des beaux-arts,
Jules FERRY.

ARRÊTÉ

Du 25 mai 1883,

relatif aux bataillons scolaires.

En vue de régler les conditions dans lesquelles les bataillons scolaires pourront être passés en revue, les ministres de la guerre, de l'instruction publique et de l'intérieur arrêtent les dispositions suivantes :

Les bataillons scolaires comportant un cadre d'instructeurs militaires doivent être, au point de vue dont il s'agit, considérés comme soumis aux mêmes règles que les corps militaires.

En conséquence, et par analogie avec les prescriptions du décret du 13 octobre 1863, les officiers généraux, les officiers supérieurs exerçant un commandement territorial et les instructeurs en chef des bataillons scolaires ont seuls qualité pour passer en revue et faire défiler devant eux ces bataillons.

Lorsqu'un instructeur en chef fait défiler son bataillon devant lui, il commande lui-même ce défilé qui, dans ce cas, n'a plus le caractère d'un honneur militaire, mais bien celui d'une simple instruction.

Les préfets et les sous-préfets, dans l'étendue de leur circonscription administrative, pourront demander à l'autorité militaire que les bataillons soient passés en revue et défilent en leur présence.

Des demandes semblables pourront être formées par les autorités municipales ; ces demandes seront alors adressées aux préfets et aux sous-préfets, qui les transmettront, avec leur avis, à l'autorité militaire.

L'autorité militaire, après s'être concertée avec les préfets ou sous-préfets, prendra les dispositions nécessaires ou en référera, s'il y a lieu, au ministre de la guerre.

Dans aucun cas, les prises d'armes, les revues et les défilés des bataillons scolaires ne pourront avoir lieu avec ceux de la troupe.

Les mêmes dispositions seront applicables aux réunions en armes des groupes d'enfants non constitués en bataillon.

Le Président du Conseil,
Ministre de l'instruction publique et des beaux-arts,
JULES FERRY.

Le Ministre de l'intérieur,   *Le Ministre de la guerre,*
WALDECK-ROUSSEAU.   THIBAUDIN.

FIN DE LA PREMIÈRE PARTIE.

DEUXIÈME PARTIE

ENSEIGNEMENT MATERNEL

LOI

du 15 mars 1850

sur l'enseignement primaire.

(Extraits.)

Art. 52 ; — art. 58 ; — art. 59.
(Voir plus haut, pages 10 et 12.)

DÉCRET

du 7 octobre 1850,

relatif à l'application de la loi du 15 mars 1850.

(Voir plus haut, page 12 et suiv.).

LOI

du 9 juin 1853

sur les pensions civiles.

(Voir page 15.)

LOI

du 14 juin 1834,

sur l'administration de l'instruction publique.

(Voir page 29.)

DÉCRET

du 27 décembre 1866,

sur les titres honorifiques.

(Voir page 34.)

LOI

du 17 août 1876,

modifiant la loi du 9 juin 1853 sur les retraites, en faveur des fonctionnaires de l'enseignement.

(Voir page 41.)

CIRCULAIRE

du 21 septembre 1876,

sur les pensions de retraite des fonctionnaires de l'enseignement.

(Voir page 42.)

DÉCRET

du 30 juin 1880,

sur les distinctions honorifiques.

(Voir page 60.)

LOI

du 16 juin 1881,

établissant la gratuité absolue de l'enseignement primaire dans les écoles publiques.

(Voir page 62 et suiv.).

ARRÊTÉ

du 20 juillet 1881,

réglant les récompenses honorifiques à décerner aux instituteurs, directrices, etc., etc.

(Voir page 65.)

RAPPORT

du 10 octobre 1881,

relatif au traitement des directrices et sous-directrices d'écoles maternelles.

Monsieur le Président,

La loi du 16 juin 1881 a établi la gratuité absolue de l'enseignement primaire non seulement dans les écoles publiques, mais aussi dans les salles d'asile, actuellement dénommées écoles maternelles. L'article 7 de cette loi contient, en effet, les dispositions suivantes :

« Sont mises au nombre des écoles primaires publiques donnant lieu à une dépense obligatoire pour la commune, à la condition qu'elles soient créées conformément aux prescriptions de l'article 2 de la loi du 10 avril 1867 :

« Les salles d'asile;

« Les classes intermédiaires entre la salle d'asile et l'école primaire, dites « classes enfantines », comprenant les enfants des deux sexes, et confiées à des institutrices pourvues du brevet de capacité ou du certificat d'aptitude à la direction des salles d'asile. »

La situation légale des salles d'asile et des classes enfantines étant définie, il restait à déterminer le traitement qui serait attribué aux maîtresses appelées à diriger ces établissements. L'article 6, paragraphe 3 de la loi, dispose qu'un décret fixera la quotité du traitement de ces maîtresses (1).

Les Chambres ayant assimilé la salle d'asile et la classe enfantine à l'école primaire publique, on rentrera dans les vues du législateur, en attribuant aux directrices et sous-directrices de ces établissements tous les avantages dont jouissent actuellement les institutrices communales. C'est dans cet ordre d'idées qu'ont été fixés les traitements portés dans le décret ci-joint.

J'ai l'honneur d'être, Monsieur le Président, avec le plus profond respect, votre très humble et très dévoué serviteur.

Le président du conseil,
Ministre de l'instruction publique et des Beaux-Arts,
JULES FERRY.

DÉCRET

du 10 octobre 1881,

fixant les traitements des directrices et sous-directrices des écoles maternelles.

Art. 1er. — A partir du 1er janvier 1882, les directrices et sous-di-

(1) Voir l'article 6 de la loi du 16 juin 1881, p. 62.

rectrices d'écoles maternelles publiques exerçant dans les conditions fixées, soit par l'article 2, soit par l'article 4 de la loi du 16 juin 1881 sur les titres de capacité d'enseignement primaire, recevront un traitement calculé conformément aux dispositions de l'article 9 de la loi du 10 avril 1867 (1).

Art. 2. — Les traitements minima des directrices et sous-directrices d'écoles maternelles sont fixés de la manière suivante :

Directrice de 3ᵉ classe	700 francs.
— 2ᵉ classe	800 —
— 1ʳᵉ classe	900 —
Sous-directrice	600 —

Art. 3. — La directrice qui débute appartient à la dernière classe.

La promotion à une classe supérieure est de droit après cinq ans passés dans la classe immédiatement inférieure, et ne peut avoir lieu avant l'expiration de cette période.

Art. 4. — Les directrices et sous-directrices d'écoles maternelles, pourvues du brevet complet, auront droit à un traitement minimum supérieur de 200 francs aux taux fixés par l'article 2. Celles qui seront pourvues du brevet élémentaire auront droit à une augmentation de 100 francs.

Art. 5. — Les directrices et sous-directrices qui auront obtenu la médaille d'argent dans les conditions fixées par le décret du 20 juillet 1881 auront droit à une allocation supplémentaire de 100 francs.

Art. 6. — Les institutrices et adjointes dans les écoles enfantines sont assimilées, en ce qui concerne le traitement, aux directrices et sous-directrices des écoles maternelles.

Art. 7. — Les traitements des directrices et sous-directrices d'écoles maternelles, ainsi que ceux des institutrices et adjointes dans les classes enfantines, seront mandatés par le préfet et acquittés suivant le mode établi en matière de cotisations municipales.

Ils seront payés mensuellement, et par douzièmes, sur le vu d'un état dressé par l'inspecteur d'Académie.

Art. 8. — Le président du conseil, ministre de l'instruction publique et des beaux-arts, est chargé de l'exécution du présent décret.

---

(1) Voir cette loi, p. 35 et suiv.

DÉCRET

du 2 août 1881,

portant règlement général pour les écoles maternelles.

Le Président de la République française,

Sur le rapport du président du conseil, ministre de l'instruction publique et des Beaux-Arts,

Vu l'article 57 de la loi du 15 mars 1850;

Vu les articles 1, 6 et 7 de la loi du 16 juin 1881, relative à la gratuité de l'enseignement primaire (1);

Vu l'article 2 de la loi du 16 juin 1881, relative aux titres de capacité de l'enseignement primaire (2);

Le Conseil de l'instruction publique entendu,

Décrète :

TITRE Ier

DISPOSITIONS COMMUNES AUX ÉCOLES MATERNELLES PUBLIQUES ET LIBRES.
(ORGANISATION, SURVEILLANCE ET DIRECTION.)

Art. 1er. Les écoles maternelles (salles d'asile), publiques ou libres, sont des établissements d'éducation où les enfants des deux sexes reçoivent les soins que réclame leur développement physique, intellectuel et moral.

Les enfants peuvent y être admis dès l'âge de deux ans accomplis et y rester jusqu'à ce qu'ils aient atteint l'âge de sept ans.

Art. 2. L'enseignement des écoles maternelles comprend :

1° Les premiers principes d'éducation morale; des connaissances sur les objets usuels; les premiers éléments du dessin, de l'écriture et de

---

(1) Voir page 58.
(2) Cet article est ainsi conçu :
Art. 2. — Nulle ne peut exercer les fonctions de directrice, ou de sous-directrice de salles d'asile publiques ou libres, sans être pourvue du certificat d'aptitude à la direction des salles d'asile institué par l'article 20, § 1er, du décret du 21 mars 1855. — Voir page 64.

la lecture ; des exercices de langage ; des notions d'histoire naturelle et de géographie ; des récits à la portée des enfants ;

2° Des exercices manuels ;

3° Le chant et des exercices gymnastiques gradués.

Art. 3. Les écoles maternelles sont exclusivement dirigées par des femmes.

Art. 4. Nulle ne peut diriger une école maternelle avant l'âge de 21 ans accomplis, et sans être pourvue du certificat d'aptitude à la direction des écoles maternelles.

Nulle ne peut diriger une école maternelle annexée à un cours normal avant l'âge de 25 ans, ni sans avoir exercé pendant cinq ans dans les écoles maternelles publiques ou libres.

Nulle ne peut être sous-directrice d'école maternelle avant l'âge de 18 ans, ni sans justifier du certificat d'aptitude à la direction des écoles maternelles.

Art. 5. Sont incapables de tenir une école maternelle publique ou libre, les personnes qui se trouvent dans les cas prévus par l'article 26 de la loi du 15 mars 1850.

Art. 6. Indépendamment des autorités instituées par la loi pour la surveillance et l'inspection des écoles, l'inspection des écoles maternelles est exercée :

1° Par les inspectrices générales ;

2° Par les inspectrices départementales.

Les inspectrices générales et départementales sont nommées par le ministre.

Art. 7. Nulle ne peut être nommée inspectrice générale sans avoir au moins 35 ans d'âge et cinq ans de service dans l'enseignement public ou libre et sans être pourvue : 1° du brevet supérieur ; 2° du certificat d'aptitude à la direction des écoles maternelles ; 3° du certificat d'aptitude à l'inspection des écoles maternelles.

Une inspectrice générale fait partie du Comité consultatif de l'enseignement primaire au ministère de l'instruction publique.

Art. 8. Nulle ne peut être nommée inspectrice départementale sans avoir 30 ans d'âge et trois ans de service dans l'enseignement public ou libre, et sans être pourvue : 1° du brevet supérieur ou, à son défaut, du brevet élémentaire complété par le certificat d'aptitude pédagogique ; 2° du certificat d'aptitude à la direction des écoles maternelles ; 3° du certificat d'aptitude à l'inspection des écoles maternelles.

Les inspectrices départementales visitent deux fois par an, au moins, les écoles maternelles de leur ressort et adressent à l'inspecteur d'académie un rapport spécial sur chaque école, à la suite de chaque inspection.

Elles donnent leur avis sur la nomination et la révocation des directrices et sous-directrices d'écoles maternelles publiques, ainsi que sur les récompenses qui peuvent leur être accordées.

Art. 9. . . . .
. . . .
. . . .
. . . .
. . . .
. . . .
. . . .

(Abrogé et remplacé par le décret et l'arrêté du 23 décembre 1882. — *Voir plus loin*.)

Art. 10. Il peut être établi, dans chaque commune où il existe des écoles maternelles, un ou plusieurs comités de dames patronnesses présidés par le maire.

Les membres du comité de patronage sont nommés par le préfet, sur la proposition de l'inspecteur d'académie et après avis du maire.

Ce comité a pour attribution exclusive de veiller à l'observation des prescriptions de l'hygiène, à la bonne tenue de l'établissement et au bon emploi des fonds ou des dons en nature recueillis en faveur des enfants.

Art. 11. L'inspection des écoles maternelles libres porte sur la morale, l'hygiène et la salubrité. Elle ne peut porter sur l'enseignement que pour vérifier s'il n'est pas contraire à la morale, à la Constitution et aux lois.

TITRE II.

ÉCOLES MATERNELLES PUBLIQUES.

Art. 12. Dans les écoles maternelles publiques, les enfants seront divisés en deux sections, suivant leur âge et le développement de leur intelligence.

Art. 13. Les premiers principes d'éducation morale seront donnés dans les écoles maternelles publiques, non sous forme de leçons distinctes et suivies, mais par des entretiens familiers, des questions, des récits, des chants destinés à inspirer aux enfants le sentiment de leurs devoirs envers la famille, envers la patrie, envers Dieu. Ces premiers principes devront être indépendants de tout enseignement professionnel.

Art. 14. Les connaissances sur les objets usuels comportent des explications très élémentaires sur le vêtement, l'habitation et l'alimentation, sur les couleurs et les formes, sur la division du temps, les saisons etc.

Art. 15. Les exercices de langage ont pour but d'habituer les enfants à parler et à rendre compte de ce qu'ils ont vu et compris.

Les morceaux de poésie qu'on leur fait apprendre seront courts et simples.

Art. 16. L'enseignement du dessin comprend (1) :

1° Des combinaisons de lignes au moyen de lattes, bâtonnets. etc.;

2° La représentation sur l'ardoise de ces combinaisons et de dessins faciles faits par la maîtresse au tableau quadrillé ;

3° La reproduction sur l'ardoise des objets usuels les plus simples.

Art. 17. La lecture et l'écriture seront, autant que possible, enseignées simultanément.

Les exercices doivent toujours être collectifs.

Art. 18. L'enseignement du calcul comprend :

1° L'étude de la formation des nombres de 1 à 10;

2° L'étude de la formation des dizaines de 10 à 100 ;

3° Les quatre opérations, sous la forme la plus élémentaire, appliquées d'abord à la première dizaine ;

4° La représentation des nombres par les chiffres ;

5° Des applications très simples du système métrique (mètre, litre, monnaie).

Cet enseignement sera donné au moyen d'objets mis entre les mains des enfants, tels que lattes, bâtonnets, cubes, etc.

Les enfants seront exercés au calcul mental sur toutes les combinaisons de nombres qu'ils auront faites.

Art. 19. Les éléments d'histoire naturelle comprennent la désignation

---

(1) Pour l'exécution de tous ces articles, voir, plus loin, le programme annexé à l'arrêté du 28 juillet 1882.

des parties principales du corps humain, des notions sur les animaux les plus connus, les végétaux et les minéraux usuels.

Cet enseignement est donné à l'aide d'objets réels et de collections formées autant que possible par les enfants et les maîtresses.

Art. 20. L'enseignement de la géographie est descriptif; il s'appuie sur l'observation des lieux où vit l'enfant.

Il comprend :

1° L'orientation (points cardinaux) ;

2° Des notions sur la terre et les eaux ;

3° Quelques indications sur les fleuves, les montagnes et les principales villes de France.

Art. 21. Les récits porteront principalement :

1° Sur les grands faits de l'histoire nationale ;

2° Sur des leçons de choses.

Art. 22. Les exercices manuels consisteront en tressage, tissage, pliage, petits ouvrages de tricot.

Les travaux de couture et tous autres travaux de nature à fatiguer les enfants sont interdits.

Art. 23. L'enseignement du chant comprend :

Les exercices d'intonation et de mesure les plus simples, les chants à l'unisson et à deux parties qui accompagnent les jeux gymnastiques et les évolutions. Les chants sont appropriés à l'étendue de la voix des enfants. Pour ces exercices, les directrices se serviront du diapason.

Art. 24. Les exercices gymnastiques seront gradués de manière à favoriser le développement physique de l'enfant. Ils se composeront de mouvements, de marches, d'évolutions et de jeux dirigés par la maîtresse.

Art. 25. Les leçons ne devront jamais durer plus d'un quart d'heure ou vingt minutes ; elles seront toujours séparées par des chants, des exercices gymnastiques, des marches ou des évolutions.

Art. 26. Les conditions dans lesquelles doivent être établies les écoles maternelles publiques, tant au point de vue des bâtiments que de l'ameublement, seront l'objet d'un règlement spécial

Art. 27. Le matériel d'enseignement de l'école maternelle comprend nécessairement les objets suivants :

Un claquoir, un sifflet ;

Un ou plusieurs tableaux noirs, dont un, au moins, sera quadrillé ;

Une méthode de lecture en tableaux et plusieurs collections d'images ;
Un nécessaire métrique ;
Un globe terrestre et une carte murale de la France ;
Un bouclier ;
Des collections de bûchettes ou bâtonnets, des lattes, des cubes, etc. ;
Une collection de jouets ;
Des ardoises quadrillées d'un côté et unies de l'autre;
Un diapason.

Art. 28. — Aucun enfant n'est reçu dans une école maternelle, s'il n'est muni d'un billet d'admission signé par le maire et s'il ne produit un certificat de médecin, dûment légalisé, constatant qu'il n'est atteint d'aucune maladie contagieuse et qu'il a été vacciné.

Art. 29. Lorsqu'un enfant est présenté dans une école maternelle, la directrice fait connaître aux parents les conditions réglementaires auxquelles ils devront se conformer.

Art. 30. — Un mois de vacances est successivement accordé chaque année aux directrices et sous-directrices d'écoles maternelles.

Art. 31. — Les enfants seront toujours repris avec bienveillance. Ils ne devront jamais être frappés.

Art. 32. — Un médecin nommé par le maire visite une fois par semaine les écoles maternelles.

Il inscrit ses observations sur un registre particulier.

Art. 33. — Les directrices et les sous-directrices des écoles maternelles publiques sont nommées et révoquées dans la même forme que les institutrices publiques. Les mêmes peines disciplinaires leur sont applicables et dans la même forme qu'aux institutrices.

Les directrices sont choisies, autant que possible, parmi les sous-directrices.

Chaque année, la directrice adresse à l'inspectrice départementale un rapport détaillé sur tout ce qui concerne l'établissement qu'elle dirige.

Art. 34. — Dans toute école maternelle publique recevant plus de cinquante enfants, la directrice est aidée par une sous-directrice.

Dans toute école maternelle publique recevant plus de vingt-cinq enfants, la directrice est assistée par une femme de service.

Art. 35. — Les directrices et sous-directrices d'écoles maternelles publiques pourvues du brevet de capacité sont assimilées aux institutrices titulaires et adjointes pour la fixation du taux du traitement, les conditions de l'avancement et du logement.

Art. 36. — La femme de service est nommée, dans chaque école maternelle publique, par la directrice, avec agrément du maire ; elle est révoquée dans la même forme.

Art. 37. — Un règlement des écoles maternelles publiques de chaque département sera rédigé par le conseil départemental, d'après les indications générales d'un règlement-modèle arrêté par le ministre de l'instruction publique en conseil supérieur (1).

TITRE III.

ÉCOLES MATERNELLES LIBRES.

Art. 38. — Quiconque veut ouvrir ou diriger une école maternelle libre doit se conformer préalablement aux dispositions prescrites par les articles 25 et 27 de la loi du 15 mars 1850, et 1, 2 et 3 du décret du 17 octobre 1850.

Le préfet peut faire opposition à l'ouverture de l'école maternelle, dans les cas prévus par l'article 28 de la loi du 15 mars 1850 et par l'article 4 du décret du 17 octobre 1850. L'opposition est jugée par le conseil départemental, contradictoirement et à bref délai. Le recours est admis lorsque l'opposition est faite à la personne. Si le maire refuse d'approuver le local, il est statué à cet égard par le conseil départemental.

A défaut d'opposition, l'école maternelle peut être ouverte à l'expiration du mois.

Art. 39. — Le conseil départemental peut, par application de l'article 30 de la loi du 15 mars 1850, censurer, suspendre pour un temps qui ne pourra excéder six mois, ou interdire de l'exercice de sa profession, dans la commune où elle réside, une directrice ou une sous-directrice d'école maternelle libre.

Il peut frapper d'interdiction absolue une directrice ou une sous-directrice d'école maternelle libre ou publique, sauf appel devant le conseil supérieur de l'instruction publique dans les délais légaux.

(1) Voir ce règlement-modèle du 2 août 1881.

TITRE IV.

EXAMENS.

Art. 40. — Il est institué, dans chaque département, une commission d'examen chargé de constater l'aptitude des personnes qui aspirent à diriger les écoles maternelles.

La commission tient une session ordinaire par an. La date de l'ouverture de la session est fixée par le ministre.

Les membres de la commission d'examen sont nommés pour trois ans par le conseil départemental de l'instruction publique.

La commission d'examen se compose :

De l'inspecteur d'académie, président ;

D'un inspecteur de l'instruction primaire faisant fonctions de secrétaire ;

D'un ou plusieurs membres de l'enseignement public ou libre ;

De l'inspectrice départementale.

Les commissions ne peuvent délibérer qu'autant que cinq de leurs membres sont présents. Les délibérations sont prises à la majorité des suffrages. En cas de partage, la voix du président est prépondérante.

Pour procéder à l'examen oral, la commission ne peut, dans aucun cas, se subdiviser en sous-commission de trois membres.

Art. 41. — Les certificats d'aptitude sont délivrés au nom du recteur par l'inspecteur d'académie dans les départements, et, à Paris, par le vice-recteur.

Art. 42. — Nulle n'est admise devant une commission d'examen avant l'âge de 18 ans, et sans avoir déposé entre les mains de l'inspecteur d'académie, un mois avant l'ouverture de la session :

1° Son acte de naissance ;

2° Des certificats attestant sa moralité et indiquant les lieux où elle a résidé et les occupations auxquelles elle s'est livrée depuis trois ans au moins.

Aucune dispense d'âge ne pourra être accordée, sauf dans le cas où l'aspirante serait déjà pourvue du brevet de capacité.

Art. 43. — L'examen se compose de deux parties distinctes :

1° Un examen d'instruction ;

2° Un examen pratique.

L'examen d'instruction comprend :

Des épreuves écrites ;

Des épreuves orales.

Épreuves écrites :

1° Une dictée d'orthographe, de vingt lignes environ, tirée d'un texte simple et facile ; la dictée sert d'épreuve d'écriture ;

2° La solution raisonnée de deux questions d'arithmétique portant sur les applications du calcul et du système métrique ;

3° Une rédaction d'un genre simple (lettre, récit, rapport) ;

4° Un dessin au trait sur ardoise d'après un objet usuel.

Les aspirantes exécuteront, en outre, des travaux à l'aiguille.

Épreuves orales :

1° Principes d'éducation morale ;

2° Lecture ; explication du texte et questions de la grammaire ;

3° Géographie ; notions générales, géographie de la France ;

4° Histoire de France (grands faits et grands hommes) ;

5° Notions élémentaires d'histoire naturelle et hygiène applicables aux leçons de choses ;

6° Chant (un exercice sur un chant très simple).

L'examen pratique a lieu dans une école maternelle, préalablement désignée, et où les aspirantes ont le droit d'assister aux exercices deux jours avant l'examen.

Cet examen se compose des exercices ordinaires de l'école ; il est accordé une heure pour la préparation de la leçon.

L'aspirante doit remplir les fonctions de directrice pendant une partie de la séance, et celles de sous-directrice pendant l'autre partie.

Une heure est donnée à chaque aspirante pour préparer sa leçon ; les sujets sont tirés au sort ;

Le jury exprime la valeur de chacune des épreuves par les notes qui suivent :

Très bien ; — Passable ; — Bien ; — Mal ; — Nul.

Pour l'épreuve d'orthographe, cinq fautes entraînent la nullité ; trois ou quatre fautes, la note *mal* ; deux fautes, la note *passable* ; une faute et une demi-faute, la note *bien* ; la dictée ayant moins d'une demi-faute donne seule droit à la note *très bien*.

Les notes données par la commission sont le résultat de l'appréciation faite en commun de chaque épreuve.

La note *nul* sur l'une des matières entraîne l'ajournement.

A chacun des examens, deux notes *mal* entraînent l'ajournement, à moins qu'elles ne soient compensées par deux notes *très bien*.

Art. 44. — Il pourra être créé, dans chaque académie, aux frais de 'Etat, un cours normal des écoles maternelles analogue à celui qui existe à Paris sous le nom d'école Pape-Carpantier.

Un décret ultérieur déterminera les conditions d'existence de ces établissements (1).

Art. 45. — Les décrets du 16 mai 1854 et du 21 mars 1855, les arrêtés du 25 mars 1855, du 28 mars 1857, du 5 août 1859 et du 30 juillet 1875 sont et demeurent rapportés.

Fait à Paris, le 2 août 1881.

J. GRÉVY.

ARRÊTÉ

du 2 août 1881.

Règlement scolaire modèle, pour servir à la rédaction des règlements départementaux relatifs à la tenue des écoles maternelles publiques.

Art. 1er. — Pour être admis dans une école maternelle, les enfants devront avoir plus de deux ans et moins de sept ans.

Art. 2. — Tout enfant dont l'admission dans une école maternelle est demandée doit présenter un bulletin de naissance et un certificat de médecin constatant qu'il a été vacciné ou qu'il a eu la petite vérole, et qu'il n'est pas atteint de maladies ou d'infirmités de nature à nuire à la santé des autres enfants.

Art. 3. — Les écoles maternelles publiques sont ouvertes du 1er mars

---

(1) Voir ci-après, le décret en date du 27 juillet 1882, page 231.

Voir aussi, page 230, même date, le décret de réorganisation de l'école Pape-Carpantier.

au 1er novembre, depuis 7 heures du matin jusqu'à 7 heures du soir ; du 1er novembre au 1er mars, depuis 8 heures du matin jusqu'à 6 heures du soir.

Les écoles maternelles ne peuvent être fermées que les dimanches et jours fériés, savoir : le 1er et le 2 janvier, le lundi de Pâques, le jour de l'Ascension, le lundi de la Pentecôte, le jour de l'Assomption, le jour de la Toussaint et le jour de Noël et les jours de fête nationale.

Les heures d'entrée et de sortie des enfants peuvent être modifiées, pour chaque commune, suivant les convenances locales, sur l'avis de l'inspecteur d'académie, par le conseil départemental. Les parents devront se conformer exactement à la règle ainsi établie, sous peine d'exclusion des enfants après avertissement.

Art 4. — Les parents qui négligent de venir chercher leurs enfants aux heures indiquées par les règlements sont avertis. En cas de récidive, l'enfant est rendu à sa famille. L'exclusion toutefois ne peut être prononcée que par le maire, sur la proposition de la directrice et après avis du comité de patronage. Les parents qui en feront la demande pourront reprendre leurs enfants à midi.

Art. 5. — A l'arrivée des enfants à l'école maternelle, la directrice doit s'assurer par elle-même de leur état de santé et de propreté, de la quantité et de la qualité des aliments qu'ils apportent.

L'enfant amené à l'école maternelle dans un état de maladie n'est pas reçu ; s'il devient malade dans le courant de la journée, il est reconduit chez ses parents, et, en cas d'urgence, envoyé chez le médecin de l'établissement.

Les enfants fatigués ou indisposés sont déposés sur un lit de camp.

Art. 6. — En cas d'absence réitérée d'un enfant, la directrice s'enquiert des causes de cette absence. Elle en donne, dans tous les cas avis à la présidente du comité de patronage, qui fait visiter, s'il y a lieu, cet enfant dans sa famille.

Art. 7. — A l'entrée et à la sortie de chaque classe, les enfants sont conduits en ordre aux lieux d'aisances; ils sont toujours surveillés par la directrice et la sous-directrice. L'après-midi, avant la rentrée en classe, les enfants sont également conduits en ordre au lavabo.

Art. 8. — Il est donné aux enfants, à titre de récompense, des bons points, des images ou des jouets. A la fin de chaque mois, les bons points sont échangés contre des images ou des jouets.

Art. 9. — Les seules punitions permises sont les suivantes :

Interdiction, pour un temps très court, du travail et des jeux en commun ;

Retrait des bons points.

Art. 10. — Il est interdit de surcharger la mémoire des enfants de dialogues ou scènes dramatiques en vue de solennités publiques.

Art. 11. — Les directrices d'écoles maternelles publiques tiennent :

1° Un registre sur lequel sont inscrits les noms et prénoms des enfants, la date de leur naissance, la date du certificat du médecin, la date de l'admission, la date de la sortie, les noms, demeure et profession des parents ou tuteurs ; ce registre contiendra, en outre, une colonne d'observations ; il y sera joint un répertoire par lettres alphabétiques pour faciliter les recherches ;

2° Un registre sur lequel le médecin inscrit ses observations ;

3° Un carnet destiné au relevé des présences mensuelles ;

4° Un catalogue du mobilier et du matériel d'enseignement, avec indication des entrées et sorties.

Ces registres seront visés par les inspecteurs et les inspectrices à chacune de leurs visites.

Art. 12. — Il est interdit aux directrices et sous-directrices d'accepter des parents aucune espèce de cadeaux.

Art. 13. — Il ne pourra être introduit dans l'école maternelle aucun livre, aucune brochure ni manuscrit étrangers à l'enseignement.

Art. 14. — Toute pétition, quête, souscription ou loterie est interdite dans l'école maternelle.

Art. 15. — L'école maternelle sera tenue dans un état constant de salubrité et de propreté.

Elle sera balayée et arrosée tous les jours.

L'air y sera fréquemment renouvelé.

Art. 16. — Il ne peut être toléré aucune espèce d'animaux domestiques dans les parties de l'école maternelle réservées aux enfants.

Art. 17. — Le règlement général et le règlement spécial sont affichés dans toutes les écoles maternelles et à la mairie de toutes les communes possédant une de ces écoles.

Fait à Paris, le 2 août 1881.

Le président du conseil,
Ministre de l'instruction publique et des Beaux-Arts,
Signé : Jules FERRY.

ARRÊTÉ

du 27 juillet 1882,

déterminant les conditions de l'examen pour l'obtention du certificat d'aptitude à l'inspection départementale des écoles maternelles.

Le Ministre de l'instruction publique et des beaux-arts,
Vu le décret du 2 août 1881 portant règlement général pour l'établissement des écoles maternelles, et spécialement l'article 9 de ce décret. (Supprimé par suite de l'abrogation de l'art. 9 du décret du 2 août 1881. — *Voir le décret du 23 décembre* 1882.

DÉCRET

du 27 juillet 1882,

portant réorganisation de l'école Pape-Carpentier.

(Extraits.)

. . . .

Art. 1er. — L'école Pape-Carpentier sera désormais destinée à *former des directrices et des professeurs pour les cours normaux d'écoles maternelles* institués dans les diverses académies, soit comme établissements indépendants, soit comme annexes de l'école normale d'institutrices.

Art. 2. — L'école est gratuite; elle se recrute au concours; elle est entretenue au moyen de bourses fondées par l'État, par les départements, par les communes ou par les particuliers.

Art. 3. — Les aspirantes doivent remplir les conditions suivantes :

1° Avoir vingt ans au moins et trente ans au plus dans l'année où elles se présentent. Des dispenses d'âge pourront être accordées ; aucune aspirante ne sera admise à se présenter plus de trois fois ;

2° Être pourvues du certificat d'aptitude à la direction des écoles maternelles et, en outre, soit du brevet supérieur, soit du brevet élémentaire complété par le certificat d'aptitude pédagogique ;

3° Avoir contracté l'engagement de se consacrer pendant dix ans à l'enseignement public.

Art. 4. — L'examen d'admission comprend trois séries d'épreuves :

Épreuves écrites éliminatoires (au chef-lieu du département, sous la présidence de l'inspecteur d'académie), savoir :

1° Une composition sur une matière prise dans le programme des écoles maternelles ;

2° Une composition sur une question de méthode appliquée à l'éducation de la première enfance.

Trois heures sont accordées pour chaque composition ; les textes sont envoyés par l'administration centrale ; les épreuves sont corrigées et l'admissibilité prononcée par une commission siégeant à Paris.

Épreuves orales consistant en interrogations, lecture expliquée et correction d'un devoir d'élève-maîtresse.

Épreuves pratiques consistant en leçons faites dans une école maternelle ou dans une classe enfantine.

DÉCRET

du 27 juillet 1882,

portant organisation de cours normaux pour la préparation de directrices d'écoles maternelles.

Le Président de la République française,

Sur le rapport du ministre de l'instruction publique et des beaux-arts ;

Vu les articles 1er et 7 de la loi du 16 juin 1881 ;

Vu l'article 6 du décret du 29 juillet 1881 ;

Vu les articles 17-26 du même décret ;

Vu l'article 44 du décret du 2 août 1881 (1) ;

Le Conseil supérieur de l'instruction publique entendu,

Décrète :

Art. 1er. — Des cours normaux, pour préparer des directrices d'écoles maternelles, seront annexés aux écoles normales d'institutrices.

(1) Voir page 227.

Art. 2. — Les élèves sont admises au concours; le nombre des élèves à admettre est fixé chaque année par le ministre, sur la proposition du recteur.

Art. 3. — Le régime des cours normaux est l'externat. L'enseignement est gratuit.

Les élèves seront logées dans des familles ou des institutions, les unes et les autres agréées par l'administration. Il pourra être pourvu à leur entretien au moyen de bourses fournies par l'Etat, par les départements et par les communes.

Art. 4. — La durée du cours est d'une année scolaire.

Art. 5. — Les conditions de l'examen d'admission sont les mêmes que celles qui ont été déterminées par l'arrêté du 6 janvier 1882 pour l'admission des élèves-maîtresses dans les écoles normales.

Art. 6. — Les personnes appartenant à l'enseignement public ou libre et pourvues du brevet élémentaire, ainsi que les directrices et sous-directrices d'écoles maternelles publiques actuellement en fonctions, pourront être admises à suivre temporairement les cours.

Art. 7. — Le programme d'enseignement dans les cours normaux comprend :

1° Un cours d'instruction générale, portant sur les matières du cours de première année des écoles normales d'institutrices;

2° Un cours de pédagogie : principes généraux d'éducation ; étude des méthodes et des procédés d'enseignement particulièrement applicables à l'éducation de la première enfance;

3° Des exercices pratiques dans l'école maternelle annexée à l'école normale.

Art. 8. — Le plan d'études des cours normaux, le mode et les conditions de participation de leurs élèves aux leçons et exercices de l'école normale, seront arrêtés par le recteur après avis de la commission de surveillance.

Art. 9. — Les élèves, à leur sortie, devront se présenter aux examens du certificat d'aptitude à la direction des écoles maternelles.

Art. 10. — Le ministre de l'instruction publique est chargé de l'exécution du présent décret.

Fait à Paris, le 27 juillet 1882.

JULES GRÉVY.

ARRÊTÉ

du 28 juillet 1882,

réglant l'organisation pédagogique des écoles maternelles publiques.

Le Ministre de l'Instruction publique et des Beaux-Arts,

Vu l'article 7 de la loi du 16 juin 1881;

Vu le décret du 2 août 1881,

Arrête :

Art. 1er. Aucune école maternelle publique ne devra recevoir plus de 150 enfants, à moins d'une autorisation spéciale de l'autorité académique.

Art. 2. Dans toutes les écoles maternelles publiques, les enfants, quel que soit leur nombre, sont divisés en deux sections, conformément aux prescriptions du décret du 2 août (art. 12); chaque section, si le nombre des élèves l'exige, peut être subdivisée en groupes dont chacun est confié à une des maîtresses attachées à l'école.

Art. 3. Le classement des enfants sera fait chaque année par la directrice à l'époque de la rentrée des écoles primaires, sous le contrôle de l'inspectrice, et, à son défaut, de l'inspecteur primaire.

Art. 4. Les divers cours de l'école maternelle tels qu'ils sont définis par l'article 2 du décret du 2 août 1881 ont pour objet de commencer l'éducation physique, l'éducation intellectuelle et l'éducation morale des jeunes enfants. Les exercices qu'ils comprennent seront répartis d'après les indications des programmes ci-annexés (1).

Art. 5. Le détail de la répartition des heures par semaine est arrêté pour chaque école maternelle par la directrice, après approbation de l'inspectrice ou, à son défaut, de l'inspecteur primaire.

Art. 6. Il sera rédigé, par les soins de la commission des bâtiments scolaires, une instruction relative aux conditions d'installation matérielle des écoles maternelles publiques. Cette instruction tiendra lieu du règlement spécial prévu par l'article 26 du décret du 2 août 1881.

Jules FERRY.

(1) Voir pages 234 et suiv.

PROGRAMMES.

1° *Objet de l'école maternelle.* — L'école maternelle a pour but de donner aux enfants au-dessous de l'âge scolaire « les soins que réclame leur développement physique, intellectuel et moral » (décret du 2 août 1881), et de les préparer ainsi à recevoir avec fruit l'instruction primaire.

L'école maternelle n'est pas une école au sens ordinaire du mot : elle forme le passage de la famille à l'école, elle garde la douceur affectueuse et indulgente de la famille, en même temps qu'elle initie au travail et à la régularité de l'école.

Le succès de la directrice d'école maternelle ne se juge donc pas essentiellement par la somme des connaissances communiquées, par le niveau qu'atteint l'enseignement, par le nombre et la durée des leçons; mais plutôt par l'ensemble des bonnes influences auxquelles l'enfant est soumis, par le plaisir qu'on lui fait prendre à l'école, par les habitudes d'ordre, de propreté, de politesse, d'attention, d'obéissance, d'activité intellectuelle qu'il y doit contracter, pour ainsi dire en jouant.

En conséquence, les directrices devront se préoccuper beaucoup moins de livrer à l'école primaire des enfants déjà fort avancés dans leur instruction que des enfants bien préparés à s'instruire. Tous les exercices de l'école maternelle seront réglés d'après ce principe général ; ils doivent aider au développement des diverses facultés de l'enfant sans fatigue, sans contrainte, sans excès d'application ; ils sont destinés à lui faire aimer l'école et à lui donner de bonne heure le goût du travail, en ne lui imposant jamais un genre de travail incompatible avec la faiblesse et la mobilité du premier âge.

Le but à atteindre, en tenant compte des diversités de tempérament, de la précocité des uns, de la lenteur des autres, ce n'est pas de les faire tous parvenir à tel ou tel degré de savoir en lecture, en écriture, en calcul, c'est qu'ils sachent bien le peu qu'ils sauront, c'est qu'ils aiment leurs tâches, leurs jeux, leurs leçons de toute sorte ; c'est surtout qu'ils n'aient pas pris en dégoût ces premiers exercices scolaires qui seraient si vite rebutants, si la patience, l'enjouement, l'affection ingénieuse de la maîtresse ne trouvaient le moyen de les varier, de les égayer, d'en tirer ou d'y attacher quelque plaisir pour l'enfant.

Une bonne santé; l'ouïe, la vue, le toucher déjà exercés par une suite graduée de ces petits jeux et de ces petites expériences propres à faire l'éducation des sens; des idées enfantines mais nettes et claires sur les premiers éléments de ce qui sera plus tard l'instruction primaire ; un commencement d'habitudes et de dispositions sur lesquelles l'école puisse s'appuyer pour donner plus tard un enseignement régulier ; le goût de la gymnastique, du chant, du dessin, des images, des récits; l'empressement à écouter, à voir, à observer, à imiter, à questionner, à répondre; une certaine faculté d'attention entretenue par la docilité, la confiance et la bonne humeur; l'intelligence éveillée enfin et l'âme ouverte à toutes les bonnes impressions morales, tels doivent être les effets et les résultats de ces premières années passées à l'école maternelle, et si l'enfant qui en sort arrive à l'école primaire avec une telle préparation, il importe peu qu'il y joigne quelques pages de plus ou de moins du syllabaire.

2° *Méthode.* — Ces principes posés, quelle est la méthode qu'il conviendra d'appliquer aux écoles maternelles? C'est évidemment celle qui s'inspire du nom même de l'établissement, c'est-à-dire celle qui consiste à imiter le plus possible les procédés d'éducation d'une mère intelligente et dévouée.

Comme on ne se propose pas dans les écoles maternelles de former ou d'exercer un ordre de facultés au détriment des autres, mais bien de les développer toutes harmoniquement, on ne devra pas s'asservir à suivre avec rigueur aucune des méthodes spéciales qui se fondent sur un système exclusif et artificiel. On s'appliquera, au contraire, en prenant à toutes les méthodes particulières leurs exercices les plus simples, à former à l'aide de ces divers éléments un cours d'instruction et d'éducation qui réponde aux divers besoins du petit enfant et mette en jeu toutes ses facultés. Les exercices qu'elle comprend doivent être très variés : la leçon de choses, la causerie, le chant, les premiers essais de dessin, de lecture, de calcul, de récitation, partagent le temps avec les exercices du corps, les jeux de toute sorte et les mouvements gymnastiques. C'est une méthode essentiellement naturelle, familière, toujours ouverte à de nouveaux progrès, toujours susceptible de se compléter et de se réformer.

3° *Plan et division du cours.*

(Voir les tableaux ci-après.)

PROGRAMME

SECTION DES PETITS ENFANTS.
ENFANTS DE 2 A 5 ANS.

Premiers principes d'éducation morale. (Art. 13 du décret.)	Soins donnés aux enfants en vue de leur faire prendre de bonnes habitudes, de gagner leur affection et de maintenir entre eux l'harmonie. — Première notion du bien et du mal.
Exercices de langage. (Art. 15 du décret.)	Exercices de prononciation.............. Exercices en vue d'augmenter le vocabulaire de l'enfant ; petits exercices de mémoire (chants, fables, récits); questions.
Leçons de choses. CONNAISSANCES SUR LES OBJETS USUELS. PREMIÈRES NOTIONS D'HISTOIRE NATURELLE. (Art. 14 et 19 du décret.)	Nom des principales parties du corps humain; des principaux animaux de la contrée ; des plantes servant à l'alimentation ou les plus visibles pour l'enfant (arbres de la cour, de la route, fleurs familières, etc.). Nom et usage des objets qui sont sous les yeux de l'enfant (objets servant au vêtement, à l'habitation, à l'alimentation, au travail). Étude des couleurs et des formes par des jeux. Notions sur le jour et la nuit. Observations sur la durée (heure, jour, semaine). Le nom du jour, la veille, le lendemain. Age de l'enfant. L'attention des enfants est appelée sur les différences du chaud, du froid, de la pluie, du beau temps. Observations sur la saison, ses travaux, ses productions. Première éducation des sens par de petits exercices. Faire discerner et comparer par l'enfant des couleurs, des nuances, des formes, des longueurs, des poids, des températures, des sons, des odeurs, des saveurs.

(1) Pour les enfants de 5 à 7 ans : *Premières leçons de lecture, d'écriture et d'orthographe usuelle*, par M. Georgin, insp. prim. à Paris ; — *Premiers principes d'éducation morale*, par le même ; — *Méthode et premier livre de lecture*, par Villemereux (4e édition).

SECTION DES ENFANTS DE 5 A 7 ANS
OU CLASSE ENFANTINE (1).

Causeries très simples, mêlées à tous les exercices de la classe et de la récréation.
Petites poésies expliquées et apprises par cœur. — Historiettes morales racontées et suivies de questions propres à en faire ressortir le sens et à vérifier si les enfants l'ont compris. — Petits chants.
Soins particuliers de la maîtresse à l'égard des enfants chez lesquels elle a observé quelque défaut ou quelque vice naissant.

Exercices combinés de langage, de lecture et d'écriture préparant à l'orthographe :
1° Exercices oraux. — Questions très familières ayant pour objet d'apprendre aux enfants à s'exprimer nettement ; corriger les défauts de prononciation ou d'accent local.
2° Exercices de mémoire.
Récitation de très courtes poésies.
3° Exercices écrits.
Premières dictées d'un mot, puis de deux ou trois, puis de très petites phrases.
4° Lectures très brèves faites par la maîtresse, écoutées et racontées par les enfants.

Notions très élémentaires sur le corps humain ; hygiène (petits conseils); petite étude comparée des animaux que l'enfant connaît ; des plantes, des pierres, des métaux ; quelques plantes alimentaires et industrielles ; pierres et métaux d'usage ordinaire.
L'air, l'eau (vapeur, nuage, pluie, neige, glace).
Petites leçons de choses, toujours avec les objets mis sous les yeux et dans les mains des enfants. Exercices et entretiens familiers ayant pour but de faire acquérir aux enfants les premiers éléments des connaissances usuelles (la droite et la gauche; — noms des jours et des mois ; — distinction d'animaux, de végétaux, de minéraux; des saisons), et surtout de les amener à regarder, à observer, à comparer, à questionner et à retenir.
Pour l'ordre à suivre dans les leçons, on essaiera de combiner, toutes les fois qu'on le pourra, en les rattachant à un même objet la leçon de choses, le dessin, la leçon morale, les jeux et les chants, de manière que l'unité d'impression de ces diverses formes d'enseignement laisse une race plus durable dans l'esprit et le cœur des enfants. On s'efforcera de régler, autant que possible, l'ordre des leçons par l'ordre des saisons, afin que la nature même fournisse les objets de ces leçons et que l'enfant contracte ainsi l'habitude d'observer, de comparer et de juger.
Pour guider la maîtresse dans le choix des sujets de leçons, d'après les règles qui précèdent, on a ajouté dans un programme plus détaillé un exemple de répartition des matières, mois par mois. (Voir ci-après ces indications, sous le titre de *Programme spécial des leçons de choses*, p. 187.)

---

(1) Pour les enfants de 5 à 7 ans : les deux petits volumes de Mlle Matrat, inspectrice générale, intitulés : *Education maternelle*, 1er et 2e degré. — *Lectures enfantines*, premières leçons de choses. — par Mlle Matrat.   (Notes de l'éditeur.)

SECTION DES PETITS ENFANTS.
ENFANTS DE 2 A 5 ANS.

Dessin, Écriture, Lecture (1). (Art. 16 et 17 du décret.)	Jeux de cubes, de balles, de lattes, etc.... Mosaïques. Explication d'images très simples (animaux, objets usuels). Petites combinaisons de lignes au moyen de bâtonnets. Représentation sur l'ardoise de ces combinaisons ; description d'objets usuels. Aucun exercice de lecture proprement dite.
Calcul.......................... (Art. 18 du décret.)	Familiariser l'enfant avec les termes : un, deux, trois, quatre, cinq, moitié, demie ; l'exercer à compter jusqu'à 10. Calcul mental sur les dix premiers nombres.
Géographie...................... (Art. 20 du décret.)	Demeure et adresse des parents, nom de la commune. Petits exercices sur la distance; situation relative des différentes parties de l'école. La terre et l'eau. Le soleil (ie levant et le couchant).
Récits, Histoire nationale. (Art. 21 du décret.)	....
Exercices manuels............... (Art. 22.)	Jeux.. Petits exercices de pliage, de tissage, de tressage.
Chant............................ (Art. 23.)	Chants à l'unisson, très simples............. Petits exercices.
Gymnastique..................... (Art. 24.)	Jeux libres et marches....................... Évolutions, mouvements gradués........... Soins d'hygiène et de propreté.

(1) Les deux petits volumes intitulés : *Education maternelle*, par Mlle Matrat, inspectrice générale.

SECTION DES ENFANTS DE 5 A 7 ANS
OU CLASSE ENFANTINE.

Combinaisons de lignes ; représentation de ces combinaisons sur l'ardoise et le papier au crayon ordinaire ou en traits de couleur ; petits dessins d'invention sur papier quadrillé ; reproduction de dessins très simples faits par la maîtresse.
Représentation d'objets usuels les plus simples.
Premiers exercices de lecture.
Premiers éléments d'écriture.
Lettres, syllabes et mots.

Premiers éléments de la numération orale et écrite (1). Petits exercices de calcul mental. Addition et soustraction sur des nombres concrets et ne dépassant pas la première centaine.
Étude des dix premiers nombres et des expressions demie, moitié, tiers, quart.
Les quatre opérations sur des nombres de deux chiffres.
Le mètre, le franc, le litre.

Causeries familières et petits exercices préparatoires servant surtout à provoquer l'esprit d'observation chez les petits enfants en leur faisant simplement remarquer les phénomènes les plus ordinaires, les principaux accidents du sol (2).

Anecdotes, récits, biographies tirées de l'histoire nationale (3); contes, récits de voyage. Explications d'images.

Pliage, tissage, tressage, combinaisons en laines de couleurs sur le canevas ou le papier ; petits ouvrages de tricot.

Chants à l'unisson et à deux parties appris exclusivement par l'audition.

Jeux, marches, évolutions, mouvements, exercices gradués.

---

(1) *Premiers éléments de calcul mental*, par M. Clerc, inspecteur primaire, à Paris.
(2) *Géographie élémentaire*, par Zidler.
(3) *Cent Tableaux illustrés de l'Histoire de France* (Libr. Paul Dupont).
(*Notes de l'éditeur.*)

PROGRAMME SPÉCIAL DES LEÇONS DE CHOSES (1).

OCTOBRE (2).

LEÇON DE CHOSES.

Récits, causeries, questions, autant que possible, avec les objets montrés aux enfants).
La vendange. — Vigne, raisin, vin. — Cuve, tonneau, bouteille, verre, bouchons, litre. — Pommes, cidre. — Houblon, bière.

DESSIN.

(Dessins au trait faits au tableau noir par la maîtresse; on ne fera reproduire par les élèves que ceux de ces dessins qui seraient assez simples et assez faciles pour trouver place dans le petit cours de dessin, tel que le règle le programme ci-après) :
Grappe de raisin, feuille de vigne, pressoir, cuve, tonneau, bouteille, verre, entonnoir, litre.

CHANTS ET JEUX.

(A faire exécuter aux enfants.)
L'automne. (Delbruck.)
Le tonnelier.

NOVEMBRE.

LEÇON DE CHOSES.

Le labourage. — Charrue, herse.
L'éclairage. — Chandelle, bougie, lampes, gaz. — Phare.

DESSIN.

Soc de charrue, herse.
Chandelier, bougeoir, lampe, bec de gaz, phare.

CHANTS ET JEUX.

Le labour. — Les semailles. (Mme Pape-Carpantier.)

DÉCEMBRE.

LEÇON DE CHOSES.

Le chauffage. — Froid, neige, glace, avalanches; Suisse. Alpes; patins, traîneaux. — Thermomètres, poêle, cheminées. — Bois, charbon, allumettes. — Engelures, rhume. — Le foyer, la famille.

DESSIN.

Patin, traîneau, thermomètre, poêle, cheminée, soufflet, pelle, pincettes, pompe à incendie.

CHANTS ET JEUX.

Le petit ramoneur. (Mme Pape-Carpantier.)
Le feu. (Delbruck.)

---

(1) Ce programme, en majeure partie emprunté à un travail de M. l'inspecteur général Cadet, a été adopté par le conseil supérieur de l'instruction publique, à titre d'indication utile aux maîtresses.

(2) Pour les douze mois, adopter comme type : *les Lectures enfantines*, premières leçons de choses, par Mlle Matrat, inspectrice générale, ouvrage rédigé conformément au programme. — (Lib. Paul Dupont). (*Note de l'éditeur.*)

ARRÊTÉ DU 28 JUILLET 1882.

JANVIER.

LEÇON DE CHOSES.

Nouvelle année. — Mouvement de la terre autour du soleil.
Compliments, étrennes ; charité.
Oranges, marrons.
L'habillement. — Fourrures, couvertures, édredon, laine, coton, drap, flanelle, tissage, filage, teintures, aiguilles, épingles.

DESSIN

Sphère.
Oranges.
Marrons.
Tirelire.
Ciseaux.
Mètre à rubans.

CHANTS ET JEUX.

L'hiver. — Souhaits de bonne année (Delbruck.)
Les petites tricoteuses. (Delcasso.)

FÉVRIER.

LEÇON DE CHOSES.

Le corps humain. — Principaux organes des sens.
L'alimentation. — Mets et boissons ; boulanger, boucher, fruitier ; épicier ; faim, appétit, indigestion ; médecin.

DESSIN.

Œil, oreille, nez, main.
Fourneau, casserole, poêle, chaudron, marmite, bouilloire, gril

CHANTS ET JEUX.

La gymnastique. (Lainé.)
Le pain. (Delbruck.)

MARS.

LEÇON DE CHOSES.

L'habitation. — Bois, pierre, fer, briques ; ardoise, plâtre, chaux ; tuile, chaume, zinc. — Diverses industries du bâtiment.
Les abeilles. — Ruche, cellules, cire, miel.

DESSIN.

Maison, fenêtre, porte ; table, lit, chaise, armoire, commode ; mur, rangées de pierres de taille, de briques ; plan d'une maison, charpente ; marteau, scie, tenaille, équerre, compas, fil à plomb, auge, truelle.

CHANTS ET JEUX.

Les petits ouvriers ; — la ronde des abeilles. (Mme Pape-Carpantier.)

AVRIL.

LEÇON DE CHOSES.

La végétation. — Graines, racines, tige ; fleurs, etc.
Les nids d'oiseaux. — Services que nous rendent les oiseaux, hirondelles, chenilles, insectes, hannetons ; vers à soie.

DESSIN.

Fleurs, feuilles, haricots, pois, pommes de terre.

CHANTS ET JEUX.

Le printemps. (Delbruck.)
Le ver à soie. (Mme Pape-Carpantier.

MAI.

LEÇON DE CHOSES.

L'eau. — Ruisseau, rivière, fleuve, mer, marée, bains froids, natation.
La pêche. — Poissons de mer et poissons d'eau douce.
Le blanchissage. — Savon, propreté.

DESSIN.

Baignoire.
Bateau, hameçon, filet, ligne, poisson.
Baquet, pompe, fontaine, puits, battoir.

CHANTS ET JEUX.

Vive l'eau. (Delbruck.)
Les bourgeois de Provence.

JUIN.

LEÇON DE CHOSES.

La ferme. — La fenaison, cheval, âne, chien de berger, loup, mouton, porc, dindon, poule, oie, canard, pigeon ; laiterie, lait, beurre, fromage.

DESSIN.

Terrine, baratte, boîte au lait, litre.

CHANTS ET JEUX.

Le petit berger. — La fenaison. (Delcasso.)

JUILLET.

LEÇON DE CHOSES.

L'orage. — Éclair, tonnerre, grêle, vent, paratonnerre, arc-en-ciel.
Les fruits. — Cerises, fraises, abricots, poires, pommes, prunes.

DESSIN.

Maison, paratonnerre ; arc-en-ciel, parapluie.
Bouquet de cerises, abricots, poires, pommes et prunes.

CHANTS ET JEUX.

L'été. — La marchande de fruits. (Delbruck.)

AOUT.

LEÇON DE CHOSES.

La moisson. — Blé, orge, avoine, farine, pain, pâte, four, boulanger, pâtissier.
Les voyages. — Routes, chemins de fer, bateaux à vapeur ; cartes, points cardinaux, boussole, aimant ; Christophe Colomb ; races d'hommes, la patrie, le monde.

DESSIN.

Gerbe, épi de blé ; faux, faucille ; moulin à vent, paire de meules ; balance, poids.
Locomotive, rails, bateau à voile, à vapeur, rames, gouvernail, boussole.

CHANTS ET JEUX.

Le jeu du blé. (Mme Pape-Carpantier.)
La ronde du tour du monde.

SEPTEMBRE.

LEÇON DE CHOSES.

La chasse. — Chevreuil, cerf, sanglier, loup, renard, lièvre, lapin, perdrix, allouette, caille ; fusils.

La fête du village. — Foire, boutique, feu d'artifice, poudre ; guerre, commerce, monnaie.

DESSIN.

Cor de chasse, carnassière, fusil.

Monnaies.

CHANTS ET JEUX.

Le renard. (Delcasso.)

FIN DE LA DEUXIÈME PARTIE

(1) Voir, à la fin de l'*Appendice*, un Tableau de l'emploi du temps *dans les écoles maternelles*, en conformité du nouveau programme.

TROISIÈME PARTIE

ÉCOLES NORMALES

LOI

du 15 mars 1850,

sur l'enseignement primaire.

(Extraits.)

Art. 52 ; — art. 58 ; — art. 59.
(Voir plus haut, pages 1 et suiv.).

DÉCRET

du 7 octobre 1850,

relatif à l'application de la loi du 15 mai 1850.

(Voir plus haut, pages 12 et suiv.).

LOI

du 9 juin 1853,

sur les pensions civiles.

(Voir page 15).

ÉCOLES NORMALES.

DÉCRET

du 9 novembre 1853,

sur les pensions civiles.

(Voir page 23).

LOI

du 14 juin 1854,

sur l'administration de l'instruction publique.

(Voir page 29).

DÉCRET

du 27 décembre 1866,

sur les titres honorifiques.

(Voir page 34).

LOI

du 17 août 1876,

modifiant la loi du 9 juin 1853 sur les retraites, en faveur des fonctionnaires de l'enseignement.

(Voir page 41).

CIRCULAIRE

du 21 septembre 1876,

sur les pensions de retraite des fonctionnaires de l'enseignement.

(Voir page 42).

LOI

du 27 février 1880,

relatif au conseil supérieur et aux conseils académiques.

(Extraits.)

(Voir page 49).

DÉCRET

du 4 mai 1880,

relatif à l'indemnité de sortie alloué aux élèves-maîtres des écoles normales.

Le Président de la République française,
Sur le rapport du ministre de l'instruction publique et des Beaux-Arts ;
Vu le décret du 19 avril 1862 et spécialement l'article 5 dudit décret,

Décrète :

ART. 1er. — L'indemnité mentionnée en l'article 5 du décret du 19 avril 1862 et qui, aux termes de cet article, ne doit pas excéder cent francs, pourra désormais être portée à deux cents francs, au profit des élèves-maîtres boursiers qui passeront avec succès, à leur sortie de l'École normale, les examens du brevet complet.

Art. 2. — Le Ministre de l'Instruction publique et des Beaux-Arts est chargé de l'exécution du présent décret.

Fait à Paris, le 4 mai 1880.

JULES GRÉVY.

DÉCRET

du 5 juin 1880,

relatif au certificat d'aptitude aux fonctions : d'inspecteur primaire, de directeur ou directrice d'école normale.

(Abrogé et remplacé par le décret du 23 décembre 1882.)

DÉCRET

du 5 juin 1880,

instituant un certificat d'aptitude aux fonctions de l'enseignement scientifique et littéraire dans les écoles normales.

Art. 1er. — Nul ne peut être nommé définitivement aux fonctions de l'enseignement dans les écoles normales primaires d'instituteurs ou d'institutrices, s'il n'a été déclaré apte à ces fonctions, soit dans l'ordre des lettres, soit dans l'ordre des sciences, après un examen spécial dont le programme sera déterminé par un arrêté ministériel pris en conseil supérieur.

Art. 2. — Ne peuvent être admis à cet examen que les candidats qui justifient :

1° De vingt et un ans d'âge ;
2° D'un stage de deux ans au moins dans l'enseignement public ;
3° De l'un des titres suivants :

Diplôme de bachelier ès lettres ou ès sciences, brevet de capacité pour l'enseignement secondaire spécial, brevet complet de l'enseignement primaire.

L'article 3 a été remplacé par l'article unique, ci-après, du décret du 4 janvier 1882 :

Les maîtres adjoints et les maîtresses adjointes pourvus du certificat d'aptitude à l'enseignement dans les écoles normales prennent le titre de professeurs d'écoles normales primaires et jouissent du traitement attaché à ces fonctions.

DÉCRET

du 30 juin 1880

sur les distinctions honorifiques.

(Voir page 60.)

LOI

du 16 juin 1881,

établissant la gratuité absolue de l'enseignement primaire dans les écoles publiques.

(Voir page 62 et suiv.).

DÉCRET

du 29 juillet 1881,

relatif à l'organisation des écoles normales primaires d'instituteurs et d'institutrices.

TITRE Ier.

DE L'ORGANISATION DES ÉCOLES NORMALES.

Art. 1er. — Les écoles normales relèvent du recteur, sous l'autorité du ministre de l'instruction publique.

Art. 2. — Le régime des écoles normales est l'internat. L'internat est gratuit.

Sur la proposition du recteur, et avec l'approbation du ministre de l'instruction publique, les écoles normales peuvent recevoir des demi-pensionnaires et des externes, à titre également gratuit et aux mêmes conditions d'admission.

Art. 3. Tous les ans, le ministre, sur la proposition du recteur et après avis du conseil départemental, fixe le nombre des élèves-maîtres à admettre en première année dans chaque école normale, en qualité d'internes, de demi-pensionnaires ou d'externes.

Art. 4. — La durée du cours d'études est de trois ans.

Art. 5. — A partir de dix-huit ans, si l'élève-maître est pourvu du brevet élémentaire, les années passées à l'école normale comptent pour la réalisation de l'engagement de servir dix ans dans l'enseignement public, pour les deux années de stage exigées des candidats au certificat d'aptitude pédagogique et pour l'avancement dans les fonctions d'enseignement primaire.

Art. 6. — Une école primaire, dans laquelle les élèves s'exercent à la pratique de l'enseignement, est annexée à chaque école normale.

Il y a, en outre, auprès de chaque école normale d'institutrices, une école maternelle (salle d'asile).

Le directeur de l'école annexe a, suivant le titre de capacité dont il est pourvu, le rang de professeur ou de maître adjoint.

Dans aucun cas, il ne peut être chargé d'un service de surveillance à l'école normale.

TITRE II.

DE L'ENSEIGNEMENT DANS LES ÉCOLES NORMALES.

Art. 7. — L'enseignement dans les écoles normales primaires, soit d'instituteurs, soit d'institutrices, comprend (1) :

1° L'instruction morale et civique ;
2° La lecture ;
3° L'écriture ;
4° La langue et les éléments de la littérature française ;
5° L'histoire, et particulièrement l'histoire de France jusqu'à nos jours.

---

(1) Le décret du 9 janvier 1883 a supprimé ces mots : « *L'instruction* « *réservée aux ministres des différents cultes.* »

6° La géographie, et particulièrement celle de la France.

7° Le calcul, le système métrique, l'arithmétique appliquée aux opérations pratiques; des notions de calcul algébrique; des notions de tenue des livres.

8° La géométrie, l'arpentage et le nivellement (pour les élèves-maîtres seulement).

9° Les éléments des sciences physiques avec leurs principales applications.

10° Les éléments des sciences naturelles avec leurs principales applications.

11° L'agriculture (pour les élèves-maîtres); l'économie domestique (pour les élèves-maîtresses); l'horticulture.

12° Le dessin.

13° Le chant.

14° La gymnastique et, pour les élèves-maîtres, les exercices militaires.

15° Les travaux manuels (pour les élèves-maîtres); les travaux d'aiguille (pour les élèves-maîtresses).

16° La pédagogie.

17° A titre facultatif, l'étude d'une ou plusieurs langues vivantes.

L'étude de la musique instrumentale peut être autorisée par le recteur, sur la proposition du directeur.

Le recteur peut aussi accorder aux élèves, à titre temporaire, l'autorisation de suivre des cours accessoires, faits soit dans l'école, soit au dehors.

Un arrêté ministériel pris en conseil supérieur déterminera, d'une manière générale, l'emploi du temps, les programmes d'enseignement des diverses matières, ainsi que le nombre d'heures assigné à chacune d'elles.

La répartition des heures de cours est faite par le directeur, sous l'approbation du recteur.

TITRE III.

DE LA DIRECTION ET DU PERSONNEL ENSEIGNANT.

Art. 8. — Le directeur de l'école normale est nommé par le ministre de l'instruction publique, conformément aux prescriptions du décret du 5 juin 1880.

Indépendamment de la direction matérielle et morale de l'établissement et de la surveillance de l'enseignement, il est chargé des conférences pédagogiques ainsi que des cours de pédagogie et d'instruction morale et civique.

Art. 9. — L'enseignement est donné : 1° par des professeurs nommés par le ministre conformément aux prescriptions du décret du 5 juin 1880 ; 2° par des maîtres adjoints pourvus du brevet supérieur et du certificat d'aptitude pédagogique, et délégués par le ministre ; 3° par des professeurs auxiliaires ou des maîtres spéciaux, délégués par le recteur, après création d'emploi par le ministre.

Il y a dans chaque école normale, outre le directeur de l'école annexe, au moins deux professeurs ou maîtres adjoints de l'ordre des lettres et autant de l'ordre des sciences.

Art. 10. — Des ministres des différents cultes professés par les élèves sont attachés à l'école normale en qualité d'aumôniers. Ils sont nommés par le ministre. Ils résident hors de l'établissement.

Art. 11. — Un professeur ou un maître adjoint, désigné par le ministre, sur la proposition du recteur, est chargé, sous le contrôle du directeur, des fonctions d'économe de l'école normale.

Le cautionnement qu'il devra fournir sera fixé par le ministre de l'instruction publique, de concert avec le ministre des finances.

Il donne, par semaine, huit heures au moins, dix heures au plus, d'enseignement.

Les autres professeurs et maîtres adjoints (à l'exception du directeur de l'école annexe qui doit trente heures de classe), donnent dix-huit heures au moins et vingt heures au plus d'enseignement par semaine.

Chaque année, le recteur, sur la proposition du directeur, arrête la répartition du service entre les différents maîtres.

Art. 12. — Un règlement spécial déterminera les règles de la comptabilité et de la gestion économique dans les écoles normales.

Art. 13. — Le directeur et le fonctionnaire chargé de l'économat habitent dans l'établissement. Ils ne sont pas nourris.

Art. 14. — Les professeurs et les maîtres adjoints sont externes : ils sont déchargés de la surveillance intérieure. Ils sont tenus, toutefois, en dehors des heures d'enseignement, de diriger les promenades, de surveiller les travaux d'agriculture et d'horticulture et, s'il y a lieu, les travaux manuels, ainsi que de participer aux examens et aux conférences pédagogiques aux jours et heures fixés par le directeur.

Les professeurs et les maîtres adjoints qui en feront la demande pourront, sur la proposition du directeur, être autorisés par le recteur à remplir les fonctions de surveillance. En échange de ce service, ils auront droit au logement, à la nourriture et aux prestations en nature.

Dans le cas où il ne se trouverait pas dans le personnel enseignant un nombre de maîtres suffisant pour assurer la surveillance, le recteur peut, à titre provisoire, et sur la proposition du directeur, déléguer, pour prendre part à ce service, d'anciens élèves de l'école, pourvus du brevet supérieur. L'émolument qui leur sera alloué, en outre du logement et de la nourriture, sera soumis à la retenue.

Art. 15. — Dans les écoles normales d'institutrices, les maîtresses adjointes ne peuvent résider hors de l'établissement qu'avec l'autorisation du recteur.

Art. 16. — L'inspecteur d'académie fait au moins deux fois par an l'inspection de l'école.

Le directeur assiste au moins une fois par mois à l'une des leçons de chacun des professeurs et maîtres adjoints.

Tous les trois mois, au moins, il réunit en conseil les professeurs et maîtres adjoints et examine avec eux toutes les questions qui intéressent l'enseignement et la discipline.

TITRE IV.

DE L'ADMISSION DES ÉLÈVES-MAÎTRES.

Art. 17. — Tout candidat à l'école normale doit justifier, au moment de son inscription, qu'il avait, au 1er janvier de l'année dans laquelle il se présente, quinze ans au moins, dix-huit ans au plus, et qu'il est pourvu du certificat d'études primaires institué par l'arrêté du 16 juin 1880.

Toutefois, le ministre pourra, par décision spéciale, autoriser l'inscription de candidats âgés de plus de dix-huit ans et pourvus du certificat d'études. Aucune autre dispense ne sera accordée.

Art. 18. — L'inscription des candidats a lieu du 1er au 31 mars sur un registre ouvert à cet effet dans les bureaux de l'inspecteur d'académie.

Aucune inscription n'est reçue qu'autant que le candidat dépose les pièces suivantes :

1° Sa demande d'inscription portant indication de l'école ou des écoles qu'il a fréquentées depuis l'âge de douze ans;

2° Son acte de naissance;

3° Son certificat d'études primaires;

4° L'engagement de servir pendant dix ans dans l'enseignement public. Cette pièce est accompagnée d'une déclaration par laquelle le père ou le tuteur du candidat l'autorise à contracter cet engagement, et s'engage lui-même à rembourser les frais d'études de son fils ou pupille, dans le cas où celui-ci quitterait volontairement l'école ou les fonctions d'enseignement avant la réalisation de son engagement.

L'acte de naissance, l'engagement décennal, la déclaration du père ou du tuteur sont rédigés sur papier timbré et dûment légalisés.

Art. 19. — Du mois d'avril au mois de juin, une enquête est faite par les soins de l'inspecteur d'académie et des inspecteurs primaires sur les antécédents et la conduite des candidats.

Au vu des pièces exigées, et d'après les résultats de l'enquête, la commission de surveillance arrête, dans la première quinzaine de juillet, la liste des candidats admis à subir les examens d'entrée à l'école.

Art. 20. — (. . . . . supprimé par le décret du 9 janvier 1883.

. . . .
. . . .
. . . .
. . . .
. . . .

Un arrêté ministériel, pris sur l'avis du conseil supérieur, déterminera la forme et les conditions de cet examen

Art. 21. — Les candidats déclarés admissibles sont soumis à la visite du médecin de l'école, assisté d'un médecin assermenté, et ils ne peuvent prendre part aux épreuves définitives que s'il est constaté qu'ils ont été vaccinés ou qu'ils ont eu la petite vérole, et qu'ils ne sont atteints d'aucune infirmité ou vice de constitution qui les rendent impropres aux fonctions d'enseignement.

Art. 22. — Les candidats admis définitivement sont classés par ordre de mérite, sur une liste qui est immédiatement transmise au recteur, avec les procès-verbaux de l'examen.

Le recteur prononce l'admission des élèves-maîtres, d'après l'ordre de mérite, conformément aux prescriptions de l'article 3.

A la liste primitive est jointe une liste supplémentaire, également dressée par ordre de mérite, et suivant laquelle le recteur prononce, en cas de vacances, les admissions ultérieures.

TITRE V.

Des obligations des élèves-maîtres.

Art. 23. — Tous les élèves-maîtres sont tenus de se présenter aux examens du brevet élémentaire de capacité à la fin de la première année et à ceux du brevet supérieur à la fin du cours d'études.

Tous les ans, au mois d'août, sur le vu des notes obtenues par les élèves dans les examens de fin d'année, et sur la proposition du directeur délibérée dans le conseil des professeurs dont il est fait mention à l'article 16, le recteur arrête la liste des élèves admis à passer de première en deuxième année, et de deuxième en troisième année.

Art. 24. — A la fin de la première année, les épreuves du brevet élémentaire tiennent lieu d'examen de passage. Ceux des élèves de cette année qui n'ont pas obtenu le brevet sont rendus à leur famille. Toutefois, sur l'avis favorable du conseil des professeurs, ils peuvent être maintenus provisoirement sur la liste des élèves de deuxième année, à la condition pour eux d'obtenir le brevet à la plus prochaine session ordinaire ou extraordinaire. S'ils échouent une seconde fois, ils cessent de faire partie de l'école.

Art. 25. — Dans le cas de maladie prolongée, un élève-maître peut, sur la proposition du directeur et de la commission de surveillance, être autorisé par le recteur à redoubler une année.

Art. 26. — Tout élève-maître qui quitte volontairement l'école ou qui est exclu pour raison disciplinaire, ou tout ancien élève-maître qui rompt l'engagement prescrit par l'article 18, est tenu de restituer le prix de la pension dont il a joui.

Sur la proposition du recteur et l'avis motivé de la commission de surveillance, le ministre peut accorder des sursis pour le payement des sommes dues, ainsi qu'une remise partielle ou totale de ces mêmes sommes.

TITRE VI.

De la commission de surveillance.

Art. 27. — Il est institué auprès de chaque école normale une commission de surveillance nommée pour trois ans.

Chaque commission est composée ainsi qu'il suit :

L'inspecteur d'académie, président ;

Six membres nommés par le recteur, dont deux conseillers généraux.

Quand le recteur assiste aux séances, il prend la présidence et a voix prépondérante.

En l'absence du recteur et de l'inspecteur d'académie, le doyen d'âge préside la séance.

Le directeur assiste aux réunions de la commission avec voix délibérative.

Art. 28. — La commission de surveillance est chargée, sous l'autorité du recteur :

1° De veiller aux intérêts matériels de l'école et de s'assurer, par des visites mensuelles, du maintien de la discipline et de la bonne tenue de l'établissement ;

2° De rédiger le règlement intérieur de l'école ;

3° D'arrêter la liste d'admissibilité des candidats, conformément aux prescriptions de l'article 19 ;

4° De désigner à la nomination du recteur le médecin de l'école ;

5° De préparer le budget de l'école, et d'examiner le compte de gestion qui lui est soumis par le directeur. A la suite de cette dernière opération, elle adresse au recteur, en double expédition, un rapport contenant ses appréciations ; une de ces expéditions, accompagnée du compte de gestion et des observations du recteur, est envoyée au ministre.

Art. 29. — Chaque année, au mois de juillet, la commission reçoit du directeur un rapport sur la situation matérielle et morale de l'école : elle en délibère, et adresse au recteur ses observations et propositions, dans la même forme que ci-dessus.

Art. 30. — Toutes les délibérations de la commission de surveillance concernant la situation matérielle de l'école et les améliorations à réaliser sont transmises par le recteur au préfet, qui les place sous les yeux du conseil général.

TITRE VII.

DU RÉGIME INTÉRIEUR ET DE LA DISCIPLINE.

Art. 31. — L'enseignement et les exercices religieux . . . . . (1).

---

(1) Cet article est supprimé et remplacé par une autre disposition du décret du 9 janvier 1883.

Art. 32. — Tous les jeudis et tous les dimanches, ainsi que les jours de fête, les élèves-maîtres sont conduits en promenade.

Art. 33. — Des sorties peuvent être autorisées par le directeur, le dimanche, dans des conditions qui seront déterminées par le règlemen intérieur de l'école.

Art. 34. — Les vacances de Pâques commencent le jeudi saint et finissent le lundi qui suit la semaine de Pâques.

Les grandes vacances durent sept semaines : les dates de la sortie et de la rentrée sont fixées par le recteur.

Art. 35. — Tous les élèves ont un costume d'uniforme pour les sorties et les promenades. Les élèves internes sont entretenus aux frais de l'État.

Art. 36. — Les seules punitions que les élèves-maîtres peuvent encourir sont :

1° La privation de sortie, prononcée par le directeur ;

2° La réprimande devant les élèves réunis, infligée, suivant la gravité de la faute, par le directeur, la commission de surveillance, l'inspecteur d'académie, le recteur ;

3° L'exclusion temporaire, pour un temps qui ne peut excéder quinze jours, prononcée par le recteur, sur le rapport de la commission de surveillance ;

4° L'exclusion définitive, prononcée par le ministre, sur la proposition du recteur.

Art. 37. — Tout élève qui s'est rendu coupable d'une faute grave peut être remis immédiatement à sa famille par le directeur, à la charge par lui d'en référer sans délai à l'inspecteur d'académie, et d'en saisir la commission de surveillance.

Art. 38. — Toutes les dispositions du présent décret sont applicables aux écoles normales d'institutrices.

Art. 39. — Le présent décret sera exécutoire à partir du 1er septembre 1881.

Art. 40. — Les décrets du 24 mars 1851, du 2 juillet 1866 et du 22 janvier 1881 sont rapportés.

DÉCRET

du 30 juillet 1881,

portant classement des fonctionnaires et des traitements dans les écoles normales.

Art. 1er. — Les directeurs, professeurs, maîtres adjoints et maîtresses adjointes d'écoles normales primaires sont répartis en trois classes.

Les traitements afférents à chacune de ces classes sont fixés ainsi qu'il suit :

ÉCOLES NORMALES D'INSTITUTEURS.

Directeurs :

3e classe	4.000 fr.
2e classe	4.500
1er classe	5.000

Maîtres adjoints (externes) :

3e classe	2.200 fr.
2e classe	2.500
1re classe	2.800

Professeurs (externes) :

3e classe	2.500 fr.
2e classe	2.800
1re classe	3.100

ÉCOLES NORMALES D'INSTITUTRICES.

Directrices :

3e classe	3.000 fr.
2e classe	3.500
1re classe	4.000

Maîtresses adjointes (internes) :

3e classe	1.400 fr.
2e classe	1.700
1re classe	2.100

Professeurs (internes) :

3ᵉ classe	1.700 fr.
2ᵉ classe	2.100
1ʳᵉ classe	2.400

Il sera alloué aux professeurs et maîtresses adjointes autorisés à résider hors de l'établissement, en vertu de l'article 15 du décret du 29 juillet 1881, un supplément de traitement de 500 francs.

Art. 2. — Le fonctionnaire chargé de l'économat reçoit, outre son traitement fixe, une indemnité annuelle de 500 francs soumise à la retenue.

Art. 3. — Les aumôniers des écoles normales d'instituteurs et d'institutrices sont répartis en trois classes.

Le traitement afférent à chaque classe est fixé ainsi qu'il suit :

3ᵉ classe	1.000 fr.
2ᵉ classe	1.200
1ʳᵉ classe	1.500

Art. 4. — Le traitement des maîtres chargés de la surveillance est fixé au taux unique de 1,000 francs, et celui des maîtresses adjointes chargées du même service au taux unique de 800 francs.

Art. 5. — Les professeurs auxiliaires chargés de cours spéciaux (professeurs de facultés, lycées et collèges), sont rétribués au moyen d'une indemnité calculée à raison de 150 à 300 francs de l'heure.

Les maîtres auxiliaires chargés d'enseignements accessoires (chant, dessin, musique instrumentale, gymnastique, etc.), sont rétribués au moyen d'une indemnité calculée à raison de 100 à 200 francs de l'heure.

Art. 6. — Les modifications résultant du présent décret ne pourront, dans aucun cas, avoir pour conséquence la réduction du traitement des titulaires actuellement en fonctions.

Art. 7. — Les dispositions contraires au présent décret sont et demeurent rapportées.

ARRÊTÉ

du 6 janvier 1882,

concernant les examens d'admission aux écoles normales primaires d'instituteurs et d'institutrices.

Art. 1ᵉʳ. — Il est ouvert, à la fin de chaque année scolaire, dans tous les départements de France et d'Algérie, un concours d'admission aux écoles normales primaires dont la date est fixée par le ministre; en cas d'insuffisance du nombre des candidats déclarés admissibles, un second concours peut être ouvert par le ministre, sur la proposition du recteur, avant la rentrée des classes.

Art. 2. — Les candidats se font inscrire, à l'époque et dans les conditions fixées par l'article 18 du décret du 29 juillet 1881, dans les bureaux de l'inspecteur d'académie du département où ils ont l'intention de se présenter.

Art. 3. — Le concours d'admission aux écoles normales primaires comprend deux séries d'épreuves : la première a pour objet d'arrêter la liste d'admissibilité ; la seconde, la liste d'admission définitive, conformément aux articles 20 et 22 du décret du 29 juillet 1881.

Art. 4. — Les épreuves de la première série sont des épreuves écrites au nombre de cinq, savoir :

1° Une dictée d'orthographe ;

2° Une épreuve d'écriture ;

3° Un exercice de composition française;

4° La solution raisonnée d'une ou plusieurs questions relatives à l'arithmétique et au système métrique ;

5° Une composition de dessin.

La dictée d'orthographe se composera de vingt lignes environ. Le texte sera d'abord lu à haute voix, puis dicté lentement et relu. On ne dictera pas la ponctuation.

L'épreuve d'écriture comprendra une ligne en grosse bâtarde, une ligne en grosse ronde et, en cursive, deux lignes en gros, deux en moyen et quatre en fin.

L'exercice de composition française consistera en un récit ou une lettre d'un genre simple, ou dans une question d'instruction moral et civique..

La composition d'arithmétique comprendra, — outre la solution d'un ou deux problèmes portant sur les nombres entiers, les fractions ordinaires et décimales et le système métrique, — l'explication raisonnée d'une règle.

La composition de dessin consistera en un exercice de dessin à vue d'un genre facile. Elle sera exigée, pour la première fois, au concours d'admission de 1883.

Il est accordé trois quarts d'heure pour l'épreuve d'écriture, dix minutes pour relire la dictée, une heure et demie pour chacune des autres compositions.

Ces épreuves auront lieu dans le cours d'une même journée et dans le lieu fixé par l'inspecteur d'académie. Les trois premières se font le matin, les deux autres l'après-midi, dans l'ordre déterminé plus haut.

Les sujets de composition sont choisis par le ministre, qui les fait parvenir aux inspecteurs d'académie trois jours avant l'examen.

Art. 5. — Chaque composition porte, outre le nom, les prénoms et l'adresse du candidat, la désignation de l'école normale pour laquelle il se présente.

La liste des candidats déclarés admissibles aux épreuves définitives est dressée par ordre alphabétique ; elle contient au plus le double du nombre des places vacantes.

Aussitôt après la correction des épreuves écrites, les candidats admissibles sont convoqués par l'inspecteur d'académie au siège de l'école normale des instituteurs pour les aspirants, de l'école normale des institutrices pour les aspirantes. Ils y subissent : 1° l'examen médical prescrit par l'article 21 du décret du 29 juillet ; 2° la seconde série des épreuves d'admission.

Art. 6. — Cette seconde série se compose d'épreuves orales pendant la durée desquelles les candidats sont logés et nourris gratuitement à l'école normale.

Les épreuves orales portent successivement sur :

1° La langue française ;

2° L'arithmétique et le système métrique ;

3° Les éléments de l'histoire de France et de la géographie ;

4° Le résumé d'une leçon faite par un professeur de l'éco.e ; ce résumé devra être rédigé en une demi-heure, immédiatement après la leçon.

Chacune de ces épreuves durera pour chaque candidat une demi-heure au moins.

Art. 7. — Les aspirants et les aspirantes seront tenus, en outre, de subir deux épreuves dont la nullité entraîne l'ajournement: une épreuve de musique et de chant et une épreuve de gymnastique; enfin les aspirantes subissent une épreuve de couture et les aspirants une épreuve sur les exercices militaires.

Les épreuves de musique et de chant, de gymnastique et d'exercices militaires ne seront obligatoires qu'à partir du concours de 1883.

Art. 8. — Ces épreuves terminées, la commission arrête le classement par ordre de mérite des candidats qu'elle juge pouvoir être admis d'après l'ensemble des épreuves mentionnées aux articles 4 et 6, ainsi que la liste supplémentaire comprenant les candidats qui pourraient être appelés à occuper les places devenues vacantes, en conformité de l'article 22 du décret du 29 juillet 1881.

Les résultats du concours sont proclamés avant le départ des candidats.

Art. 9. — L'arrêté du 31 décembre 1867 est rapporté.

DÉCRET

du 27 juillet 1881,

relatif aux examens d'admission dans les écoles normales.

Le Président de la République française,

Sur le rapport du ministre de l'instruction publique et des Beaux-Arts,

Vu l'article 17 du décret du 29 juillet 1881, relatif à l'organisation des écoles normales;

Considérant qu'il importe de faciliter le recrutement des écoles normales, afin de pourvoir aux nouveaux emplois qu'exige l'application de la loi du 28 mars 1882 sur l'obligation de l'instruction primaire;

Le Conseil supérieur de l'instruction publique entendu

Décrète :

Art. 1er. — Transitoirement et pendant un délai de trois ans, à partir de la promulgation du présent décret, les candidats aux écoles normales pourront se présenter aux examens d'admission s'ils justifient qu'ils auront atteint l'âge de 15 ans avant le 1er octobre de l'année où ils se présentent.

Art. 2. — Le ministre de l'instruction publique et des Beaux-Arts est chargé de l'exécution du présent décret.

Jules GRÉVY.

Par le Président de la République :

Le ministre de l'instruction publique et des Beaux-Arts,
Jules FERRY.

DÉCRET

du 27 juillet 1882,

portant organisation de cours normaux pour la préparation de directrices d'écoles normales.

Le Président de la République française,

Sur le rapport du ministre de l'instruction publique et des Beaux-Arts,

Vu les articles 1er et 7 de la loi du 16 juin 1881 ;

Vu l'article 6 du décret du 29 juillet 1881 ;

Vu les articles 17-26 du même décret ;

Vu l'article 44 du décret du 2 août 1881 ;

Le Conseil supérieur de l'instruction publique entendu,

Décrète :

Art. 1er. — Des cours normaux, pour préparer des directrices d'écoles maternelles, seront annexés aux écoles normales d'institutrices.

Art. 2. — Les élèves sont admises au concours ; le nombre des élèves à admettre est fixé chaque année par le ministre, sur la proposition du recteur.

Art. 3. — Le régime des cours normaux est l'externat. L'enseignement est gratuit.

Les élèves seront logées dans des familles ou des institutions, les unes et les autres agréées par l'Administration. Il pourra être pourvu à leur entretien au moyen de bourses fournies par l'État, par les départements et par les communes.

Art. 4. — La durée du cours est d'une année scolaire.

Art. 5. — Les conditions de l'examen d'admission sont les mêmes que celles qui ont été déterminées par l'arrêté du 6 janvier 1882 pour l'admission des élèves-maîtresses dans les écoles normales.

Art. 6. — Les personnes appartenant à l'enseignement public ou libre et pourvues du brevet élémentaire, ainsi que les directrices et sous-directrices d'écoles publiques maternelles actuellement en fonctions, pourront être admises à suivre temporairement les cours.

Art. 7. — Le programme d'enseignement dans les cours normaux comprend :

1° Un cours d'instruction générale, portant sur les matières du cours de première année des écoles normales d'institutrices ;

2° Un cours de pédagogie : Principes généraux d'éducation ; étude des méthodes et des procédés particulièrement applicables à l'éducation de la première enfance ;

3° Des exercices pratiques dans l'école maternelle annexée à l'école normale.

Art. 8. — Le plan d'études des cours normaux, le mode et les conditions de participation de leurs élèves aux leçons et exercices de l'école normale, seront arrêtés par le recteur après avis de la commission de surveillance.

Art. 9. — Les élèves, à leur sortie, devront se présenter aux examens du certificat d'aptitude à la direction des écoles maternelles.

Art. 10. — Le ministre de l'instruction publique est chargé de l'exécution du présent décret.

JULES GRÉVY.

Par le Président de la République :

Le ministre de l'instruction publique et des Beaux-Arts,

Jules FERRY.

DÉCRET

du 29 juillet 1882,

portant règlement pour l'administration et la comptabilité intérieures des écoles normales primaires.

Le Président de la République française,

Sur le rapport des ministres de l'instruction publique et des beaux-arts, et des finances,

Vu les lois des 15 mars 1850, 9 août et 16 juin 1881 ;

Vu le règlement de comptabilité du ministère de l'instruction publique, en date du 16 octobre 1867 ;

Vu le décret relatif à l'organisation des écoles normales primaires, en date du 29 juillet 1881 ;

Vu le décret du 1er août 1881, portant règlement pour l'administration et la comptabilité intérieures des écoles normales primaires ;

Vu le décret du 30 septembre 1881, relatif au cautionnement des économes des écoles normales primaires ;

Le Conseil supérieur de l'instruction publique entendu,

Décrète :

TITRE Ier.

DE L'ADMINISTRATION DES ÉCOLES NORMALES PRIMAIRES.

Section Ire. — Des frais d'entretien des élèves-maîtres.

Art. 1er. — Le montant des frais d'entretien des élèves-maîtres est fixé chaque année par le ministre de l'instruction publique, sur la proposition de la commission de surveillance, du recteur et du préfet.

Art. 2. — Les sommes provenant des fonds de l'État et du département, et destinées à acquitter dans les écoles normales primaires les dépenses du personnel, les frais d'entretien des élèves-maîtres et les dépenses diverses, sont mandatées par le préfet, au commencement de chaque trimestre, savoir :

Les dépenses du personnel et les dépenses diverses, sur le vu d'un état de prévision remis par l'économe à la préfecture, et visé par le directeur de l'école ;

Les dépenses afférentes à l'entretien des élèves-maîtres, dans les proportions suivantes :

Trois dixièmes en janvier, pour les mois de janvier, de février et de mars ;

Trois dixièmes en avril, pour les mois d'avril, de mai et de juin ;

Un dixième en juillet, pour les mois de juillet, d'août et de septembre ;

Trois dixièmes en octobre, pour les mois d'octobre, de novembre et de décembre.

Les frais d'entretien sont dus à partir du commencement du terme pendant lequel l'élève-maître est entré à l'école.

Art. 3. — Quand deux départements sont réunis pour une école normale, les sommes représentant les frais d'entretien des élèves-maîtres sont centralisées à la caisse du trésorier-payeur général du département où est située l'école.

Section II. — Du régime intérieur. — Des prestations en nature.

Art. 4. — La commission de surveillance règle, sur la proposition du directeur, et sous réserve de l'approbation du ministre, toutes les questions relatives au personnel de service, à la nourriture, au logement, au chauffage, à l'éclairage et à l'entretien des élèves-maîtres et des maîtres internes chargés de la surveillance.

Art. 5. — La commission de surveillance décide si les approvisionnements de l'école auront lieu par voie d'adjudication ou de marchés à l'amiable, conformément aux prescriptions du décret du 11 mai 1862. Elle désigne ceux des articles de consommation qui, ne pouvant être l'objet d'un marché préalable, seront acquis au comptant.

Les marchés à l'amiable sont passés chaque année par l'économe, sous le contrôle du directeur, et approuvés par la commission de surveillance. Ils sont calculés de manière que les fournitures n'aient lieu qu'au fur et à mesure des besoins. En aucun cas, les approvisionnements ne peuvent excéder les besoins de la consommation moyenne d'une année.

Art. 6. — Il est établi dans chaque école une table commune à laquelle sont admis les maîtres chargés de la surveillance. Une somme de cinq cents francs est allouée pour l'entretien de chacun d'eux.

Aucun autre fonctionnaire de l'école, aucune personne étrangère à l'établissement, ne peuvent être autorisés à prendre leurs repas à la table commune. Des exceptions pourront cependant être autorisées par le recteur dans les écoles normales d'institutrices.

Art. 7. — La fourniture du trousseau est à la charge des familles.

Art. 8. — Les dépenses d'infirmerie ne sont applicables qu'aux élèves-maîtres et aux maîtres internes.

Il n'est dû de chauffage et d'éclairage particuliers que pour le cabinet du directeur et celui de l'économe, pour la salle des réunions de la commission de surveillance et pour les chambres des maîtres internes. Ces prestations seront fixées par la commission de surveillance.

Art. 9. — Aucune autre prestation en nature n'est autorisée, si ce n'est celle de draps, de serviettes de toilette et de linge de table pour les maîtres internes et les gens de service.

Art. 10. — Le jardin dépendant de l'école est affecté exclusivement aux besoins de l'établissement. Il est consacré soit à la promenade, soit aux récréations et aux travaux d'horticulture des élèves-maîtres, soit à la production de légumes et de fruits qui sont consommés dans l'établissement, ou vendus à son profit.

Le titre II traite de la *comptabilité intérieure*.

. . . .

Art. 57. — Les dispositions du présent règlement sont applicables à l'administration et à la comptabilité intérieure des écoles normales primaires d'institutrices.

Art. 58. — Sont et demeurent abrogés le décret du 1er août 1881, sur la comptabilité des écoles normales primaires, et celui du 30 septembre 1881, relatif au cautionnement des économes.

Art. 59. — Le ministre de l'instruction publique et des beaux-arts et le ministre des finances, sont chargés, chacun en ce qui le concerne, de l'exécution du présent décret.

Jules GRÉVY.

DÉCRET

du 23 décembre 1882,

relatif à l'examen pour le certificat d'aptitude aux fonctions d'Inspecteur primaire, de directeur ou de directrice d'école normale.

(Voir plus haut, page 176).

ARRÊTÉ

du 23 décembre 1882,

relatif à l'application du décret ci-dessus.

(Voir page 178).

ARRÊTÉ

du 26 décembre 1882,

relatif à l'examen pour le certificat d'aptitude au professorat dans les écoles normales.

(Voir le texte, page 185).

CIRCULAIRE

du 23 décembre 1882,

relative aux correspondances des élèves-maîtres dans les Écoles normales.

Monsieur le Recteur,

Un usage depuis longtemps en vigueur dans un certain nombre d'écoles normales consiste à ne laisser sortir les lettres écrites par les élèves et à n'autoriser l'entrée de celles qui leur sont adressées, que lorsqu'elles ont été lues par le chef de l'établissement.

Ce système, qui a pour objet d'établir un contrôle que je considère comme excessif, présente de sérieux inconvénients.

En supposant que cette investigation ait fait découvrir chez quelques élèves-maîtres, et ce seraient là des cas tout à fait exceptionnels, des habitudes répréhensibles, il n'en est pas moins vrai que le procédé est peu convenable dans le fond et dans la forme. En effet, il ne faut pas perdre de vue qu'il s'agit presque toujours de correspondances entre les élèves et leur famille, sur des sujets intimes, parfois délicats, toujours personnels, et dans lesquels des étrangers, quels que soient leur titre et leurs fonctions dans l'établissement, ne doivent pas intervenir.

J'ai donc résolu de supprimer absolument, dans toutes les écoles normales, l'usage d'après lequel les lettres reçues ou écrites par les élèves sont lues par le chef de l'établissement.

Dans les écoles normales d'instituteurs, les élèves-maîtres correspondent en toute liberté, à moins que les familles n'expriment des intentions contraires.

En ce qui concerne les écoles normales d'institutrices, je reconnais qu'il convient de prendre certains ménagements, et j'ai adopté la combinaison suivante. La directrice demandera aux parents la liste des personnes avec lesquelles ils autorisent leur fille à correspondre ; les lettres qui seront écrites aux élèves devront porter sur l'enveloppe la signature de la personne dont elles émanent ; celles qui ne porteront pas cette signature seront transmises à la famille.

Je vous prie de m'accuser réception de la présente circulaire, et d'adresser aux directeurs et directrices d'écoles normales les instructions nécessaires pour en assurer l'exécution.

Recevez, Monsieur le Recteur, l'assurance de ma considération très distinguée.

Le Ministre de l'Instruction publique et des Beaux-Arts.
Duvaux.

DÉCRET
du 9 janvier 1883

portant modification aux articles 7 et 31 du décret du 29 juillet 1881, sur l'enseignement dans les écoles normales primaires.

Le Président de la République française,

Sur le rapport du ministre de l'instruction publique et des beaux-arts ;

Vu la loi du 28 mars 1882 ;

Vu la loi de finances du 29 décembre 1882 ;

Le Conseil supérieur de l'instruction publique entendu,

Décrète :

Article premier. — Les articles 7 et 31 du décret du 29 juillet 1881 sont modifiés ainsi qu'il suit :

« Art. 7. — L'enseignement dans les écoles normales primaires, soit d'instituteurs, soit d'institutrices, comprend :
« 1° L'instruction morale et civique ;
« 2° La lecture ;
« 3° L'écriture ;
Tout le reste comme à l'art. 7 (voir page 252).

« Art. 31. — Les élèves auront toute facilité pour suivre les pratiques de leur culte. Dans les écoles normales d'institutrices, les élèves-maîtresses seront, sur leur demande, conduites aux offices. »

Art. 2. — L'article 20 dudit décret est supprimé.

Jules GRÉVY.

QUATRIÈME PARTIE

APPENDICE [1]

TABLEAU DE L'EMPLOI DU TEMPS

DANS LES ÉCOLES PUBLIQUES OU LIBRES.

(Exécution de l'arrêté ministériel du 27 juillet 1882.)

I

EMPLOI DES 30 HEURES DE LA SEMAINE.

La semaine scolaire est de 30 heures de classe, conformément à l'art. 2 de la loi du 28 mars 1882, qui porte que *les écoles vaqueront un jour par semaine, en outre du dimanche, afin de permettre aux parents de faire donner, s'ils le désirent, à leurs enfants, l'instruction religieuse en dehors des édifices scolaires.* — Il n'y a donc pas de classe du jeudi.

Parmi les indications générales relatives à l'emploi de ces 30 heures, nous trouvons les suivantes, dans l'arrêté ministériel du 27 juillet 1882 :

1° — INSTRUCTION MORALE, dans chaque cours, une leçon par jour, ou 5 leçons par semaine.

2° — LANGUE FRANÇAISE : lecture, grammaire, dictées, récitation, rédaction, etc., *deux heures par jour, soit 10 heures par semaine.*

3° — ENSEIGNEMENT SCIENTIFIQUE : arithmétique, système métrique,

---

[1] Nous empruntons à l'excellent travail publié par M. C. Georgin, inspecteur primaire à Paris, dans le *Journal des instituteurs*, ce tableau de l'EMPLOI DU TEMPS. L'utilité pratique de cette publication nous a été signalée par les nombreuses demandes que nous avons reçues. — Voir page 119, l'art. 16 de l'arrêté du 27 juillet 1882, qui prescrit de dresser ce tableau au commencement de chaque année scolaire.

sciences physiques et naturelles, une heure à une heure et demie par jour, ou 5 à 7 heures 1/2 par semaine ;

4° — Histoire, Géographie, Instruction civique, une leçon par jour ou 5 leçons par semaine ;

5° — Écriture : une heure par jour dans le cours élémentaire, et un peu moins dans les deux autres cours ;

6° — Dessin : deux ou trois leçons par semaine ;

7° — Leçons de chant : une à deux heures par semaine ;

8. — Gymnastique : une leçon tous les jours ou tous les deux jours ;

9° — Travaux manuels : deux ou trois heures par semaine.

Notre tableau doit contenir au moins le nombre de leçons exigé par les décisions ministérielles ; mais l'Administration ne peut trouver mauvais que nous y ajoutions quelque chose, si nous le trouvons nécessaire au bien des études.

Il est une question de principe qui s'impose immédiatement, et qu'il faut résoudre avant d'aller plus loin : quelle doit être, dans une école primaire, la durée d'une leçon ? — S'il s'agissait d'une école maternelle ou d'une classe enfantine, nous n'hésiterions pas à nous prononcer pour un quart d'heure, vingt minutes, une demi-heure au maximum ; mais nous avons à instruire non seulement des enfants de 5 à 8 ans, mais encore des élèves de 12, 13 et 14 ans, auxquels il faut exposer des théories d'une acquisition parfois si laborieuse qu'il est nécessaire de les présenter sous diverses formes ; avec une demi-heure de leçon, qui presque toujours se réduit à 25 minutes, à cause des inévitables pertes de temps causées par les changements d'exercice, la classe est forcément écourtée, et l'instituteur condamné à l'impuissance. Au point de vue de la commodité du maître, la division par heure serait préférable ; mais les leçons seraient trop longues pour les jeunes enfants, qui sont presque toujours en majorité dans les écoles ; en outre, nous n'aurions pas assez de classes pour être en mesure d'établir une rotation complète par semaine. Un moyen terme, c'est-à-dire une durée de 40 à 45 minutes, nous paraît répondre à peu près à toutes les exigences.

La durée de chaque séance est de trois heures ; il faut en retrancher 15 minutes pour la récréation : il nous reste 2 heures 45', ou 165', soit le temps nécessaire pour 4 classes de 41' par séance, soit 8 classes par jour et 40 classes par semaine. Nous pourrions, comme on le fait à Paris, reporter après la classe du soir la gymnastique et les travaux manuels, pour lesquels une indemnité spéciale est allouée aux instituteurs chargés de la direction ou de la surveillance ; mais nous craignons que les communes n'entrent pas de sitôt dans cette voie, et, d'un autre côté, à la campagne, surtout pendant la belle saison, les familles peuvent désirer que les exercices scolaires ne prennent que le temps prescrit par les règlements en vigueur.

En nous inspirant à la fois des prescriptions de l'arrêté ministériel et des observations présentées plus haut, nous pouvons arrêter le tableau des exercices d'une semaine.

TABLEAU DES 40 EXERCICES DE 40 MINUTES
A DONNER, PAR SEMAINE, A CHACUN DES TROIS COURS DE L'ECOLE.

MATIÈRES DE L'ENSEIGNEMENT.		NOMBRE DE LEÇONS.		
		COURS ÉLÉMENTAIRE.	COURS MOYEN.	COURS SUPÉRIEUR.
Instruction morale, leçons de politesse et de tenue..........		4	5	5
Ecriture.....................		5	2	2
Dessin........................		2	2	2
Langue française.	Lecture de l'imprimé..	10 ⎫	2 ⎫	2 ⎫
	— du manuscrit..	» ⎪	1 ⎪	1 ⎪
	Récitation classique..	1 ⎪	1 ⎪	1 ⎪
	Grammaire.............	2 ⎬ 16	3 ⎬ 11	3 ⎬ 11
	Dictée et correction..	2 ⎪	3 ⎪	3 ⎪
	Correction de la rédaction (a).............	1 ⎭	1 ⎭	1 ⎭
Enseignement scientifique.	Arithmétique théorique...............	» ⎫	2 ⎫	2 ⎫
	Système métrique, arpentage, métré....	1 ⎪	2 ⎪	2 ⎪
	Résolution de problèmes (b)............	» ⎬ 7	» ⎬ 10	» ⎬ 10
	Calcul en commun, correction de problèmes................	3 ⎪	4 ⎪	4 ⎪
	Calcul mental.........	2 ⎪	1 ⎪	1 ⎪
	Sciences physiques et naturelles, leçons de choses.............	1 ⎭	1 ⎭	1 ⎭
Histoire, Géographie, Instruction civique.............................		2	4	4
Chant (théorie)....................		»	1	1
Agriculture, Horticulture.............		»	1	1
Gymnastique (c)..................		2	2	2
Travaux manuels (d)................		2	2	2
Totaux......		40	40	40

OBSERVATIONS. — *a* et *b*. — La rédaction et la résolution des problèmes demandent du temps et du calme qu'il n'est pas toujours aisé d'assurer à l'école : nous pensons que ces travaux doivent être préparés dans la famille, qui, du reste, s'y intéresse plus qu'aux autres exercices, et qui souvent même prête à l'élève un concours utile.

c et *d*. — Si l'on jugeait convenable, au moins dans les écoles de garçons, de renvoyer après la classe les leçons de gymnastique et les travaux manuels, on les remplacerait par des classes sur celles des matières que l'on jugerait avoir besoin de soins particuliers.

Il nous reste à dresser le tableau de la répartition de ces divers exercices, en nous appliquant à placer chaque jour les mêmes leçons aux mêmes heures de la séance, car il importe que l'horaire soit assez simple pour ne pas exiger trop d'attention et de recherches de la part des enfants.

TABLEAU DE L'EMPLOI DU TEMPS PENDANT UNE SEMAINE

DURÉE.	HEURES.	COURS ÉLÉMENTAIRE (ENFANTS DE 6 A 9 ANS).	COURS MOYEN (ENFANTS DE 9 A 11 ANS).	COURS SUPÉRIEUR (ENFANTS DE 11 A 13 ANS).
		Séance du matin.		
		Inspection de propreté, — Entrée générale, — Visite matérielle des devoirs, — Appel, — Recommandations, Désignation des aides.		
minutes 40		Instruction morale. — Récitation.	Instruction morale.	Instruction morale.
		Lecture aux groupes.	Correct. de problèmes ou calcul mental.	Correct. de problèmes ou calcul mental.
15		Sortie générale, — Récréation, — Aération de la salle de classe, — Préparation des exercices suivants.		
40		Écriture. (Tous les jours de la semaine.)	Écriture : *lundi et vendredi* ; — Dessin, *mardi et mercredi* ; Réc., *mercredi*.	Dict. orth. et corr. : *lundi, merc. vend.* Corr. de rédact. : *mardi* ; Récit. : *samedi*
40		Calcul écrit et calcul mental. (Tous les jours.)	Cours communs. — Arithmét. théorique : *lundi et vendredi* ; — Système métrique et arpentage : *mardi et samedi* ; — Leçon de chant : *mercredi*.	
		Sortie générale, — Déjeuner, — Arrosage et balayage, — Aération et mise en ordre de la classe.		
		Séance du soir.		
		Inspection de propreté, — Entrée générale, — Appel, — Recommandations, — Désignation des aides.		
40		Lecture aux groupes. (Tous les jours.)	Leçon de gramm. : *lundi, merc, vendredi*. Leçon de lecture : *merc. et samedi*.	Leçon de gramm. : *lundi, merc. vend.* Leçon de lect. : *mardi et samedi*.
15		Dessin : *lundi et vendredi* ; — Correction de rédaction : *mercredi* ; — Exercices orthogr. : *mardi et samedi*.	Dictée orthog. et correct. : *lundi, mercredi, vendredi* ; — Correct. de rédaction : *mardi* ; — Agriculture : *samedi*.	Écriture : *lundi et mercredi* ; — Dessin : *mardi et vendredi* ; — Agriculture : *samedi*.
		Sortie générale, — Récréation, — Aération de la salle de classe, — Préparation des exercices suivants.		
40		Grammaire : *lundi et vendredi* ; — Histoire : *mardi* ; — Géographie : *samedi* ; — Système métrique : *mercredi*.	Lecture manusc. : *mercredi* ; — Histoire : *lundi et vendredi* ; — Géogr. et instruction civique : *mardi et samedi*.	Lecture manusc. : *mercredi* ; — Histoire : *lundi et vendredi* ; — Géogr. et instr. civique : *mardi et samedi*.
40		Sciences physiques et naturelles : *mercredi* ; — Gymnastique : *lundi et vendredi* ; — Trav. man. : *mardi et samedi*.	Sciences physiques et natur. : *mercredi* ; — Gymn. : *lundi et vendredi* ; — Travaux manuels : *mardi et samedi*.	Sciences physiques et nat. : *mercredi* ; — Gymn. : *lundi et vendredi* ; — Travaux manuels : *mardi et samedi*.
		Observations sur la journée. — Indication des leçons et des devoirs du lendemain. — Sortie surveillée.		

II

APPLICATION DU TABLEAU DE L'EMPLOI DU TEMPS.

Si chaque cours était confié à un maître particulier, l'application de ce tableau ne présenterait aucune difficulté, puisque les élèves, à tous les moments de la journée, seraient placés sous la surveillance et la direction immédiate de leur instituteur; mais dans les conditions où nous nous sommes placé, le même professeur doit donner l'enseignement à ses trois divisions dans un espace de quarante minutes : ce difficile problème ne peut trouver sa solution que dans l'activité du maître et dans la collaboration de quelques élèves choisis, que nous désignerons sous le nom d'*aides*, d'*auxiliaires* ou de *moniteurs*. Dès que nous admettons trois divisions principales, il est impossible d'adopter le mode *simultané*, car un certain nombre d'élèves resteraient trop longtemps inoccupés, si l'on donnait à chaque cours une leçon spéciale ; d'un autre côté, il est impossible de songer à un enseignement collectif, si ce n'est peut-être pour la gymnastique et la leçon des sciences physiques et naturelles : aussi avons-nous eu soin de les reporter à la fin de la classe et de les fixer à la même heure, pour les trois divisions, de telle sorte que le maître puisse donner une leçon commune, s'il le juge convenable.

Nous supposons donc que l'instituteur emploie des auxiliaires, et ici deux systèmes se présentent : tantôt l'auxiliaire est désigné pour une séance ou pour une journée, tantôt il est chargé d'une leçon seulement. Cette collaboration des élèves n'est pas sans soulever bien des objections : on a dit que l'aide perd son temps lorsqu'il fait la classe à ses petits camarades, ce qui n'est pas tout à fait exact, car nous avons tous appris en enseignant, et, quand on sait exciter l'amour-propre de l'auxiliaire, il va même jusqu'à préparer les leçons qu'il doit donner. D'autre part, les familles allèguent que leurs enfants doivent être instruits par l'instituteur et non par des aides inhabiles : à cela, nous répondons que la meilleure part de l'enseignement est donnée par le maître, et que les aides ne sont que des répétiteurs, ainsi que nous le montrerons bientôt. Sans doute il vaudrait mieux que le maître pût être toujours avec les enfants ; mais puisque cet idéal est irréalisable, nous devons tendre à nous en éloigner le moins possible.

Carnets d'auxiliaire. — D'abord, l'auxiliaire ne sera pas abandonné à ses propres inspirations, il sera toujours guidé par un *carnet* renfermant ce qu'il doit enseigner : récits moraux, morceaux à apprendre par cœur, règles de grammaire, modèles de conjugaison orale, nombres à écrire, exercices d'orthographe, premières notions d'histoire et de géographie, etc... Au maître appartiennent la direction et les explications ; le moniteur n'a qu'une tâche matérielle.

Pour bien faire comprendre notre pensée à propos du mode simultané-mutuel, nous allons suivre pas à pas quelques-uns des exercices de la journée.

I. — *Entrée des élèves*, etc... — L'instituteur est à son poste au moment où les élèves arrivent ; il a préparé tout ce qui est nécessaire à la marche de la classe : les carnets de moniteur sont à jour, les problèmes à dicter ont été choisis ; il a fixé les morceaux de récitation à étudier, il a bien déterminé le plan et les exercices de sa leçon d'arithmétique, de système métrique ou de chant, etc... ; en un mot, il sait d'avance sur quoi roulera chaque leçon, dans les trois cours, pendant la journée, et tout cela a été si bien arrêté qu'aucune hésitation ne se produira et que l'on ne perdra pas une seule minute.

Quand les élèves arrivent, ils se réunissent au préau ou se rendent à leurs places dans la salle d'école ; à mesure qu'ils se présentent, l'instituteur s'assure qu'ils sont propres, et en même temps il donne un coup d'œil rapide au cahier des exercices, pour vérifier si les devoirs sont préparés et convenablement écrits. Si la réunion a lieu dans le préau, à un signal donné, les élèves se mettent en rang, dans l'ordre qui leur permettra de gagner leurs places sans encombre, et l'entrée se fait en exécutant un chant qui porte au recueillement et au travail. Viennent alors l'appel nominal, les recommandations et la désignation des aides de la séance du matin.

II. — *Leçon d'instruction morale.* — D'après les programmes du 5 août 1882, l'instruction morale se donne : dans le *cours élémentaire*, au moyen d'entretiens familiers et de lectures expliquées ; dans le *cours moyen*, par les mêmes procédés ; dans le *cours supérieur*, par les mêmes moyens et dans une *série régulière de leçons*, dont l'enchaînement est indiqué. Il sera certainement publié quelque manuel très simple qui pourra être placé dans les mains des élèves. En attendant, l'instituteur doit aviser. — Les trois leçons marchant de front, le maître donnera 15 minutes au cours supérieur, 15 minutes au cours moyen, 10 minutes au cours élémentaire. Les auxiliaires de ces deux derniers reçoivent un livre ou un carnet contenant un récit, une parabole, une fable ou des préceptes à retenir, dont l'explication a été donnée à la leçon précédente : ils les lisent à plusieurs reprises, les font reproduire de mémoire ou écrire au tableau comme exercice d'orthographe. Pendant ce temps, le maître s'entretient avec le cours supérieur, expose la leçon préparée, interroge, fait rendre compte, puis, remettant au *premier élève* un texte choisi d'avance, il lui confie la mission de le lire, de le faire reproduire et de le faire écrire au tableau. Si les élèves avaient un livre, ils pourraient alors étudier la leçon qui vient d'être expliquée; rien ne s'oppose non plus à ce qu'ils soient chargés d'en faire la rédaction pendant les 25 minutes qui suivent.

L'instituteur passe au cours moyen, s'assure que la leçon précédente a été comprise, que la lecture faite par le moniteur a été profitable, puis il aborde une nouvelle leçon, en s'appliquant, comme le recommande le programme, à faire trouver aux enfants les motifs des obligations qui leur sont imposées. Après un entretien de 15 minutes, il va prendre la direction du cours élémentaire, laissant à l'aide le soin de lire et de faire reproduire les préceptes résumant la leçon qui vient d'être faite.

Au cours élémentaire, les enfants viennent d'apprendre une fable, une parabole, un petit morceau de poésie, qu'on avait eu soin d'expliquer à l'avance : l'instituteur s'assure que les élèves ont bien compris, qu'ils ont senti, qu'ils sont résolus à faire ce qui est recommandé, à s'abstenir de ce qui a été présenté comme étant condamnable. Alors vient un nouvel entretien, une nouvelle lecture à expliquer et qui, à la leçon suivante, sera l'objet d'une étude sous la direction de l'auxiliaire.

Comme on le voit, si l'instituteur a bien arrêté le plan de ses trois leçons de morale, s'il a préparé les textes à lire en commun ou à étudier, chacun des trois cours aura été utilement occupé pendant les 40 premières minutes.

III. — *Calcul et lecture.* — A un signal donné, trois petits coups de sifflet, toute l'école va changer d'exercice, tandis qu'elle exécutera un couplet de l'un des chants adoptés. Le tableau de l'emploi du temps porte : *Cours supérieur et cours moyen*, correction de problèmes ou calcul mental; *cours élémentaire*, lecture matérielle. — Pour la lecture, le cours élémentaire peut et souvent doit former deux subdivisions : à ce moment donc, il faut deux auxiliaires; un aide du cours supérieur prend la direction du cours moyen; la conduite du cours supérieur est confiée au maître et au premier élève. — Il est bon que ces divers exercices se fassent aux groupes, autour de tableaux noirs convenablement disposés, le cours supérieur étant placé entre le cours moyen et le cours élémentaire.

Dans la résolution d'un problème, il y a deux choses à considérer : le *raisonnement* et le *calcul* ou exécution des opérations jugées nécessaires. Le maître seul est capable de bien diriger le raisonnement, mais les calculs peuvent fort bien être conduits par l'aide ou par le premier élève. L'instituteur met à profit cette circonstance : il passe tour à tour dans la classe supérieure et dans la classe moyenne, tout en surveillant le travail des aides dans la classe élémentaire, où il se rend fréquemment pour expliquer les mots, diriger ses auxiliaires et conduire les exercices suivant les indications d'une pédagogie rationnelle. A mesure qu'une question est résolue et bien corrigée, l'instituteur et ses aides visitent les cahiers et apprécient, par une note, le travail personnel des élèves. A la fin de la leçon, ces notes sont inscrites dans un carnet spécial, préparé d'avance. Le maximum étant 10, pour les notes 10, 9, 8 et 7, l'élève obtient un bon point ; les notes 6, 5, 4 n'ouvrent aucun droit à une récompense ; à cause des notes 3, 2, 1 et 0, l'élève doit rendre un bon point. Ce carnet de notes est la base du registre de notes de l'école, aussi bien que du livret de correspondance avec les familles.

A cette même heure se fait le *calcul mental*. Ce n'est point ici le lieu de plaider la cause du calcul mental, que l'on néglige trop dans nos écoles, qui est utile à tout le monde, qui seul donne l'intelligence de la solution des problèmes, et qui prémunit contre les grosses erreurs. On doit le continuer pendant toute la durée des études, en l'appliquant à toutes les séries de problèmes usuels, dont les nombres doivent être renfermés dans des limites accessibles à l'intelligence des enfants. L'instituteur se le réservera dans le cours supérieur et en partie dans le cours moyen : il lui suffit de le placer à des jours différents.

IV. — *Sortie générale, récréation.* — L'exercice de calcul étant terminé, les élèves rentrent à leurs places, en chantant, rangent leurs cahiers et se rendent en ordre dans la cour sous la surveillance du maître et des auxiliaires. On ouvre les fenêtres de la classe. Un ou plusieurs élèves de confiance et bien initiés à la marche de l'école, remettent toute choses en place et préparent le matériel des exercices suivants, tandis que les autres écoliers se livrent au repos et au jeu, dans la cour, sous les yeux de l'instituteur. La rentrée se fait en ordre, au pas, en chantant.

V. — *Dictée et exercices français.* — *Ecriture ou dessin.* — *Ecriture.*
— Tous les élèves sont assis dans les bancs. — Les exigences de la situation imposent au maître l'obligation de conduire à la fois plusieurs exercices. A lui de voir ce qu'il doit se réserver particulièrement. Dans l'exercice d'orthographe du cours supérieur, il faut distinguer la *dictée*

et la *correction*; rien n'empêche que la *dictée* soit faite par un élève : le maître dispose ainsi de quinze minutes au moins qu'il peut consacrer à diriger l'écriture ou le dessin de la 2ᵉ division et l'écriture du cours élémentaire. Ce dernier, sous le rapport de l'écriture, exige des soins particuliers, en ce qui regarde la tenue de la plume et la position du corps : si la surveillance vient à faiblir, les enfants prennent de mauvaises habitudes, dont il devient impossible de les corriger; le concours de deux aides au moins est nécessaire. Quand la *dictée* est finie, le maître dirige la *correction*, tout en parcourant les bancs des deux autres cours pour guider les uns, stimuler les autres, rectifier les travaux mal exécutés.

A cette même heure vient, le mardi, pour le cours supérieur, la *correction de la rédaction*. C'est la classe la plus importante et la plus difficile, nos lecteurs le savent depuis longtemps. Nous conseillons aux maîtres de proposer le devoir dès le vendredi ou le samedi, afin que les élèves aient le temps de le préparer pour le lundi matin; on demandera qu'ils composent la *minute* sur le cahier de devoirs journaliers et qu'ils remettent à l'instituteur une *copie* proprement écrite. Le lundi, dans la journée, et le mardi matin, le maître parcourt ces copies, marque, au moyen de signes conventionnels, les fautes commises, et prépare les rectifications à indiquer en classe, en présence de tous les élèves; lui-même, assez souvent, traitera le devoir et le donnera comme exercice orthographique.

C'est encore à cette heure que se fait la *récitation* au cours supérieur, le samedi, et au cours moyen, le mercredi. Nous ne voyons là aucune difficulté grave : pendant la dictée du mercredi, à la division des grands, l'instituteur a le loisir d'entendre quelques élèves du cours moyen, et d'expliquer la leçon suivante ; le samedi rien ne s'oppose à ce qu'il se livre au même travail dans le cours supérieur, tout en conduisant le dessin du cours intermédiaire et l'écriture des petits enfants.

VI. — *Calcul aux petits*, — *leçons communes aux moyens et aux grands*. — La leçon de 40 minutes au cours élémentaire sera divisée en deux parties : *calcul écrit* (lecture et écriture des chiffres et de nombres, exécution des premières opérations), et *calcul mental* (formation et dénomination des nombres au moyen d'objets matériels) ; — compter en montant et en descendant, addition et soustraction orales, étude de la table de multiplication, prendre la 1/2, le 1/4, le 1/8, le 1/3, le 1/6, le 1/9, etc... Un aide, guidé par un carnet et *fréquemment assisté* par le maître, conduira les petits élèves et les exercera à ce genre de travail, qui demande une véritable gymnastique.

Nous avons réuni les deux autres cours pour les leçons théoriques d'arithmétique, de système métrique et de chant, qui ne peuvent être confiées aux auxiliaires ; il appartient au maître de les donner de telle sorte qu'elles soient profitables aux élèves des deux divisions, ce qui ne présente pas de difficultés bien graves, attendu que, dans toutes ces questions, il y a toujours divers degrés : ainsi les opérations sur les nombres décimaux ont un côté pratique, que le cours moyen ne peut ignorer, et un côté théorique, dont le cours supérieur doit avoir la notion exacte. Il va de soi que les exercices d'application seront différents : lorsqu'on les corrigera en commun, à la leçon suivante, ce sera un travail de revision pour les uns et d'initiation pour les autres.

Avec cette leçon finit la séance du matin, que suivent diverses opérations tout indiquées au tableau de l'emploi du temps. La séance du soir sera conduite d'après les mêmes procédés. Le tout peut sembler un peu compliqué, mais on s'y habitue vite, et l'on a la satisfaction d'occuper utilement les élèves.

III.

TABLEAU DE L'EMPLOI DU TEMPS DANS LA CLASSE AYANT UN MAÎTRE SPÉCIAL.

Nous avons donné un projet de tableau de l'emploi du temps *pour les écoles n'ayant qu'un seul maître ou une seule maîtresse*. Il nous reste à étudier quelques cas particuliers : celui où le maître n'a qu'une classe sans subdivision, et celui où une même classe forme des subdivisions.

L'arrêté du 27 juillet contient des indications auxquelles il faut se conformer :

Art. 5. — *Dans les écoles qui n'ont que deux maîtres, l'un sera chargé du cours moyen et du cours supérieur, l'autre du cours élémentaire, y compris, s'il y a lieu, la division des enfants au-dessous de 7 ans.*

Pendant longtemps encore, les écoles recevront les enfants dès l'âge de 6 ans; dès lors le second maître sera forcé, comme son collègue, d'établir, au moins pour beaucoup d'exercices, deux divisions distinctes : une section d'initiation et une section d'instruction élémentaire.

Nous aurons donc à nous rapprocher des principes adoptés pour l'école à un seul maître.

Art. 6. — *Dans les écoles qui ont trois maîtres, chaque cours forme une classe distincte.*

Ici la tâche devient plus facile, au moins pour les deux premières classes ; mais dans la troisième, qui comptera toujours des débutants, on sera forcé d'établir deux sections pour la plupart des exercices.

Art. 7. — *Dans les écoles à quatre classes, le cours élémentaire comptera deux classes, chacun des autres cours une seule classe.*

Art. 8. — *Dans les écoles à cinq classes, le cours élémentaire comptera deux classes, le cours moyen, deux, le cours supérieur, une.*

Art. 9. — *Dans les écoles à six classes, chacun des cours formera deux classes, à moins que le nombre des élèves du cours supérieur ne permette de les réunir en une seule classe.*

Jusqu'à présent, du moins à notre connaissance, on n'a pu trouver, dans une école de six classes, les éléments de deux classes supérieures ; en attendant que l'article 9 puisse être exécuté, nous considèrerons trois classes élémentaires, deux classes moyennes et une classe supérieure.

Ces préliminaires étant posés, examinons d'abord les cas offerts par les articles 6, 7, 8 et 9, dans lesquels chaque instituteur peut réunir tous ses élèves pour une même leçon ou un même exercice (excepté peut-être pour la lecture matérielle).

ÉCOLES COMPTANT 4, 5, 6... CLASSES, SANS SUBDIVISION.

Le cours supérieur et les cours moyens sont composés d'enfants d'un certain âge, qui peuvent être livrés au même exercice pendant 40 à 45 minutes sans éprouver une fatigue extrême.

Au cours élémentaire, les conditions changent considérablement : il y a là des enfants de 6 à 9 ans, qui ont besoin de mouvement, et pour lesquels la variété des exercices est une véritable nécessité ; avec eux, des classes de 25 à 30 minutes sont assez longues.

En nous reportant à notre tableau de la page 223, nous allons distribuer les 10 séances d'une semaine entre 40 exercices pour le cours moyen et pour le cours supérieur.

Au cours élémentaire, nous aurons six exercices par séance ou 60 par semaine. Mais il nous paraît nécessaire d'établir encore une distinction : à la dernière classe, que nous appellerons *classe enfantine*, la lecture et l'écriture, qui sont le commencement obligé de toute instruction, demandent des soins particuliers pour être acquises suffisamment en une année de classe ; nous y consacrerons plus de leçons que dans la première division ou dans les deux premières divisions, s'il y a trois divisions dans ce cours. Dans la première classe élémentaire, nous pourrons donner plus de temps aux exercices de la langue française.

Telles sont les règles qui ont présidé à la rédaction des tableaux suivants :

COURS SUPÉRIEUR ET COURS MOYEN. — ÉCOLES DE GARÇONS ET ÉCOLES DE FILLES.

DURÉE.	HEURES.	MATIÈRES A ENSEIGNER.	OBSERVATIONS.
minutes		**Séance du matin.**	APPEL. — Plus que jamais, l'appel demande des soins particuliers, puisque l'on doit signaler, à la fin du mois, les élèves qui ont eu 4 demi-jours d'absence. LEÇONS. — Toute leçon doit comprendre trois parties : 1° Reproduction (par les élèves) de la leçon précédente ; 2° Exposition (par le maître) de la leçon suivante ; 3° Interrogations sur cette dernière. ARITHMÉTIQUE. — La leçon théorique est destinée à l'exposition et à l'explication des principes et des règles du calcul et de ses applications usuelles. Cette leçon sera donnée sur des exemples choisis avec soin. CALCUL MENTAL. — Mêmes exercices que pour le calcul écrit, mais sur des nombres peu considérables ; solution de problèmes usuels : règles de trois, de partage, d'intérêt, d'escompte, etc. EXERCICES FRANÇAIS. — Sous ce nom, nous désignons l'explication du sens des mots et des phrases, l'analyse orale rapide, la conjugaisons des verbes difficiles, mais seulement dans leurs irrégularités, etc.
15		Inspection de propreté. — Entrée générale. — Visite matérielle des devoirs. — Appel. — Recommandations.	
30		Instruction morale : *tous les jours*.	
40		Arithmétique théorique : *lundi et vendredi*. Calcul mental : *mercredi*. Système métrique et arpentage : *mardi et samedi*.	
15		Sortie et repos. — Aération de la salle de classe.	
40		Correction de problèmes : *lundi, mercredi, vendredi, samedi*. Correction de rédaction : *mardi*.	
40		Lecture : *mardi et samedi*. Récitation classique : *vendredi*. Écriture : *lundi et mercredi*.	
		Sortie générale. — Déjeuner, arrosage et balayage.	
		Séance du soir.	
		Inspection de propreté. — Entrée. Appel. — Recommandations.	
40		Grammaire : *lundi, mercredi, samedi*. Géographie : *mardi et vendredi*.	
45		Dictée et exercices français : *lundi, mercredi, samedi*. Dessin : *mardi et vendredi*.	
15		Sortie et repos. — Aération de la salle de classe.	
40		Histoire : *mercredi et samedi*. Sciences physiques et naturelles : *lundi*. Chant : *mardi et vendredi*.	
40		Agriculture et horticulture : *mercredi*. Gymnastique : *lundi et vendredi*. Travaux mensuels, couture : *mardi et samedi*.	
		Observations sur la journée. — Leçons et devoirs du lendemain. — Sortie.	

COURS ÉLÉMENTAIRE. — ÉCOLES DE GARÇONS ET ÉCOLES DE FILLES.

DURÉE.	HEURES.	MATIÈRES ET JOURS DE LA SEMAINE.	OBSERVATIONS.
minutes		**Séance du matin.**	APPEL. — La constatation des absences du matin et du soir est rendue obligatoire par la loi du 28 mars 1882.
		Inspection de propreté. — Entrée. Appel. — Recommandations.	
30		Lecture : *tous les jours.*	
30		Instruction morale : *tous les jours.*	INSTRUCTION MORALE. —Entretiens et récits familiers d'où se dégagent des directions morales.
30		Calcul écrit : *lundi, mercredi, vendredi, samedi.* Exercices de rédaction en commun : *mardi.*	
15		Sortie générale. — Repos. — Aération de la salle.	EXERCICES DE RÉDACTION. — Composer en commun des propositions sur un modèle donné, puis successivement des phrases et de petits récits, des descriptions très élémentaires. On écrira au tableau noir.
25		Leçon de grammaire : *tous les jours.*	
25		Dictée et exercices français : *tous les jours.*	
25		Écriture démontrée et corrigée : *tous les jours.*	
		Sortie générale. — Déjeuner, aération et mise en ordre de la classe.	RÉCITATION CLASSIQUE. — Les enfants savent lire ; ils peuvent étudier quelques lignes, et il importe d'exercer de bonne heure leur mémoire.
		Séance du soir.	
		Inspection de propreté. — Entrée. Appel. — Recommandations.	
25		Lecture : *mardi, mercredi, samedi.*	ÉCRITURE.—Enseigner les tracés au tableau noir, montrer les proportions, corriger sur cahiers en présence des élèves.
25		Récitation classique : *lundi et vendredi.*	
25		Écriture : *tous les jours.* Histoire : *lundi et vendredi.* Géographie : *mercredi et samedi.* Système métrique : *mardi.*	
15		Sortie générale. — Repos. — Aération de la salle.	CALCUL MENTAL.— Compter au moyen d'objets matériels, donner des soins particuliers à la table de multiplication, la grande difficulté du calcul.
30		Lecture : *tous les jours.*	
30		Dessin linéaire : *lundi, mercredi, vendredi.* Leçon de choses : *mardi et samedi.*	
30		Calcul mental : *lundi, mardi, mercredi, samedi.* Système métrique : *vendredi.*	SYSTÈME MÉTRIQUE.— Montrer toujours aux enfants les mesures sur lesquelles roule la leçon.
		NOTA. — Dans les écoles de filles, le lundi et le samedi, les deux derniers exercices sont remplacés par une leçon de couture.	HISTOIRE. — Biographies de personnages considérables, qui caractérisent l'époque où ils ont vécu.
		Sortie générale. — Recommandations. Départ surveillé.	

CLASSE ENFANTINE. — ÉCOLES DE GARÇONS ET DE FILLES.
(ENFANTS DE 5 A 7 ANS.)

DURÉE.	HEURES.	MATIÈRES A ENSEIGNER. JOURS ASSIGNÉS.	OBSERVATIONS.
minutes		**Séance du matin.**	APPEL. — L'*inscription des absences est rendue obligatoire* par la loi du 28 mars 1882, pour les institutions libres comme pour les établissements communaux.
		Inspection de propreté. — Entrée. Appel. — Recommandations.	
30		Lecture : *tous les jours*.	
25		Instruction morale : *tous les jours*.	
30		Calcul écrit : *tous les jours*.	
15		Sortie et repos. — Aération de la salle de classe.	INSTRUCTION MORALE. — Entretiens familiers sur des questions de morale ; historiettes morales ; lectures expliquées.
25		Récitation classique : *lundi*. Grammaire : *mardi et vendredi*. Dictée et exercices français : *mercredi et samedi*.	
25		Lecture : *tous les jours*.	RÉCITATION CLASSIQUE. — On lit plusieurs fois un morceau à la portée des enfants, on en explique le sens, et l'on s'ingénie à en faire saisir la tendance.
30		Écriture : *tous les jours*.	
		Sortie générale. — Déjeuner. — Aération et mise en ordre de la classe.	
		—	
		Séance du soir.	GRAMMAIRE. — Exercer les enfants à reconnaître la nature des mots : le nom représente une personne, un animal ou une chose ; l'adjectif représente une qualité, le verbe représente une action.
		Inspection de propreté. — Entrée. Appel. — Recommandations.	
25		Récitation classique : *vendredi*.	
30		Lecture : *tous les autres jours*. Écriture : *tous les jours*.	
30		Histoire : *lundi et vendredi*. Géographie : *mardi et samedi*. Système métrique : *mercredi*.	CALCUL ORAL. — Pour donner aux enfants des idées exactes sur les nombres, on leur fera compter des objets matériels.
15		Sortie et repos. — Aération de la salle.	
25		Lecture : *tous les jours*. Dessin : *lundi et vendredi*.	TRAVAUX MANUELS. — Ces travaux consistent en exercices de *tressage*, de *pliage*, de *constructions*, propres à donner de la dextérité et du coup d'œil aux enfants.
30		Leçons de choses : *mardi et samedi*. Calcul mental : *mercredi*. Travaux manuels : *lundi et mercredi*.	
25		Gymnastique : *mardi et vendredi*. Calcul mental : *samedi*.	
		Sortie. — Recommandations. — Départ surveillé.	

ENSEIGNEMENT MATERNEL.
TABLEAU DE L'EMPLOI DU TEMPS (*) DANS LES ÉCOLES MATERNELLES

HORAIRE. 1	1er GROUPE. 2	2e GROUPE. 3	3e GROUPE. 4
De 8 h. 30 à 9 h. (1).	Inspection de propreté et visite des paniers.		Dessin, écriture, lecture.
De 9 h. » à 9 h. 30 (2).	Jeux au préau, causerie.	Chant, dessin.	Dessin, écriture, lecture.
De 9 h. 30 à 9 h. 45...	Marche.	Évolutions, marche.	
	RÉUNION DES DEUX GROUPES		
De 9 h. 45 à 10 h. 15	Leçons de choses.		Calcul.
De 10 h. 15 à 10 h. 45...	Marche, évolutions, jeux aux tables.	Récréation libre au préau ou dans la cour.	
De 10 h. 45 à 11 h. 15...	Récréation.	Causerie, chant, jeux.	Leçon de choses.
De 11 h. 15 à 11 h. 30...	Chant.	Gymnastique.	Chant.
De 11 h. 30 à 1 h. 30	Dîner, récréation.		
De 1 h. 30 à 2 h. »	Inspection de propreté : lavabos, etc.		
De 2 h. » à 2 h. 30....	Appel.	Appel.	De 1 h. 40 à 2 h. 10, lecture, écriture.
De 2 h. 30 à 3 h. »	Chant, langage, jeux.	Langage, récit, question.	De 2 h. 10 à 2 h. 30, gymnastique au préau.
De 3 h. » à 3 h. 30....	Jeux aux tables.	Gymnastique au préau.	De 2 h. 30 à 3 h. », leçons du jour.
De 3 h. 30 à 4 h. »	Jeux libres au préau.	Cubes, lattes, calcul.	De 3 h. » à 3 h. 30, chant, dessin.
	Chant, causerie.	Évolutions, dessin, exercices manuels.	De 3 h. 30 à 4 h. », évolutions, chant, exercices manuels.
A 4 heures.............	Goûter.	Goûter.	Goûter.
Idem.................		Inspection de propreté.	
	La classe commence et finit par un chant très court et très simple.		

(1) Le gros des enfants arrive avec les élèves des écoles primaires; ils n'ont besoin ni de repos ni d'une longue récréation en arrivant.
(2) Il est impossible de faire une leçon avec des questions et des réponses en moins d'une demi-heure, y compris le temps de distribuer les objets.

*) Ce Tableau a été dressé par Mlle Matrat, inspectrice générale des écoles maternelles.

TABLE ALPHABÉTIQUE

A

ACADÉMIES.

	Pages.
Loi du 15 mars 1850.	1
Loi du 14 juin 1854 sur l'administration de l'instruction publique	29
Loi du 27 février 1880 (conseils académiques)	49

AGRICULTURE.

Loi du 6 juin 1879 relative à l'enseignement départemental et communal de l'agriculture.	47
Article 1er de la loi du 28 mars 1882.	93
Arrêté et programme du 27 juillet 1882, § 11.	144

ALGÉRIE.

Organisation de l'instruction primaire (Décret du 13 février 1883).	191

B

BIBLIOTHÈQUES SCOLAIRES.

Loi du 154 mars 1850 (art. 56).	11

TABLE ALPHABÉTIQUE.

	Pages
Circulaire du 14 octobre 1881. — Registre à tenir.	69
Règlement-modèle scolaire du 18 juillet 1882 (art. 14).	117

BATAILLONS SCOLAIRES.

Décret du 6 juillet 1882 sur l'instruction militaire et les bataillons scolaires.	109
Arrêté du 6 juillet 1882 sur l'exécution de ce décret.	112
Arrêté et programme du 27 juillet 1882, § 3.	128
Arrêté du 30 juillet 1882 sur les armes des bataillons scolaires.	156
Circulaire du 16 avril 1883 sur la concession de drapeaux aux bataillons scolaires.	209
Arrêté relatif aux revues des bataillons scolaires	210

BREVETS DE CAPACITÉ

Loi du 19 juillet 1875 (art. 3).	39
Loi du 16 juin 1881 relative aux titres de capacité pour l'enseignement primaire.	64
Circulaire du 17 avril 1882 appliquant aux orphelinats le régime de la loi du 16 juin 1881.	102
Circulaire du 22 avril sur la justification du brevet de capacité pour les congréganistes.	105
Circulaire du 4 juillet imposant le brevet dans les maîtrises des églises	108
Décret du 27 juillet 1882 relatif aux examens pour les brevets.	119
Circulaire du 25 septembre 1882 prescrivant d'exiger les brevets de capacité.	167
Commissions d'examen pour le brevet de capacité. Décret du 9 janvier 1883.	188

C

CAHIER UNIQUE.

Circulaire du 14 octobre 1881 le recommandant.	69

CARNET DE CORRESPONDANCE.

	Pages.
Circulaire du 14 octobre 1881.	70

CERTIFICAT D'ÉTUDES PRIMAIRES.

Arrêté du 16 juin 1880 sur les examens pour le certificat d'études primaires	57
Loi du 28 mars 1882 (art. 6) confirmant l'institution du certificat.	95
Arrêté du 1er juin 1862 portant organisation	36
Décret du 27 juillet 1882 relatif à l'examen pour le certificat d'études	120

CAISSE DES ÉCOLES.

Loi du 10 avril 1867 (art. 15).	30
Loi du 28 mars 1882 (art. 17) qui les rend obligatoires.	98

COMMISSIONS CANTONALES.

Arrêté du 16 juin 1880	57

COMMISSIONS SCOLAIRES.

Loi du 1e mars 1882 (art. 5 et 15)	94
Circulaire du 13 juin 1882 sur les attributions de ces commissions.	106
Jurisprudence. Arrêts du Conseil d'État et de la Cour de cassation	164

CONSEILS ACADÉMIQUES.

Loi du 15 mars 1850.	1
Loi du 14 juin 1854 sur l'administration de l'instruction publique.	29
Loi du 27 février 1880 (conseils académiques).	49

CONSEILS DÉPARTEMENTAUX.

Loi du 15 mars 1850 (art. 15, 25, 31, 32 et suiv.).	1

	Pages.
Loi du 14 juin 1854 (art. 5)................	29
Loi du 10 avril 1867 (art. 2, 19 et suiv.)...........	35

COURS D'ADULTES.

Loi du 15 mars 1850 (art. 54 et suiv.).............	1
Circulaire du 4 avril 1882 relative à la réorganisation des cours d'adultes.................	99

COURS NORMAUX (ÉCOLES MATERNELLES).

Décret du 27 juillet 1882, réorganisant l'école *Pape-Carpantier*, autorisée à former des directrices et professeurs de cours normaux.................	230
Décret du 27 juillet 1882 portant organisation de cours normaux pour la préparation de directrices.............	231

COUTURE.

Arrêté du 16 février 1882..............	89
Décret du 29 juillet 1882...............	253
(Voir *Travaux à l'aiguille*)...............	303

D

DÉCLARATIONS DES PARENTS ET TUTEURS.

Loi du 28 mars 1882 sur l'enseignement obligatoire (art. 7 et 8).	95

DÉLÉGUÉS CANTONAUX.

Loi du 15 mars 1850, chapitre IV...............	9

DIRECTEURS OU DIRECTRICES D'ÉCOLES NORMALES.

Décret du 5 juin 1880 relatif au certificat d'aptitude à ces fonctions..................	250

TABLE ALPHABÉTIQUE. 293

	Pages.
Décret du 29 juillet 1881 (titre III)	253
Décret du 30 juillet 1881 (traitements)	260
Décret du 27 juillet 1882	265
Décret du 23 décembre 1882	176
Arrêté et programme pour l'examen	178

DIRECTRICES D'ÉCOLES MATERNELLES.

Nomination. Décret du 2 août 1881 (art. 33). 223

DISTINCTIONS HONORIFIQUES.

Décret du 27 décembre 1866 sur les titres honorifiques	34
Décret du 30 juin 1880 (époque des nomin.)	60
Arrêté du 20 juillet 1881 (médailles)	65
Arrêté du 27 février 1883 (époque des nomin.)	204

E

ÉCOLES PUBLIQUES.

Création, tenue des écoles, obligations des communes, etc. — Loi du 5 mars	4,8,10
Loi du 10 avril 1867 sur l'enseignement primaire (obligations des communes, inspection, etc.	35
Loi du 16 juin 1881 sur la gratuité et les ressources à affecter aux écoles	62
Instruction du 25 janvier 1882 relative à la création des écoles et aux emplois dans ces écoles	71
Surveillance hors des heures de classe. — Circulaire du 22 avril 1882	103
Règlement-modèle scolaire du 18 juillet 1882	115
Arrêté et programme du 27 juillet 1882	121
Instruction du 28 juillet 1882 sur la construction des écoles	154

ÉCOLES MATERNELLES.

(ANCIENNES SALLES D'ASILE.)

	Pages.
Loi du 15 mars 1850 (art. 58 et 59).............	12
Loi du 28 mars 1882 (art. 7).................	95
Loi du 16 juin 1881 sur les brevets de capacité (art. 2)....	64
Arrêté du 20 juillet 1881 (médailles aux directrices)......	65
Instruction du 25 janvier 1882, relative aux créations d'écoles et aux emplois dans ces écoles..................	73
Règlement général du 2 août 1881 pour les écoles maternelles.	218
Règlement-modèle scolaire du 2 août 1881 pour les écoles maternelles......................	227
Arrêté et programme du 18 juillet 1882 pour l'organisation pédagogique et l'enseignement dans les écoles maternelles ...	233

ÉCOLES LIBRES.

Loi du 15 mars 1850 (art. 25 et suivants)...........	1
Décret du 7 octobre 1850...................	12
Loi du 16 juin 1881 sur les brevets de capacité........	64
Arrêté et programme pour l'enseignement primaire du 27 juillet 1882........................	121
Règlement général du 2 août 1881 sur les *Écoles maternelles* publiques ou libres.....................	218
(Voir au mot *Brevets de capacité*)..............	238

ÉCOLES DE HAMEAU.

Décret du 10 octobre 1881 sur leur création, en exécution de la loi du 10 avril 1867 (art. 2)..................	67
Loi du 20 mars 1883 (titre II).................	206

ÉCOLES D'APPRENTISSAGE.

Loi du 11 décembre 1880 sur les écoles manuelles d'apprentissage.	60

ÉCOLES NORMALES PRIMAIRES.

D'INSTITUTEURS OU D'INSTITUTRICES.

	Pages.
Indemnité de sortie aux élèves-maîtres. — Décret du 4 mai 1880.	249
Certificat d'aptitude aux fonctions de directeur ou de directrice.— Décret du 23 décembre 1882	176
Certificat d'aptitude aux fonctions de l'enseignement dans les écoles normales. — Décret du 5 juin 1880	250
Organisation des écoles normales. — Décret du 29 juillet 1881. Organisation	251
Enseignement	252
Direction et personnel	253
Admission des élèves-maîtres	255
Obligations des élèves-maîtres	257
Commission de surveillance	257
Régime intérieur et discipline	258
Traitements des fonctionnaires des écoles normales. — Décret du 30 juillet 1881	260
Examens d'admission. — Décret du 6 janvier 1882 qui en règle les conditions	262
Admission dans les écoles normales. — Décret du 27 juillet 1882.	264
Cours normaux pour les directrices. — Décret du 27 juillet 1882 qui les institue	265
Administration et comptabilité intérieures des écoles normales. — Décret du 29 juillet 1882	267
Certificat d'aptitude au professorat dans les écoles normales (arrêté du 26 décembre 1882)	185
Correspondance des élèves-maîtres dans les écoles normales. — Circulaire du 26 décembre 1882	270
Enseignement. — Modification aux articles 7 et 31 du décret du 29 juillet 1881. — Décret du 9 janvier 1883	271

ÉLÈVES-MAITRES

DES ÉCOLES NORMALES.

Décret du 4 mai 1880, relatif à l'indemnité de sortie qui leur est accordée	249

	Pages
Décret du 29 juillet 1880 portant organisation des écoles normales : Enseignement, admission, obligations, régime intérieur, discipline, etc.	251
Arrêté du 6 janvier 1882 relatif aux examens d'admission aux écoles normales	262
Arrêté du 27 juillet 1882, modifiant le précédent sur les conditions d'admission	264
Décret du 29 juillet 1882, réglant l'administration intérieure des écoles normales	267
Correspondance. — Circulaire du 26 décembre 1882	270

EMBLÈMES RELIGIEUX.

Circulaire du 2 novembre 1882	170

ENGAGEMENT DÉCENNAL.

Loi du 15 mars 1850 (art. 79)	12
Loi du 10 août 1867 (art. 18)	37
Loi du 27 juillet 1872 (art. 20)	38
Circulaire du 29 février 1876	40
Circulaire du 29 avril 1879	44
Circulaire du 21 mai 1879	45
Circulaire du 20 mars 1883 sur les dispenses militaires	207

ÉTUDES PRIMAIRES SUPÉRIEURES.

Certificat d'études primaires supérieures. — Décret du 23 décembre 1882	183
Arrêté relatif au décret ci-dessus	184

EXERCICES MANUELS.

Décret du 28 juillet 1882 (art. 23)	240

F

FONDS COMMUNAUX.

	Pages.
Fonds communaux affectés aux dépenses de la gratuité. — Loi du 16 juin 1881 (art. 3, 4 et suiv.).	63
Organisation de l'instruction primaire en Algérie.	161
Loi du 20 mars 1883. — Subventions.	204

G

GRATUITÉ.

Loi du 16 juin 1881 établissant la gratuité absolue dans les écoles primaires.	63

GYMNASTIQUE.

Loi du 27 janvier 1880 sur l'enseignement obligatoire de la gymnastique.	48
Circulaire du 3 juillet 1882 sur des cours spéciaux pour les instituteurs.	107
Arrêté et programme du 27 juillet 1882, § 2.	128
Appareils de gymnastique. — Circulaire du 3 novembre 1882.	172

I

IMAGERIE SCOLAIRE.

Arrêté du 18 juillet 1882.	115

INSPECTION.

Loi du 15 mars 1850 (art. 22).	1
Loi du 10 avril 1867 (écoles soumises à l'inspection), article 17.	35
Règlement des écoles du 18 juillet 1882	115

TABLE ALPHABÉTIQUE.

INSPECTRICES DES ÉCOLES MATERNELLES.

Pages.

Décret organique du 2 août 1881 sur les écoles maternelles (art. 6, 7, 8, et 9) 218
Arrêté du 27 juillet 1882, fixant les conditions d'examen pour les inspectrices *départementales* des écoles maternelles 230
Décret et arrêté du 23 décembre 1883. 176

INSPECTEURS PRIMAIRES.

Loi du 15 mars 1850 (art. 10 et 11). 1
Loi du 14 juin 1854 (art. 5 et 6) 29
Examen pour certificat d'aptitude aux fonctions d'inspecteur . . 176

INSPECTEURS D'ACADÉMIE.

Loi du 14 juin 1854 (art. 6 et 9) 29
Loi du 27 février 1880 (art. 9) 49
Décret du 29 juillet 1881 sur les écoles normales 202
Décret du 2 août 1881, art. 10 225

INSTITUTEURS PUBLICS.

(CONDITIONS D'EXERCICE DE LEUR PROFESSION.)

Loi du 15 mars 1850 1
Loi du 10 avril 1867 (art. 3, 7, 18 et suiv.) 35
Loi du 19 juillet 1876 (art. 1ᵉʳ) (traitements) 36
Loi du 16 juin 1881 (gratuité) 62
Loi du 16 juin 1881 (titres de capacité) 64
Règlement-modèle scolaire du 18 juillet 1882 115
(Voir *Brevet de capacité*, p. 290; *Engagement décennal*, p. 296, etc.)

INSTITUTEURS ADJOINTS.

Loi du 15 mars 1850 (art. 34) 1
Loi du 10 avril 1867 (art. 3) 35
Loi du 19 juillet 1875 (art. 1ᵉʳ) 38

TABLE ALPHABÉTIQUE.   299
                                                    Pages.
Loi du 16 juin 1881 (gratuité), art. 6.   62
Loi du 16 juin 1881 (capacité)   64
Arrêté du 30 juillet 1881 (médailles)   65

INSTRUCTION MILITAIRE DANS L'ÉCOLE.

Décret du 6 juillet 1882 sur l'instruction militaire dans les écoles
   et les bataillons scolaires   109
Arrêté du 6 juillet 1882 sur l'application du décret ci-dessus . .   112
Arrêté du 27 juillet 1882 et programme sur l'organisation pédago-
   gique et plan d'études, § 3 du programme   128
(Voir *Bataillons scolaires*)   238

INSTRUCTION DANS LA FAMILLE.

Examens des enfants qui reçoivent l'instruction dans la famille. —
   Arrêté du 22 décembre 1882   174

J

JEUNES FILLES (CLASSES DE).

Inspection et surveillance dans tous les établissements   187

JOURNAL DE CLASSE.

Circulaire du 14 octobre 1881 le supprimant   69

L

LOGEMENT.

Loi du 10 avril 1867 (art. 3)   35

LOYER.

Des maisons d'école. — Circulaire du 24 octobre 18   170

M

MATÉRIEL.

Pour l'enseignement de la géographie et du système métrique. — Circulaire du 20 octobre 1882 169

MOBILIER PERSONNEL.

Décret du 4 septembre 1863, relatif au mobilier personnel des instituteurs................ 33

MUSÉES SCOLAIRES.

Arrêté du 18 juillet 1882................. 115

O

OBLIGATION.

Loi du 28 mars 1882 sur l'enseignement obligatoire et laïque. . 93

OFFICIERS D'ACADÉMIE OU DE L'INSTRUCTION PUBLIQUE.

Décret du 27 décembre 1866 sur les distinctions honorifiques. . 34
Décret du 30 juin 1880 60
Arrêté du 27 février 1883................ 204

P

PEINES DISCIPLINAIRES.

Loi du 28 mars 1882 sur l'enseignement obligatoire (art. 11). . 93
Règlement-modèle scolaire du 18 juillet 1882 (art. 16) 115

Règlement organique des écoles normales. — Décret du 29 juillet 1881 251

PÉNALITÉS (ENVERS LES FAMILLES).

Loi du 28 mars 1882 sur l'enseignement obligatoire (art. 12 et suiv.)   93
Jurisprudence (arrêts) 164

PENSIONS DE RETRAITES.

Loi du 9 juin 1853 sur les pensions civiles   1
Décret du 9 novembre 1853 (retenues, justifications du droit, etc.)   25
Loi du 17 août 1876 sur la retraite des inspecteurs, directeurs d'écoles normales, maîtres-instituteurs, etc   41
Circulaire du 21 septembre 1876 sur l'application de cette loi. .   42
Circulaire du 18 avril 1880 concernant la pension de retraite des instituteurs   58
Circulaire du 1er juin 1880 relative aux retenues sur allocation de fonds départementaux   55

PENSIONNATS PRIMAIRES.

Loi du 15 mars 1850 (art. 53)   10
Décret du 7 octobre 1850 (titre III)   12

PROGRAMMES.

Programme du 27 juillet 1882 pour *l'enseignement primaire*. .   121
Programme du 28 juillet 1882 pour l'enseignement dans les *écoles maternelles*.   238

R

RECTEURS.

Loi du 15 mars 1850 (art. 10 et suiv.)   1
Loi du 14 juin 1854   29
Loi du 27 février 1880 (titre II)   49

REGISTRE D'APPEL.

	Pages.
Circulaire du 14 octobre 1881.	69
Circulaire du 7 septembre 1882 prescrivant un nouveau modèle.	158

REGISTRES ET ÉCRITURES SCOLAIRES.

Arrêté du 14 octobre 1881 fixant les registres et écritures à tenir dans les écoles.	69
Circulaire du 14 octobre 1881 sur la tenue des registres et écritures scolaires.	69
Circulaire du 30 juillet 1882 prescrivant des formules pour l'exécution de la loi du 28 mars 1882.	155
Circulaire du 7 septembre 1882 sur les registres à tenir pour l'exécution de l'article 7 de la loi du 28 mars 1882 *sur l'enseignement obligatoire*.	158
Formules	162

RÈGLEMENT - MODÈLE.

Arrêté du 18 juillet 1882, portant règlement-modèle scolaire pour servir à la rédaction des règlements des *écoles primaires*.	115

S

SALLES D'ÉCOLE.

Règlement-modèle scolaire du 18 juillet 1882 (art. 6, 11 et 13).	115
Circulaire du 30 août 1882, autorisant à louer les salles d'écoles pour les adjudications.	157
Instruction sur la construction des écoles (*Circ. du 28 juillet* 1882).	154
Chauffage des salles (*Circ. du 15 janvier* 1883).	189

T

TRAITEMENTS.

	Pages.
Loi du 19 juillet 1875 sur les traitements des instituteurs et institutrices.	38
Loi du 16 juin 1881 sur la gratuité (art. 5, 6, 7 et suiv.).	62
Décret du 29 octobre 1881 relatif aux traitements des fonctionnaires de l'enseignement supérieur.	71
Arrêté fixant les traitements des instituteurs publics et adjoints pour l'année 1882.	86
Rapport du 10 octobre 1880 relatif aux traitements des directrices d'*écoles maternelles*.	215
Décret du 30 octobre 1881 fixant les traitements dans les *écoles maternelles*.	216
Décret du 30 juillet 1881 fixant les traitements des directeurs, directrices et professeurs des écoles normales.	260

TRAVAUX A L'AIGUILLE.

Arrêté du 16 février 1882 relatif aux examens pour l'enseignement des travaux à l'aiguille.	89
Arrêté et programme du 27 juillet 1882.	240

TIR (EXERCICES DE).

Arrêté du 6 juillet 1882 sur l'exécution des exercices de tir	112
Arrêté et programme du 27 juillet 1882, § 3.	129
(Voir *Bataillons scolaires*).	238

Paris. — Société d'imprimerie PAUL DUPONT, 41, rue J.-J.-Rousseau (Cl.) 121.7.83.

www.ingramcontent.com/pod-product-compliance
Lightning Source LLC
Chambersburg PA
CBHW071412150426
43191CB00008B/892